Die stärksten Appelle

Werner Suhr

Die stärksten Appelle

Sex contra Facts

Econ-Verlag GmbH · Düsseldorf · Wien

1. Auflage 1963
 · Gesetzt aus 10/12 Bodoni der Monotype GmbH
Gesamtherstellung: Droste Verlag und Druckerei GmbH, Düsseldorf · Printed in Germany

Viel geschieht aus Furcht
vor dem Tod,
aber mehr, weit mehr
aus Liebe zum Leben

Epoche der Reizsamkeit

An der Grenze des Erträglichen

OHNE ZU APPELLIEREN, HAT NOCH KEINER GEWORBEN. DOCH BESTEHT GRUND, außer dem Wort «Werbung» hier ebenfalls das mißachtete Wort «Reklame» zu verwenden, zumindest wo dies die Art des Appells nahelegt.

Alte Geschichte: Niemand badet zweimal im selben Fluß. Das liegt nicht nur am unaufhörlichen Fließen des Wassers. Auch der Mensch ist in keinem Augenblick derselbe. Weil er es nicht weiß, nicht fühlt oder nicht wahrhaben will, kam es über die Bedeutung und Wirksamkeit der Appelle zu Mißverständnissen.

Des modernen Menschen Labilität ist beispiellos. Seine Einstellung wechselt mit Gefühlen, die dauernd in Erregung und Bewegung, die auf seine Ansichten und Entscheidungen von größtem Einfluß sind. Der moderne Mensch hat, von Ausnahmen abgesehen, keine feste Grundeinstellung. Der Grund, auf dem er steht und auf dem er sich, je nach Bedarf und Talent, zu halten sucht, wurde schwankend.

Daß der Mensch von Natur in den verschiedenen Jahreszeiten, ja schon zu den verschiedenen Tageszeiten, auch unterschiedlicher Empfindlichkeit ist, hat man bereits vor Jahrtausenden gewußt. Aber bis zu welchem Grade sich seine Empfindlichkeit durch die Zivilisation oder durch das, was man Fortschritt nennt, steigern würde, das ahnte man nicht. Und selbst heute, da man weiß, wie sehr die Empfänglichkeit von der jeweiligen Empfindlichkeit abhängig ist, sieht man gern darüber hinweg. Denn wie soll man seine Appelle auf Menschen abstimmen, die zu jeder Stunde *andere* Menschen sind? Andere in der Arbeit als in der Freizeit, andere, wenn sie Auto fahren, andere, wenn sie zu Fuß gehen, und wieder andere, wenn ihr Fuß, und nicht nur ihr Fuß, durch irgendeine Begegnung oder irgendeinen Anblick beflügelt ist.

Schreckliches Wort: *schizoid.* Aber der Mensch ist schon lange, schon sehr lange schizoid, nicht einheitlich, sondern zerrissen. Auch das noch. Und seine innere Zerrissenheit wächst, je mehr er von äußeren Eindrücken hin- und hergerissen wird, je weniger es ihm bei der eigenen Zwiespältigkeit gelingt, sich in der Vielfältigkeit der Umwelt zurechtzufinden.

Fünf Personen in einer

Obwohl man annehmen sollte, daß sich die menschlichen Ohren und Augen, schon aus Selbstschutz, gegenüber den immer zahlreicheren akustischen und optischen Appellen abstumpfen, ja zum großen Teil verschließen würden, ist der Mensch erstaunlicherweise immer aufgeschlossener, hellsichtiger und hellhöriger geworden. Es ist, als ob er jetzt ein Dutzend Ohren und Augen hätte. Und die hat er tatsächlich, da er, wenn auch meist ohne es zu wissen, als «Persönlichkeit» das Wesen mehrerer Personen in sich trägt. Geben wir ihm theoretisch fünf. Denn die Zeit, da nur zwei auf Trennung bedachte Seelen in seiner Brust wohnten, ist vorüber.

In der Praxis fühlen sich unsere Zeitgenossen von diesem seltsamen Zustand im allgemeinen wenig beunruhigt. Sie fragen nur: *Warum* sage ich das? *Warum* tue ich das? Oder: Gefällt mir diese Krawatte denn wirklich?

Aber sie bekommen keine Antwort auf solche Fragen. Jenes geschah in den gar nicht so seltenen Augenblicken, da der Mensch von einem ihm weniger bekannten Teil seines Wesens völlig übermannt wird.

Doch *wer* ist es, der so agiert und reagiert oder so zweifelhafte Dinge kauft? Wenn man es nur wüßte! Der schizoide Mensch weiß von sich nur wenig. Auch gehört es nicht zu seinen Tugenden, ständig um größere Selbsterkenntnis zu ringen. Wo er die Ursache seines Verhaltens nicht sogleich in seinem Inneren findet, sucht er sie in Erscheinungen der Außenwelt, in einem Brief, einer Begegnung oder einfach im Wetter. Sich selbst begegnet er einmal in dieser, einmal in ganz anderer Art, wobei ihm die eine nachträglich sympathisch, die andere womöglich weit weniger sympathisch ist. Rückblickend gerät der Mensch in die Rolle des Zuschauers, seltener in die des Kritikers. Aber er ist nachträglich kaum erstaunt darüber, daß er nicht mehr in die Handlung eingegriffen hat. Denn dergleichen ereignet sich verhältnismäßig oft, vielleicht täglich oder gar mehrmals täglich. So geht er nach leisem Erstaunen, allenfalls nach einigen Selbstvorwürfen, wieder zur gewohnten Tages- und Gefühlsordnung über.

Nur unter dem Einfluß von Alkohol und ähnlich wirksamen Stimulantien oder bei einer allzu heftigen Ausschüttung von Adrenalin, dem steuernden Hormon der Nebenniere, hat er einsichtige Momente. Dann spürt er, daß er innerlich nicht allein, zumindest von sich widerstrebenden Komponenten erfüllt ist, wovon eine, die bisher am verborgensten war, plötzlich die Führung übernimmt. So war es auch eine jener fünf Personen in ihm, die damals, in einem Augenblick, da die anderen aus irgendeinem Grund teilnahmslos und nicht am Ruder waren, jene abscheuliche Krawatte kaufte.

Sobald der Mensch beschwingten Schrittes einem anderen folgt oder gar mit diesem schon in beseligendem Gleichschritt ist, kennt er sich nicht: die Liebe hat die Hand auf seine Schulter gelegt. Die einen sagen, es sei die Hand Gottes, die anderen sprechen vom Beginn einer zerebralen Angina, einer Beengung des Hirns, der anscheinend, vulgär gesprochen, eine Herzerweiterung gegenübersteht. Jedenfalls wird wieder eine der fünf Personen zur Hauptperson. Und diese sieht die Welt mit *ihren* Augen. Die Folge davon ist, daß der Mensch nunmehr auf Appelle reagiert, die er zuvor überhaupt nicht beachtet hat.

Solche Erkenntnisse sind begreiflicherweise manchen auf Ordnung bedachten Leuten zuwider, besonders denen, die sich von Beruf mit der Deutung und Klassifizierung des menschlichen Wesens und mit den ihm gemäßen Reaktionen befassen, also manchen Pädagogen, Medizinern, Juristen, *Werbepsychologen.* Allzu häufig werden diesen hellseherische und prophetische Fähigkeiten zugemutet, obwohl der schizoide Mensch verallgemeinerndem Denken, dem Denken in Kategorien, offensichtlich nicht entgegenkommt.

Der Normalmensch – eine Behelfskonstruktion

Aber man hat eine Brücke gebaut: Da es *den* Menschen in Wirklichkeit nicht gibt, sondern nur zahllose Einzelmenschen, die etwas oder mehr von anderen in sich tragen, hat man *den* Menschen einfach konstruiert. Man hat den sogenannten Normal- oder Durchschnittsmenschen erfunden, von dem eine Spezialausgabe (für die deutsche Bundesrepublik) unter dem Namen Lieschen Müller bekannt ist.

Das DIN-Format, sagt ein Professor, bestimmt auch die menschliche Gesellschaft. DIN . . . das ist Norm. Leider oder Gott sei Dank hat der Professor unrecht. Der Normalmensch ist keine Schöpfung der Natur, auch nicht der Entwicklung, sondern lediglich eine behelfsmäßige der Wissenschaft. Der fortschrittliche Psychologe beschäftigt sich weniger mit dieser – er bittet den *lebendigen*, den schizoiden Menschen zur Couch. Was dieser dann im Dämmern, im völlig entspannten und enthemmten Zustand von sich gibt, bestätigt die Annahme, daß der Zeitgenosse nicht einheitlich ist, sondern aus verschiedenen Personen besteht, die oft einander nicht mögen, sich nicht selten voreinander schämen – sofern sie nicht den Eindruck erwecken, miteinander kaum bekannt, geschweige denn verwandt zu sein.

Natürlich spricht jeweils immer nur *eine* Person, wobei sie mitunter von der Stimme ihres angeblichen Herrn ängstlich unterbrochen wird. Aufgabe des Psychologen ist es, die Bedeutung jeder einzelnen Person für die Gesamtpersönlichkeit zu entdecken. Ein tüchtiger Psychologe entdeckt womöglich, daß nicht fünf, sondern sechs oder gar acht Personen der dargelegten Art miteinander und ineinander existieren. Bis er mit der Fixierung dieser Personen fertig ist, kann so viel Zeit vergehen, daß eine der beteiligten Personen sich bereits wieder verändert, z. B. in den Psychologen verliebt oder sonst eine neue Eigenschaft entwickelt hat. Das Objekt der Untersuchung ist dann das Objekt der Untersuchung nicht mehr ...

Scherz beiseite. Im Ernst geht es darum, zunächst einmal klarzulegen, wie kompliziert und widerspruchsvoll das Objekt der Reklameappelle ist und wie schwierig es demnach sein muß, in der turbulent gewordenen Welt die Wirkungsmöglichkeiten irgendeines Appells zu berechnen und einen Erfolg vorauszusagen.

Unter solchen Umständen scheint nichts mehr Erfolg zu verbürgen als die *Übertreibung*. Und an diese hat man sich nun tatsächlich derart gewöhnt, daß man überhaupt nicht mehr wahrnimmt, wieviel Übertreibung oft schon in der simpelsten Aussage steckt.

«Der Duft der großen weiten Welt.» Dies ist eine einfache Aussage, gewiß, und doch eine erhebliche Übertreibung. Der Duft der Zigarette, für die mit dem scheinbar so unschuldigen Satz geworben wird, mag als sehr angenehm, sogar als etwas Besonderes empfunden werden, aber er ist nicht der Duft der großen weiten Welt, er ist es ebensowenig wie der irgendeiner anderen Zigarette.

Allerlei Rauch- und Hirngespinste

Ein solcher Duft, der sich als Rauchgespinst jeder exakten Analyse entzieht, ist, wie man heute sagt, «real nicht existent». Aber obwohl er objektiv nicht feststellbar ist, wird er subjektiv von zahllosen Sehnsüchtigen mit all seinen erregenden Reizen erlebt, nämlich traumhaft gestaltet, besonders beim Anblick bestimmter Bilder, Plakate, Prospekte sowie auf Flugplätzen, Bahnhöfen und in Häfen mit internationalem Verkehr. Derartige Eindrücke lösen im Bild, noch mehr natürlich in der Wirklichkeit, das Fernweh mit tausend Wunschvorstellungen aus.

Wunschvorstellungen dieser Art, gehätschelte Knabenwünsche nach einem abenteuerlichen Leben, haben vor allem Menschen, die am internationalen Verkehr *nicht* oder nur gelegentlich teilnehmen, ihn jedenfalls nicht als Alltägliches gewöhnt sind und die somit, mehr oder minder ausgeschlossen von der großen weiten Welt, einer Ersatzbefriedigung durch Rauch- und Hirngespinste bedürfen. Ungeachtet einer sich geradezu hektisch äußernden Reiselust bleibt die Mehrzahl der Raucher zumeist innerhalb vertrauter Gebiete. Daher kommt der Appell mit der Unterstreichung des eigentlich Ersehnten so gut bei ihnen an, daher trifft er sie mitten ins Herz – woraus folgt, daß er bei aller Übertreibung oder vielmehr infolge der Übertreibung durchaus richtig ist.

Übertreibung, sagte ein Spötter, sei nur ein anderer Ausdruck für Reklame. Aber damit ging er zu weit. Denn das alte Wort Reklame, das heute wieder, man mag es wollen oder nicht, in ihm vorübergehend strittig gemachte Rechte tritt, stammt vom lateinischen Verbum exclamare. Und exclamare heißt: *schreien.*

Ohne Zweifel sind die zahllosen Appeals – zu deutsch: Rufe oder

Anrufungen –, die nunmehr unaufhörlich, bei Tag und Nacht, in Wort und Bild auf uns eindringen, dem Schreien verwandt. Jedenfalls gibt es genügend Appelle, die als Rufe zu bezeichnen gewiß eine beträchtliche Untertreibung, eine unangebrachte Höflichkeit wäre.

Man betrachte das Plakat im Brennpunkt des Verkehrs oder zur Seite einer italienischen Autobahn, das Bild jener Dame mit den überlangen Beinen, die wie BB aussieht und sich im aufreizenden BH oder im offenherzigen Abendkleid, hier mit einem Glas Sekt, präsentiert, vielleicht auch im knappen Bikini, das neuste Bräunungsmittel in hoch erhobener Hand: ein einziger, kaum noch zu überbietender Schrei.

Ist das Plakat gut, wird man den lautlosen Schrei auch bei größtem Lärm und in höchster Eile vernehmen und wahrscheinlich – nicht vergessen. Die Tachonadel zeigt 110, «hast du gesehen?»

Jede Betrachtung eines guten Plakats wird zu der Überzeugung führen, daß es gar nicht betrachtet, sondern *gesehen* werden will. Ein Blick genügt, die Sofortwirkung versinkt, versinkt in des Empfängers Tiefenschichten, aus denen sie wohlerhalten wieder auftaucht, sobald der erfolgreich Getroffene, aus welchem Anlaß auch immer, Verlangen nach dem plakativ empfohlenen Artikel hat.

Es war alles schon einmal da. Was noch nicht da war, ist die *Überfülle* der Reklameäußerungen, die geradezu explosiven Ausbrüchen gleichen, ist auch die Vielzahl an Variationen, die sich aus eben dieser Fülle erklärt und einfach notwendig wird.

Zwischen Appeal und Appeal kann ein großer Unterschied bestehen, kaum minder groß als der, den man zwischen Reklame und Werbung gebildet hat. Es gibt sehr feine, völlig unaufdringliche Appelle, deren Wirkung am Ende weit größer als die der groben und vorlauten ist. Dazu und dazwischen eine Unmenge Nuancen.

Schwäche für Expressionismus

Das alles ergibt sich aus ebenso bild- wie lautstarker Zeit, in der eine bezeichnende Schwäche für jede Art von Expressionismus besteht, nicht nur für den Expressionismus als Kunstrichtung und jenen der zwanziger Jahre. Geht man ein wenig den Ursachen der Schwäche nach, stellt man an Hand starker Übereinstimmungen fest, wie eine Erscheinung, die bereits um 1930 als «geschichtlich abgeschlossen» betrachtet wurde, sich genau dort von neuem belebt und fortzusetzen beginnt, wo man sie seinerzeit gewaltsam, wenn auch aus verschiedenen Gründen verdrängte.

Sehr viel von dem, was heute aus den USA an Künsten sowohl der Reklame wie gewisser Forschungsmethoden nach Europa kommt, hat es hier schon einmal, zumindest ganz ähnlich oder in Ansätzen, gegeben. Es gehört zum Schicksal des alten Europa, daß groß aufgemacht und gut poliert, wenn auch oft unter anderem Namen, zu ihm zurückkehrt, was hier ursprünglich erfunden oder entdeckt, aber nicht, jedenfalls nicht *so*, weiterentwickelt wurde.

Angina temporis

Um die Jahrhundertwende erklärte der Kulturhistoriker Lamprecht, der selbst die Reizüberflutung unserer Tage nicht erlebte, daß nunmehr «die Epoche der Reizsamkeit» beginne. Und sechzig Jahre danach sind wir noch nicht auf deren Höhepunkt. Aber schon gegen 1910, als die technische Entwicklung der Flugzeuge ihren Auftakt nahm, schrieb einer aus dem besonders reizsamen Geschlecht der Dichter: «Wir leben in einer Zeit, da die geistigen Sinne von einer mechanistischen Umwelt überwältigt und betäubt werden.»

Zu jener Zeit gab es kaum Autoverkehr, weder Rundfunk noch Fernsehen, kein Pilot konnte die Geschwindigkeit des inzwischen übertroffenen Schalls erreichen. Dennoch erklärte Theodore Dreiser, die Feinheit und Vielfältigkeit der Eindrücke potenziere sich infolge der gewaltigen Entwicklung immer mehr, ein ebenso blendendes wie abstumpfendes Kaleidoskop entstehe und könne zum Zustand völliger Erschöpfung, zur Schlaflosigkeit und Neurasthenie, ja zum Wahnsinn führen.

Heute leiden Millionen unter diesem Zustand, an jener Angina temporis, die durch irgendeine Zivilisationskrankheit offenbart, wie wenig mancher fortschrittliche Mensch den allgemeinen Fortschritt verkraftet, wie sehr er seinen richtungweisenden Kompaß, die innere Ruhe oder die Religion, verlor. Zahllos sind die Schlafgestörten, die sich von den Nachklängen, von den unaufhörlichen Appellen des modernen Lebens derart verfolgt sehen, daß die Firmen der pharmazeutischen Industrie, daß die Kliniken und Sanatorien, ja sogar Verfasser besänftigender Bücher gute Geschäfte machen.

«Unsere Hirnschale scheint nicht imstande, die sich täglich darbietenden Tatsachen und Eindrücke aufzunehmen, sie zu ordnen und zu speichern.» Dies hätten *wir* an einem schönen Sommertag des Jahres 1908, der für unser Empfinden fast noch etwas Gemütliches hatte, gewiß nicht gesagt. Doch 1963 sind wir fast alle nervenschwach, in irgendeinem Bereich unseres Wesens zu Neurasthenikern geworden. Viele wissen es nur nicht oder haben Scheu, es einzugestehen. Denn abgestumpft oder abgebrüht sind wir ebenfalls.

Aber . . . wahnsinnig ? Wären wir es, würden unsere Gedanken zu schnell oder zu langsam gehen – noch kommen wir ihnen nach, zu langsam gehen sie keinesfalls –, müßten wir zu fixen Ideen oder

Sinnestäuschungen neigen. Doch der Fortschritt ist keine Täuschung, allenfalls für die Techniker eine fixe Idee. Nein, wahnsinnig sind wir nicht, obwohl wir inzwischen das Fernsehen haben.

Es gibt tatsächlich eine ausgesprochene Fernsehkrankheit, die vorerst allerdings nur bei «geistig weniger entwickelten und von Natur besonders gefährdeten Personen» feststellbar ist. Doch nimmt die Zahl der im medizinischen Sinne Irren fortgesetzt zu. Wollte man einer gewissen Statistik glauben, ließe sich leicht errechnen, daß die angeblich Vernünftigen bald in der Minderheit sind. Für den Weisen, der abseits vom Leben steht, daher auch nicht mehr zum eigentlich Lebendigen zählt, sind sie es schon jetzt. Aber steht er nicht quer zum Leben?

Ich sagte, unsere Zeit habe eine Schwäche für jede Art von Expressionismus. Einer der ersten Schreier, dies durchaus im förderlichen Sinne, der mit seinen wortstarken Appellen einem ganzen Jahrhundert das Pathos vorwegnahm, war der amerikanische Rhapsode Walt Whitman, ungeahnter Vorläufer zahlreicher amerikanischer und deutscher Reklametexter. Zugleich der erste, der die Produktion der neuen Welt bejahte und sie poetisch und voll Hoffnung auf eine paradiesische Zukunft (mit allem Komfort) zu unaufhörlichem Konsum empfahl.

Vision eines Pathetikers

Walt Whitman: «Das Geschwätz des Pflasters, die Radreifen der Wagen, Geschlürf der Stiefelsohlen ... der schwere Omnibus, der Fahrer mit seiner Daumenfrage, Hochrufe für die Lieblinge des Volks, die aufgeregte Menschenmenge, der Polizeimann mit seinem Abzeichen, der sich eilig einen Weg in die Mitte des Haufens bahnt ...

welche lebendige und welche begrabene Sprache bebt hier unaufhörlich, welches Geheul, nur vom Anstand zurückgehalten?»

Ist's ein Bild vom Münchner Stachus oder von Londons Trafalgar Square, nachmittags 17.05 Uhr? Schreien und überschreien sich Plakate? Kreist das Licht der Unfallwagen, lärmt eine Sirene, knattern Hubschrauber hoch über benzinverpesteter Luft? Und sitzen Familien wenig später unbewegt, doch gebannt vor dem Bildschirm, gebannt von den drei großen B, *B*anditen, *B*rutalität, *B*lut? «Das Weltgeschehen mit Argus sehen?»

Nichts von alledem ... ein sonnengebräunter, urgesunder Mann hatte, gemächlich seine Pfeife rauchend, um 1856 eine Vision, die alle späteren Televisions-Sendungen an Bedeutung übertraf. Wegen der Kühnheit einiger seiner Visionen wurde er eines Tages aus dem Staatsdienst entlassen.

«Sieh die Walzendruckmaschinen mit ihren vielen Zylindern, sieh den elektrischen Telegraphen, der sich über den Kontinent spannt; sieh, wie durch die Tiefen der Atlantis Amerikas Pulsschläge Europa erreichen und Europas Pulsschläge prompte Antwort geben.» Schon 1860 konnte man das sehen, aber auch, daß Amerikas Puls beträchtlich schneller ging.

Doch da man hundert Jahre später durch den Äther funkt, Passagiere binnen weniger Stunden die Luft über dem Atlantik durchqueren, ist man nicht mehr auf die zeitraubende traditionelle Schiffahrt angewiesen. Europa wird in kürzester Frist von Amerikas Pulsschlag erreicht. Und wenn die Pulsschläge der einander näher gerückten Kontinente auch noch keineswegs synchron sind: Europa gibt sich alle Mühe.

Ich sagte, jener Walt Whitman, der so hymnisch eine Zeit verkündete, die zu seiner Zeit noch in weiter Ferne war, hatte großen Einfluß auf unsere Schriftsteller und Gebrauchsschriftsteller. In einem lyrischen Flugblatt der zwanziger Jahre, das damals 30 Pfennige kostete und heute nicht für 50 Mark zu haben ist, hieß es expressionistisch: «Inzwischen jedoch konnten wir uns nicht erwehren, daß unsere Reizquellen sich mit x multiplizieren. Der Objekte Diskontinuitäten sich mehren, die als Geschehnis-Kontinuität bewußter sekkieren.»

Nun, das ist rein literarischer Expressionismus, der mit Ausdrücken kokettiert, die der Übersetzung bedürfen. Aber bedürfen gewisse unliterarische Berichte, die uns inzwischen von Agenturen und Forschungsinstituten vorgelegt werden, nicht der Übersetzung? Läßt die besonders mit Amerikanismen durchsetzte Fachsprache von Seelenspaltern und Werbekundigen das Fragwürdige nicht oft noch fragwürdiger erscheinen?

Reizquellen – mit x multipliziert

Die Diskontinuität der Objekte also hatte sich vermehrt, die Dinge schienen keinen Zusammenhang mehr zu haben oder ein solcher schien nicht mehr zu erkennen, während das große Geschehen stetig weiterging. Was bewußter sekkierte, vielleicht auch wirklich ärgerte und schikanierte, war die zunehmende Menge der Appelle, war tatsächlich das Geschrei der Reklame.

Doch das Wichtigste an jenem expressionistischen Aufstoß: die Feststellung, daß sich die Reizquellen «mit x multiplizieren». Multiplizieren sie sich nur oder werden die Quellen auch *andere?* Werden sie größer, geheimnisvoller und tiefer? Kommen gar trübe hinzu? Und wie groß ist nunmehr x, der unbekannte Multiplikator, der die Zahl der Appelle vervielfacht und vermannigfacht? Wieviel Milliarden werden jedes Jahr, direkt wie indirekt, für Appeals und deren Steigerung ausgegeben?

Es wurde ein Sog, in den man, verläßt man die eigenen vier Wände, wie in ein elektrisches Stromfeld gerät. In der Stadt, in der Luft, am Meer, selbst in idyllischer Waldeinsamkeit und auf schneebedeckten Bergesgipfeln. Aber auch innerhalb der eigenen vier Wände ist man nicht sicher. Als Sendungen des Rundfunks und Fernsehens und durch Fernsprecher kommen sie an, als Drucksachen durch den Briefkastenschlitz.

Es gehört zu den Eigenschaften dieser (angeblich) bewußt sekkierenden Appelle, daß sie nicht nur deutlich aggressive, sondern ebensooft oder noch öfter, aber weit weniger deutlich, magnetisch anziehende Eigenschaften haben. Erst ziehen sie den Verbraucher an, dann ziehen sie ihm das Geld aus der Tasche.

Wem ziehen sie das Geld aus der Tasche? Gehört Ablehnung, absolute Ablehnung der Reklame nicht zu jedes Menschen Selbstbestimmungsrecht? Sind dem Angebot nicht, im Gegensatz zur Ablehnung, gesetzliche Grenzen gesetzt?

Zweifellos. Aber abgesehen davon, daß keines Gesetzes Maschen so eng zu knüpfen sind, daß nicht doch das eine oder andere hindurchschlüpfen könnte – und vieles, gar nicht Voraussehbares, schlüpft nach –, ist des Menschen Fähigkeit, von jenem Selbstbestimmungsrecht Gebrauch zu machen, infolge der beschriebenen Umstände beschränkt. Gleicht er nicht oft einem völlig willenlos gewordenen Opfer, das, einmal ins Bannfeld der Schlange, hypnotisch wirksamer Reklame geraten, mit größter Wahrscheinlichkeit irgendeinem Appell erliegt? Womöglich dem, der am arglosesten schien?

«Schmeichelnd kitzelt die Schlange, wo sie sticht.» Wer könnte dem magischen Auge einer Packung widerstehen, deren Aufgabe es ist, einen Flirt mit jedem Betrachter zu beginnen, diesem unaufhörlich zu sagen, welch unvergeßlichen Genuß die Enthüllung des Inhalts verheißt?

Ringsum Appeals. Doch der Angerufene ist gewappnet, mit festen Vorsätzen gepanzert, Wachs in den Ohren, vor den Augen eine dunkle Brille. Aber es kommt der Moment, in dem der Panzer schmilzt, in dem die angebliche Stimme der Vernunft dem Verbraucher aus der Seele spricht. Das bedeutet womöglich, daß die Vernunft überwältigt wurde.

Wodurch? Längst haben Werbungtreibende, Gestalter von Appellen jeglicher Art, des Verbrauchers verwundbarste Stelle entdeckt, den locus minoris resistentiae, wie die Mediziner sagen. Die Werbungtreibenden versuchen ihr Heil mit *Sex*. Bedeutet dies, daß sie Unheil in die Welt bringen, sei es auch nur in die der Reklame?

Noch einen Blick zurück, bevor wir die Antwort wagen. Wenn sich «strahlend der Wald der Dinge erhebt», wie ein vom Angebot der zwanziger Jahre Beeindruckter in seinem Gesang auf das reklamestrotzende «Antlitz der Städte» schrieb, besteht immer die Gefahr, daß sich der Umworbene in solchem Angebotswald verläuft, dank verlockenden Wegweisern auch auf unvorhergesehene Pfade gerät. Wollte er sich einen Teppich kaufen?

Verbraucherwünsche nackt

«Die Dinge, die lichterheller Morgen umtagt» – aber es gab noch kein Neonlicht! –, «die nackt sich brüsten, schillernd und seiden, die die Wünsche der Menschen betasten, entkleiden, von dem lüsternen Schwarm ihrer Blicke benagt» – aber es gab noch gar keine Selbstbedienungsläden! –, «die Dinge, die wie Lebendige glühen und in einer Sänfte von Glas.» Ich weiß nicht, welche Dinge damals wie Lebendige glühten, aber mit der Sänfte von Glas war die Vitrine eines Warenhauses in Berlins Leipziger Straße gemeint.

Aber hatte nicht bereits Zola vom «Paradies der Damen», jenem ersten Pariser Kauf- und Modehaus, ähnliches in Prosa bedeutend verständlicher berichtet? Auch von jenen eindringlichen Appellen, «die das Herz jeder Frau schneller schlagen lassen» und, «da der Verstand ausgeschaltet ist», die Frauen zu Käufen animieren, die weit über ihre Verhältnisse gehen – erster Hinweis auf die Rolle heimlicher Verführer?

Doch der Expressionist Armin T. Wegner, der laut Kasimir Edschmid keiner war, sagte etwas sehr Bemerkenswertes, er sagte, daß die Dinge, indem sie an den Menschen appellieren, dessen Wünsche betasten und entkleiden. Des Verbrauchers Wünsche nackt zu sehen ist des Kaufmotiv-Forschers größter Wunsch. Nackte Wünsche der Befriedigung auszuliefern, das ist die Aufgabe des Appeals.

Wie würde derselbe Dichter, nunmehr beschaulich am Golf von Salerno lebend, heute das viel stärkere Reizbild angebotener Dinge bannen? Das Superangebot der Superdinge? Dessen ungehemmter Schrei alles, einfach alles übertrifft?

«O Stille der Nächte», klagte zehn Jahre später ein anderer, «da wir der eigenen Gedanken oppositionellen Aufschrei wie Tonfilm erleben!» Wie Tonfilm? Wieso: «wie Tonfilm?» Nun ja, der war gerade, man schrieb 1928, nach Deutschland gekommen. Nachts geht der tagsüber zuviel Umworbene in Opposition. «Nur Aletekinder sind die Ruhe selbst!»

Wir sind – Verzeihung! – in die Appelle der Slogantexter geraten. «Mit PAA nach den USA und zurück.» Nach einer alten Erfahrung äußern sich Neurosen, die auf mangelnder Übereinstimmung mit der Umwelt beruhen, in Verstimmungen über das eigene Ich, besonders bei Menschen, die mehr mit sich selbst als mit der Zeit gehen. Solche Menschen gibt es. Noch.

Doch neu ist, daß, wer sich der Werbung jener Appeals zu entziehen versucht, als Nichtkonsument und Nonkonformist in den Verdacht des Asozialen gerät. Zahlreiche Appelle haben die schwierige Aufgabe, solche Außenseiter hörig zu machen, sie aufhorchen zu lassen und zu intensiverem Verbrauch zu ermuntern. Dabei ist nach wie vor die Frau die am meisten, die am heftigsten Umworbene. Dreiviertel des Volksvermögens gehen angeblich durch ihre Hände. Daß es besonders sparsame Hände seien, stimmt nicht mehr.

Was man auch gegen amerikanische Admen (Advertisingmen) sagen mag: ihre Aufrichtigkeit ist entwaffnend. Sie lieben ihren Beruf so sehr, daß sie die Dinge beim Namen nennen. Sie würden nie auf den Gedanken kommen, ganz profane Dinge mit einem Heiligenschein zu umgeben. Als Reklameleute sind sie Geschäftsleute. Gelten sie als besonders clevere Geschäftsleute, dann freuen sie sich.

Sie stehen wirklich in erster Linie. Da sie im Kampf um die Gunst des Konsumenten mit Gestaltung und Steuerung der Appeals allen anderen Geschäftsleuten, Fabrikanten und Händlern, vorausgehen, könnte man wahrhaftig von einer ersten Schützenlinie sprechen. Zwar zeigte sich, daß sie das Pulver nicht erfunden haben, doch sie verschießen es. Es ist unglaublich, wieviel sie verschießen. Aber es gibt Scharfschützen, deren Zielsicherheit verblüffend ist.

Niemand schämt sich

Endzweck jedes Angebots ist der *Verkauf*. Anbieten und verkaufen sind keine Tätigkeiten, die zu höherer Mission verpflichten. Kaum jemand bemüht sich «drüben», das Ethische bei einer rein händlerischen Tätigkeit hervorzuheben, es sei denn, er gehöre einer Sekte an. Niemand schämt sich, auch nicht im stillen Kämmerlein, einer Beschäftigung, die er für die nützlichste der Welt hält. Denn «ein wahrer Amerikaner ist der Mann, welcher sich nicht des Geschäftes schämt, sondern Freude empfindet, seinen Teil dazu beizutragen, dieses gigantische Bauwerk der Handelstechnik zu errichten, welches unsere Zeit und unseren Kontinent von allem anderen unterscheidet, was bisher auf Erden erschienen ist».

Es ist Gottes eigenes Land, wo die Bäume derart in den Himmel wachsen. Und das soeben Zitierte schrieb Frank Crane, Lobsänger der National-Registrier-Kassen-Gesellschaft; er begann seinen Bericht über «Das Geschäft und das Leben nach dem Tode» mit Rousseaus Aufforderung zur Menschlichkeit. Auch die Schöpfer moderner Appeals denken unaufhörlich an das Menschliche, mehr noch an das allgemein Menschliche, also an Eigenschaften, die einmal als Schwächen, einmal als Stärken empfunden werden.

Doch in Deutschland sind die Verhältnisse und die Menschen anders. Jedenfalls viele Werbeleute. Diese glauben tatsächlich, selbst wenn sie ausgezeichnete Werbung machen – eine Werbung, die sich sehen oder hören lassen kann –, damit der Kultur oder irgendwelchen Idealen zu dienen. Bei uns ist fast jede Tätigkeit weltanschaulich untermauert. Hier schämt sich der Fachmann, wenn die Reklame, sei sie noch so erfolgreich, auf den ersten Blick oder mit dem ersten Schrei ihre wahre Absicht offenbart. Das Bewußtsein solchen Feingefühls, solcher Gewissenhaftigkeit ist beruhigend für Leute, die ihren Beruf ernst nehmen, hat aber z. B. die Entfaltung des Humors in der Werbung behindert. Der Laie freilich fragt sich erstaunt, ob denn Reklame und Werbung nicht Funktionen ein und derselben Sache seien und ihr einziges Kriterium: der geschäftliche Erfolg.

So unterschiedliche Einstellung gegenüber der gleichen Tätigkeit erklärt sich vor allem daraus, daß Geschäfte, und zwar gute Geschäfte zu machen für jeden Amerikaner eine feine und anerkennenswerte Sache ist, während es skrupelvolle Deutsche gibt, die sich nicht ganz wohl bei dieser Sache fühlen. Bei uns ist Geldverdienen, von dem man einst in guter Gesellschaft nicht zu sprechen wagte, mit einem allerdings altersschwachen Odium belastet, das sich bisher nicht völlig überwinden ließ. Das Odium stammt aus einer Hierarchie, für die der Geschäftsmann allenfalls als Kommerzienrat gesellschaftsfähig war.

Vielleicht sprach Ressentiment mit, einfach Neid gegenüber Geldmännern und Geldfrauen. Gleichviel: in jener Hierarchie gaben Beamte, Gelehrte und Offiziere den Ton an. Und noch in den dreißiger Jahren konnte Werner Sombart, Kritiker des modernen Kapitalismus, aber auch des proletarischen Sozialismus, der Befürchtung Ausdruck geben, daß alles verloren sei, «sobald der einträgliche Beruf eines Geschäftsmannes auch noch ein geachteter werde».

Er ist es geworden. Sombart war der ehrlichen Überzeugung, daß die Welt nicht von Geschäftsleuten regiert werden könne, «weder in eigener Person noch durch ihre Personen oder Organe». In den USA regieren Geschäftsleute. Wo sie in der westlichen Welt nicht regieren, suchen sie durch Vertrauenspersonen Einfluß zu nehmen, die man auch bei uns Lobbyisten nennt. Bereits 1867 übersetzt der große Thieme, das «kritische Wörterbuch der englischen und deutschen Sprache», das Wort Lobby mit: bei dem gesetzgebenden Körper Einfluß zu nehmen suchen, die Abgeordneten bearbeiten. So ist alles klar.

Und all das mußte (einmal) gesagt werden, um den Unterschied bei der Appealgestaltung in den verschiedenen Ländern verständlich zu machen. Appealgegner gibt es inzwischen überall, grundsätzliche und solche, die nur an bestimmten Appellen, etwa vom moralischen Standpunkt, Anstoß nehmen.

Ein kunstinteressierter Kaufmann hat einmal den großen Impressionisten Max Liebermann bei einem Besuch in dessen Wannsee-Villa gefragt, was dieser eigentlich mit seinen Bildern wolle. Und Liebermann: «Wat ick will? Vakoofen will ick!» Obwohl diese, auch dem Maler Corinth zugeschriebene, Antwort keineswegs nach des Kaufmanns Herzen war, wirkte sie durch erquickende Deutlichkeit. Und über sie verfügte nicht nur Liebermann, die vertrat schon Sibelius, der meinte, über Kunst solle man sich mit Bankiers unterhalten, Künstler sprächen zuviel vom Geld. Das tun sie, hatten sie doch den Komponisten gerade gefragt, was er am «Traurigen Walzer» verdiene.

Vakoofen, verkaufen, man kann es immer nur wiederholen, sollen auch die Appeals. Aber ist es so, daß bei diesen der Zweck das Mittel heiligt? Es ist weitgehend so. Wer den Zweck will, muß auch die den Zweck erfüllenden Mittel wollen. Doch soll man den Jesuiten, die bekanntlich die naheliegende Nutzanwendung aus solcher Erkenntnis zogen, nicht unrecht tun. Die Jesuiten, die dogmentreuen jedenfalls, schlossen verwerfliche Mittel aus. Tun es die Reklameleute?

Würdeloser Sex

Ist die Anwendung eines Sex-Appeals zum Zweck der Absatzsteigerung verwerflich? In Abwandlung eines Wortes des gestrengen Kant – in seiner «Grundlegung zur Metaphysik der Sitten» – könnte man sagen: Im Reich der wirtschaftlichen Zwecke hat alles einen Preis, aber keine Würde.

Ist der Sex-Appeal grundsätzlich würdelos? Und welchen Preis müssen die Benützer für ihn zahlen? Etwa den, daß sie die Verachtung derer trifft, denen alles Geschlechtliche tabu oder nur zum unmittelbaren Zweck der Fortpflanzung gestattet ist? Oder die Verachtung derer, die den moralischen Maßstab durch einen ästhetischen oder künstlerischen ersetzen? Beider Verachtung dürfte dem Werbungtreibenden kaum teuer zu stehen kommen.

Zudem vermögen die Umworbenen das Geschlechtliche an einem Appell bisweilen nur schwer zu erkennen, vielleicht am wenigsten, wenn es am wirkungsvollsten ist. Indes sie sich nichts dabei denken, werden sie vom «Gefühl aller Gefühle» beherrscht. Schließlich versucht gerade der Mensch, den man noch am ehesten als einen gesunden oder normalen bezeichnen könnte, sooft als möglich in den Genuß jenes Gefühls zu geraten.

Wenn es die Mitwelt nicht sieht, sind 80% aller Männer ausgesprochene, nämlich leicht ansprechbare Petticoat-Passioner. Die Frauen wissen das und die Reklameleute auch. Das Wort Petticoat-Passioner ist übrigens ein altes Wort, wie ja auch der Petticoat nicht jung ist, doch, zumal von Jugendlichen getragen, nicht lediglich ein Rock.

Dem aufmerksamen Beobachter ist die Sexualität keineswegs «das einzige Verbrauchsgut, das der Welt verborgen bleibt». Gar nichts bleibt verborgen, wenn man seine Augen zu nützen und Offensichtliches zu deuten weiß. Doch was sagte der alte Herr Planck? Er sagte, es sei einer der elementarsten Grundsätze der experimentellen Psychologie, daß eine Beobachtung zu einem völlig falschen Ergebnis führen *kann*, sobald die Versuchsperson weiß oder auch nur vermutet, daß sie beobachtet wird.

Wie hurtig setzen sich die jungen Psychologen über diesen

elementaren Grundsatz hinweg! Die Welt ist voller Versuchspersonen, die ihrerseits voll Sorge vor Beobachtungen sind.

Reklamefeldzüge haben immer etwas von Fischzügen. (Auch wenn sie «Werbefeldzüge» heißen.) Es geht die Mär, daß man die besten Fische mit der Angel fängt. Die anderen, die mit dem Netz gefangen werden, machen weniger Umstände. Ob Mär oder nicht: Ist es nicht selbstverständlich, daß der Angler *den* Köder nimmt, auf den der Fisch am ehesten anbeißt? Was würde man von einem Angler sagen, der das *nicht* tut?

Würde, Moral, Ästhetik – was für Begriffe!

Sehen wir uns die Appeals, vor allem die Sex-Appeals, diese prächtigen Köder, näher an, sehen wir zu, ob sie mit Kautschukbegriffen zu fassen sind.

Fremder, folge mir

Werbung an der Grenze des Erlaubten

Ich kenne ein altes orientalisches Sprichwort: Der Krug schüttet sich in Fülle aus – das tut er in der Werbung wahrhaftig! –, aber, so sagt das Sprichwort, der Becher setzt seiner Gabe die Grenze.

Das ist es. Das allein ist wichtig. In der Maßlosigkeit der Reklame entscheidet das Maß des Verbrauchers. Daher das sich steigernde Bestreben, die zu- oder abnehmende Aufnahmefähigkeit des Verbrauchers zu erkennen.

Die Werbungtreibenden also überschütten uns mit Appellen, und selbst wenn wir nicht hinsehen, nicht hinhören – etwas in uns sieht hin, hört hin. Eine erstaunliche Tatsache, auf der sich die Hoffnung der Werbungtreibenden begründet.

Besteht über die Aufgabe des Appeals kein Zweifel, fragt sich, *welcher*, welcher Art der wirksamste ist. Werbung mit Sex-Appeal ist die älteste, am meisten angewandte, aber auch die am meisten, aus mancherlei Gründen umstrittene.

Was ist Sex-Appeal anderes als Anruf der Geschlechtlichkeit, und zwar mit ebendieser? Es mag Veranlagungssache sein, ob und inwieweit man den Ruf vernimmt – «Schrei der Lust, um Lust zu wecken» –, ob und inwieweit man auf ihn reagiert. Doch könnte es auch Begabungssache sein, wie es Begabungssache ist, wirksame Sex-Appeals zur Förderung der Kauflust zu entwerfen.

Sex-Appeal hat es immer gegeben, lange bevor das Schlagwort entstand. Zu geschäftlichen Zwecken hat ihn schon die Hetäre klassischer Zeiten verwandt, da sie durch ihren Gang, mit ihren Sandalen in den Sand die Aufforderung prägte: Fremder, folge mir! Mit dem Appell bot sie sich selbst und die Sexualität als von je begehrtes Gebrauchsgut. Doch auf den Gedanken, die offensichtliche

Macht des Sex-Appeals auch für Ver- und Gebrauchsgüter zu nützen, die weniger diskret genossen werden, kam man verhältnismäßig spät. Zwar wird in einer mittelalterlichen Zunftschrift auf die Möglichkeit verwiesen, den Verkauf handwerklicher Erzeugnisse durch die Anwesenheit «lieblicher Töchter und Frauen» zu beleben, aber eine wirklich bedachte und systematische Nützung des Sex-Appeals in der Reklame beginnt, vom weniger zurückhaltenden Gewerbe der Schausteller und Zirkusleute abgesehen, wohl erst im vergangenen Jahrhundert.

Der Duden, der sich mit Erklärungen von Fremd- und Schlagwörtern Mühe gibt, erläutert Sex-Appeal als starke, auch als unbewußte, *un*gewollte Anziehungskraft auf das andere Geschlecht. In der modernen Werbung entfaltet und steigert sich diese Anziehungskraft natürlich gewollt.

Aber welches Geschlecht ist eigentlich mit dem anderen gemeint? Gewiß das jeweils andere. Im Leben und in der Praxis der Werbung zeigt sich jedoch, wie offenbar das *weibliche* Geschlecht den stärksten Sex-Appeal, die größte Anziehungskraft besitzt, hinsichtlich Mode und Reklame sogar für sich selbst.

Sex, kein deutsches, wenn auch ein schon ziemlich eingedeutschtes Wort, bedeutet im Englischen ursprünglich nicht Geschlecht allgemein oder allein, vielmehr im besonderen auch das weibliche, das schöne Geschlecht. Man ist zumeist der Überzeugung, daß bei den Frauen im Grunde alles mit dem Geschlechtlichen zusammenhängt, jedenfalls weit mehr als beim Mann. Dieser Überzeugung war Jean Paul, als er höflicher sagte, an den Weibern sei alles Herz, selbst der Kopf. Ein Blick in die Vergangenheit, auch in die der Sprache, macht so die Gegenwart klarer.

Werbung im Sinne von Lockung ist vor allem eine weibliche

Eigenschaft, auch das Wort Werbung ist weiblich. Aber nicht nur bei den Frauen ist so manches, viel Verborgenes im Geschlechtlichen, in der mitunter alles überwuchernden libido sexualis begründet. Ein Schuh ist ein Schuh, kann als weiblicher jedoch für Männer, auch für Nicht-Fetischisten, starken Sex-Appeal besitzen. Nicht nur ein Schuh, mehr noch ein intimes Kleidungsstück, andrerseits selbst der harmloseste Schleier.

Harmlos? Was dem einen irgendein Gewebe, ist dem anderen ein animierendes, vielleicht gar irritierendes Symbol. Die Wissenschaft weiß, daß zwischen deinen Augen und den Augen deiner Mitmenschen Unterschiede bestehen, aber wie sich diese im einzelnen auswirken, das weiß sie nicht. Dein eigen, ganz dein eigen ist eben nur, was du fühlst. In dieses Eigentum, in die sogenannte Intimsphäre, dringen die Analytiker, um jeweils richtige Synthesen für wirksame Sex-Appeals zu finden.

Übrigens glaubt beinahe jeder Mann, unter den Frauen seinen bestimmten Typ zu haben, doch in Wahrheit hat dieser Typ *ihn.* Der Mann ist von Natur, gemäß *seiner* Natur gezwungen, unaufhörlich auf jede Verwirklichung seiner Vorstellung, auf sein «Ideal» zu reagieren; er ist auch gezwungen, dessen Sex-Appeal zu empfinden.

War man mit dem Sex-Appeal in der Reklame um die Jahrhundertwende zurückhaltend, obwohl man ahnte, wie förderlich er Werbungtreibenden werden konnte, dann fügte man sich jenem ungeschriebenen Gesetz, das eine Nutzung des Sex-Appeals lediglich den Frauen im «Kampf der Geschlechter» – so drückte man sich damals aus – und im Rahmen der Konvention erlaubte.

Die strenge Konvention, die das Geschlechtsleben wie das Geschäftsleben beherrschte, ließ allerdings gewisse Annoncen mit Reizbildern zu, etwa Annoncen zugunsten eines «strammen Schnurrbarts» oder einer «idealen Büste». Ein strammer Schnurrbart wurde im Anzeigentext als «Stolz jedes Jünglings» bezeichnet; tatsächlich hieß es «ohne Schnurrbart keinen Kuß». Derartige Annoncen finden sich in entsprechenden Jahrgängen einst führender Anzeigenträger, in der «Leipziger Illustrierten» oder in «Über Land und Meer». Die zugehörigen Bilder üben inzwischen nur noch einen Reiz auf das Zwerchfell aus.

Die der damaligen Kultur eigene Einstellung, fast alles Geschlechtliche in der Öffentlichkeit zu ignorieren und sogar die Existenz von Frauenbeinen mit deren noch nicht bewußt gewordenem Sex-Appeal zu verbergen, führte zu jener doppelten Moral, die man später als spießbürgerliche belächelt, aber auch als bösartig und gemeingefährlich verurteilt hat.

Stimmt solche Einstellung zur Sexualität nicht mit der erwähnten zum Geld und zum Geldverdienen überein? Wirkt die gesellschaftliche Ächtung beider Themen nicht aufschlußreich? Da man das Thema Sexualität aus dem Salon verbannte, jedenfalls kaum in Gegenwart von Frauen behandelte, wurde es bei Skat und Bier an Herrenabenden groß, was heißt, daß es fast ausschließlich in den Bereich der Zote geriet. Kennen Sie *den?* «Die Menschen», meint Wouk, «reden gern fromm und hochmoralisch daher, was sie aber unaufhörlich beschäftigt, das sind der Sexus und das Geld.»

Die Emanzipation des Fleisches

Doch das Pendelgesetz, dessen Gültigkeit sich fast in der gesamten Kulturgeschichte feststellen läßt, erwies seine Bedeutung auch hier. Auf eine Zeit passiver Prüderie folgte eine Zeit aktivster Sinnlichkeit, eine Emanzipation des Fleisches, wie sie, lange vor Wedekind und D. H. Lawrence, schon Friedrich von Schlegel, der Romantiker, gefordert hat. Für Schlegel war die Prüderie das Unnatürlichste von der Welt, geradezu ein Laster, an das er nie «ohne innerliche Wut» denken konnte.

Zu solcher Wut würde Schlegel heute keinen Anlaß haben. Jenes Pendel, erst allzu willkürlich in der ihm eigenen Schwungkraft aufgehalten, schlug diesmal kräftig nach der anderen Seite aus. Darf man sagen, daß inzwischen an die Stelle der Prüderie eine gewisse, Moralisten meinen: eine gewissenlose, Schamlosigkeit, ja Lasterhaftigkeit trat? Und daß diese mit der Emanzipation der Frauen, mit ihrem Anspruch auf Gleichberechtigung, in das öffentliche Leben, damit in die Werbung gedrungen ist? Darf man das sagen, ohne als Antifeminist gescholten zu werden?

G. C. Lichtenberg, von Beruf Physiker, aber gewiß kein schlechter Psychologe, fand es bereits im achtzehnten Jahrhundert verwunderlich, daß man den Frauen aus ihrer Schamhaftigkeit eine Tugend machte, obwohl ihnen angeblich an nichts sosehr wie an Schamlosigkeit liegt. Nun, Satiriker wie Lichtenberg übertreiben. Aber bietet seine Ansicht vielleicht den Schlüssel zum Verständnis dafür, daß sich die modernen Sex-Appeals mit besonderer Hemmungslosigkeit an Frauen richten und daß sie das Reizthema Frau sowenig diskret behandeln?

Sex-Appeals in der Reklame für Kosmetika, für Wäsche, Strümpfe und all jene Attribute, die man Accessoires zu nennen beliebt. Accessoires sind Nebensachen, die jedoch, zumal wenn sie fehlen und durch die Art, wie für sie geworben wird, den Eindruck erwecken, Hauptsachen zu sein. Sie sind Requisiten und als solche wichtig, denn ohne Requisiten wird nicht gespielt.

Eigentlich ist es ganz selbstverständlich, daß die Appeals immer gewagter wurden. Da man die Sexualität als Thema, auch für die Werbung, freigegeben hatte, mußte es gerade bei dieser zu Steigerungen in der Behandlung des Themas kommen, zur Aufspürung immer neuer Variationen, die sensationelle Wirkungen verhießen. Was vorgestern noch unaussprechlich schien, gestern hinter der vorgehaltenen Hand geflüstert wurde, ist heute in die Umgangssprache eingegangen und wird in der Literatur nicht mehr durch Pünktchen angedeutet.

Bezeichnend ist, daß man ein Wort wie *sexy* prägen und sogar reklamefähig machen konnte. Was ist sexy? Sprachliche Verharmlosung und Verniedlichung sexueller Symptome. Was sexy wirkt, ist süß, aber eigentlich ist es von schon verbotener Süße.

Kein geringer Prozentsatz der Anzeigenbilder wirkt sexy, so das Blickfangbild jenes Mädchens, das leicht verschleierte oder genießerisch geschlossene Augen hat. Nur Puritaner werden sagen, des Mädchens offensichtlicher Genuß, angeblich durch irgendeine Seife oder ein Parfüm hervorgerufen, erwecke zu sehr den Eindruck der Wollust oder Sinnlichkeit. Auch ließe sich dem entgegenhalten, daß der Gebrauch angenehm duftender Seifen, zumal im Bad, nach Ansicht achtbarer Leute von je «ein der Wollust verwandtes Gefühl» erzeugen kann. Die meisten jedoch sagen nichts, denken nichts – sollten sie ähnlich empfinden, werden sie Anzeigenbilder und Empfindungen nicht kritisieren. Mein Gott, heutzutage . . .

Sexy ist das Blickfangbild einer reifen Frau, die mit scharmantem Lächeln und attraktiven Lippen für einen BH mit «absolut formtreuen Körbchen» wirbt; selbst die Körbchen sind sexy. Das ist das ganze Spiel der Mode, wie es mit hautengem Dreß, mit äußerst knapp sitzenden Hosen und beunruhigend wippenden Röckchen getrieben wird.

Immerhin haben Meinungsforscher durch ihre Frage nach der Bedeutung von *sexy* Frauen mit traditioneller Kinderstube zum Erröten gebracht. Mädchen in Blue jeans erröteten nicht, doch beinahe alle haben *sexy* mit «irgendwie aufregend» übersetzt.

Ein Jahrhundert des Sex?

Charakteristisch scheint auch die Zunahme aufklärender Schriften, die inzwischen die Regale riesiger Bibliotheken füllen könnten. Auch das ist ein Merkmal des Interesses von Millionen.

In dieser teils aufschlußreichen, teils belanglosen und oftmals geradezu langweiligen Literatur gibt es eine Unzahl Bücher, die aus anderen Büchern entstanden und deren Verfasser in den Dingen, die zur Beurteilung persönlicher Erfahrung bedürfen, ebensolcher Erfahrung entbehren. Den Auftakt machte die schwedische Frauenrechtlerin Ellen Key, die um die Jahrhundertwende ein Aufsehen erregendes Buch über die Liebe veröffentlichte, in dieser jedoch, wie sie kurz vor ihrem Tode erklärte, lediglich literarische Kenntnisse besaß. Und heute wissen wir auch, daß bekenntnisvolle Amerikanerinnen den guten Professor Kinsey, der in bester Absicht und mit wissenschaftlichen Methoden die Sexualität des Menschen «erfassen» wollte, ganz schön an der Nase herumgeführt haben.

Man hat unserem Jahrhundert manche charakterisierende Bezeichnung verliehen. Es begann als Jahrhundert des Kindes und ist zu einem der Atomenergie und der Weltraumforschung geworden. Zwischendurch sprach man von einem Jahrhundert der Automatisierung und einem der (endgültigen) Emanzipation der Frauen. Warum sprach und spricht man nie von einem Jahrhundert des Sex?

Zugegeben: den Menschen ist es peinlich, daß es ihnen nie gelang und auch nie gelingen wird, sich völlig über das Animalische zu erheben. Sie können das Tier nur an die Kette legen, doch das Geräusch der Kette macht sie nervös.

Aber das ist kein Grund, die Augen davor zu schließen, daß die Emanzipation der Frauen die bürgerliche Gesellschaft von zahlreichen Konventionen und Tabus befreite, ungeachtet kirchlicher Einstellungen und Proteste. Gegner der Emanzipation haben die Entwicklung vorausgesehen, und sie haben davor gewarnt. Sie sagten, daß fast alles, was einmal vom Standpunkt doppelter Moral als anstößig galt, bald den Anschein des Unschuldigen und Harmlosen bekommen würde. Die Warner haben recht behalten. Niemand nimmt mehr an der Tatsache Anstoß, daß Frauen Beine haben, daß die Reklame sich dieser Beine, wenn sie schön sind, als Blickfänger und Sex-Appeals bedient und daß die Frauen selbst unablässig mit ihren Beinen kokettieren.

Es wäre nicht falsch, aus der Werbung einer Epoche auf das Wesen dieser Epoche, auf die in ihr vorherrschenden Interessen zu schließen. Sind doch die Werbeleute mehr als alle anderen «inter-esse», nämlich inmitten des gerade gegenwärtigen Seins, stets darauf bedacht, alle Daseinsäußerungen zu registrieren. Aus den Begierden ihrer Zeitgenossen lesen sie Chancen und Notwendigkeiten der eigenen Tätigkeit ab.

Kein Zweifel: ein künftiger Historiker, der die Bedeutung der Werbung innerhalb der modernen Gesellschaft erkennt, könnte sich im Jahre 2000 veranlaßt sehen, unser Jahrhundert, das bereits vor dem Ersten Weltkrieg eine Art Tango-Kultur besaß, als *ein Jahrhundert des Sex* zu bezeichnen. Dann hätte in der Reizsamkeit, die Karl Lamprecht als charakteristisch empfand, die sexuelle Reizsamkeit das Übergewicht – wen wundert's?

Seitdem es nicht mehr Mode ist, Freudsche Probleme beim Tee zu lösen, wird die Psychoanalyse gern mit einer Handbewegung abgetan, besonders gern von denen, die derartigen Lösungsversuchen, vor allem denen gründlicher Art, aus persönlichen Gründen abgeneigt sind, und die daher jede Erörterung solcher Probleme scheuen.

Die Freudsche Lehre hat angeblich das Sexuelle überbetont. Auch hat man ihr verübelt, daß man mit ihr Träume zu deuten, dabei Verdrängtes zu entkleiden und die Ursachen der Verdrängung darzulegen pflegt. Diese Ursachen liegen häufig im Geschlechtlichen, bei primitiven, in ihrer Primitivität gesunden Menschen fast immer, jedenfalls in einem bestimmten Alter. Doch warum eine Methode entgelten lassen, daß einem das Ergebnis der Methode unsympathisch ist?

Warum überhaupt Freud bemühen? Zwar kommen im Reich der Werbung, Abteilung Verbraucher-Erforschung, die Motivforscher immer wieder, wenn auch umwegig, auf ihn zurück, aber bereits Schiller, als Nichtwiener völlig unverdächtig, gab poetisch der Überzeugung Ausdruck, unser ganzes Weltgetriebe werde lediglich durch Hunger und durch Liebe erhalten. Mit der Liebe hat der gern moralisierende Idealist nicht die christliche Nächstenliebe gemeint. Auch für Schopenhauer, Philosoph eines verkannten Pessimismus, war der Geschlechtstrieb neben dem Hungertrieb der stärkste.

Verwirklichte Träume

Um jedoch noch einmal auf die Träume zurückzukommen: Was der Böse tut, träumt der Gute im Schlaf. Das ist keine Erkenntnis Freuds, sondern eine um zwei Jahrtausende ältere, die angeblich von Plato stammt. Besagt sie, daß, wer seine Träume *tut* – statt seine Tat zu träumen –, schon ein Böser sei? Es kommt wohl ganz auf die Art des Tuns sowie darauf an, was gerade die Sitten, besonders die guten Sitten, bestimmen. Fest steht, daß die moderne Werbung sehr viele Träume *lebendig* macht.

Selbst der vorwiegend sachlich eingestellte Ludwig Klages fand, daß die heutigen Frauen die Phantasien ihrer Männer sind. Sie sind natürlich auch die Phantasien ihrer Schneiderinnen und Schneider. Die meisten Traumgestalten werden mehr modisch als natürlich gesehen. Eine nackte Frau entspricht nur selten dem Begriff von Eleganz. Was aber die männliche Aufmerksamkeit am stärksten weckt, scheint immer «irgendwie» elegant. Es ist die Silhouette der Mode, die das Thema der Nacktheit, jedoch nie diese selbst, mehr oder minder diskret, mitunter sogar sehr indiskret, variiert. In diesen Variationen, die also durchaus eine Betonung der Verhüllung sein können, liegt ein besonderer Reiz des Sex-Appeals. Ist doch alles Geschlechtliche wie alles Frauliche: als Geheimnis wirkt es am meisten.

Nutzung des Sex-Appeals ist, nicht nur in der Reklame, alltäglicher Brauch. Es ist kein Mißbrauch des Sex-Appeals, muß jedenfalls noch keiner sein, richtet ihn die Werbung an Empfindungen, über die der Umworbene nicht Herr ist. Der Umworbene ist, genaugenommen, nicht allzu häufig seiner Entscheidungen und Kaufentscheidungen Herr.

Im allgemeinen hütet sich die Werbung, empfindsame, aber einflußreiche Verbraucher durch allzu krasse und plumpe Appeals, durch offensichtliche Entgleisungen zu verstimmen. Mittels gewisser Sublimierung gelingt es ihr sogar, bisweilen in das ihr sonst vorenthaltene Reich absoluter Kunst zu dringen. In Gestaltung wie Anwendung geht sie dabei von jener Auffassung aus, die Longus in seinem klassischen Hirtenroman von Daphne und Chloe ebenso liebenswürdig wie überzeugend ausgedrückt hat: «Keiner ist je dem Eros entflohen oder wird ihm entfliehen, solange es Schönheit gibt und Augen sehen.» Würde es der Welt gelingen, sich der Macht des Eros zu entziehen oder würde sie diesen auch nur aus der Werbung verbannen, müßte die Welt noch trübseliger werden, als sie für viele ohnehin ist.

Tawney freilich erklärt in seiner Schrift über die Religion und den Ursprung des Kapitalismus («Religion and the rise of Capitalisme») an die Stelle der Erkenntnis, daß Moral den Christen bei seinen Transaktionen binde, sei nunmehr virtuose Berechnungskunst getreten, bei der sich der Geschäftsmann lediglich der Moral verpflichtet fühlt, die in Buchstaben des Gesetzes festgelegt ist.

Kitsch und Kitsch gesellt sich gern

Ewig das Echo, betörend der Augenblick

FACHZEITSCHRIFTEN VON RANG, DER GESTALTUNG UND FÖRDERUNG DER Reklame gewidmet, befassen sich erstaunlich wenig mit Sex-Appeal. Das scheint in der ganzen Welt so, obwohl die ganze Welt, wie ein einziger Blick auf Anzeigenseiten und Plakatflächen bestätigt, Sex-Appeals in Überfülle bietet, von der primitivsten bis zur raffiniertesten Art. In Illustrierten haben Anzeigen mit Sex-Appeal bisweilen ein derartiges Übergewicht, daß man sich beinahe fragt, ob es überhaupt noch andere Appelle gibt.

Aber auch wenn man eine Werbeagentur besucht, um Vorschläge für Markenartikelanzeigen zu erhalten, wird kaum die Verwendung von Sex-Appeals empfohlen, sicher nicht die der üblichen Sorte. *So* was? Das ist wenig originell, das ist längst vorbei. Immer die gleichen photogenen Mädchen? Wer will denn die noch sehen?

Doch warum sieht man sie sooft? Originell sind sie als Blickfänger ja nicht. *Aber wer sagt, daß ein Blickfänger originell sein muß? Ist das sicher?*

Zunächst einmal: Was haben die Fachleute gegen jene Mädchen? Da gibt es nur *eine* Antwort: Sie haben die Mädchen satt. Das ist verständlich. Je mehr man mit Süßwaren zu tun hat, desto geringer reizen sie den Appetit. Aber gerade bei der Werbung entscheidet nicht, was man selber mag, sondern was die anderen mögen. Und die anderen mögen die Mädchen anscheinend noch.

Auch dies ist eine alte Geschichte: Wird ein Werbungtreibender seiner Werbung überdrüssig, ist er von der Notwendigkeit einer Änderung überzeugt, dann begann die Werbung womöglich gerade zu wirken. Der Trommler hört die eigene Trommel zu sehr, oder er hört sie gar nicht mehr. Jedenfalls ist es ein langer und geräuschvoller

Weg, den der Klang der Trommel bis zu denen zurücklegen muß, für die er bestimmt ist. Und was hören diese nicht alles! Den Klang der einen Trommel hören sie ja nur *mit*, sie hören ihn nur gelegentlich, nur zwischendurch.

Kein Mensch, der irgendwie schöpferisch tätig ist oder von dem man Anregungen erwartet, möchte immer in derselben Weise tätig sein oder immer dieselben Anregungen geben. Gerade vom Werbefachmann will man gern etwas Neues, das außer ihm niemand kennt, das jedermann bezaubern und lediglich die Konkurrenz bestürzen soll.

Originell oder erfolgreich?

Damit sind wir bei der Frage: Originell oder erfolgreich? Avantgardisten stellen die Frage nicht, sie lehnen schon die Art der Fragestellung ab. Sage ich, daß Sex-Appeals nach wie vor Erfolge haben, sagen sie, dies beweise keineswegs, daß originellere Appelle nicht ebensolche, ja größere Erfolge haben könnten. Das ist richtig. Aber nicht minder richtig ist, daß bei jedem noch unerprobten Appell auch das Risiko größer ist.

Nicht wenigen Fachleuten erscheint es selbstverständlich, daß jeder ungewöhnliche, aus dem Rahmen fallende Appell mehr Aussichten besitzt als einer, den man alle Tage, dazu in allen möglichen Variationen sieht. Aussichten, schön. Aber worauf? Auf Verkaufserfolge?

Zweck einer Werbung ist nicht, daß sie unter Sachverständigen Aufsehen erregt oder von Laien bestaunt, bewundert und beklatscht wird. Sie soll Menschen, die nicht das geringste von der Sache verstehen, sich im allgemeinen um sie auch nicht zu kümmern pflegen, an die Ware heranbringen und soll sie zu Abnehmern dieser Ware machen. Daß die *Werbung* abgenommen wird, besagt wenig oder nichts.

Wieso bringt der Sex-Appeal, und zwar einer von jenen, deren zwölf ein Dutzend ergeben, so viele Leute, unter sehr günstigen Umständen beinahe alle Leute, an die Ware heran? Wieso bewirkt er, daß sich die Umworbenen auch mit dem beschäftigen, worauf der Appeal verweist, selbst wenn zwischen Appeal und eigentlichem Angebot keinerlei Zusammenhang besteht? Was haben ernste Bücherschränke aus Eiche oder Teakholz mit ebenso hübschen wie heiteren Mädchen zu tun? Wir wissen, daß derart hübsche Mädchen mit Bücherschränken, namentlich mit deren Inhalt, im allgemeinen wenig zu tun haben. Zudem gibt es Reizbilder, auf denen die Vollkommenheit der weiblichen Figur so überbetont ist, daß man sich besorgt fragt, wohin sich bei solchen Figuren das Geistige oder das Interesse daran zurückgezogen hat. Kurz, warum begnügen sich die Umworbenen und erfolgreich Angesprochenen nicht mit dem Genuß des Reizes, mit der Betrachtung der Bilder und anerkennendem Schmunzeln?

In etlichen, vielleicht gar nicht wenigen Fällen werden sie sich begnügen. Keine Zeit, keine Zeit. Ist die Zeit jedoch da, werden sie unter derartiger (Ver-)Führung auch gern zu den eigentlichen Angeboten übergehen. Denn ... es sind Menschen, wenn man die Formulierung mag: Menschen wie du und ich.

Selbst in den Herzen würdiger, fast in Würde erstarrter Leute gibt es etwas, das sich schließlich gewinnen läßt wie das Naturell jener labilen Naturen, die vor jedem geschlitzten Rock in die Knie gehen. Überraschend ist das alles nur für die, denen der Mensch ein allzu unbekanntes Wesen blieb, die daher nie wissen, immer fragen und von jeder wahren Antwort überrumpelt werden. Wer hätte *das* gedacht? Daß ein regierender König in einem öffentlichen Haus sterben, drei Tage unerkannt im Schauhaus liegen, daß ein anderer zugunsten einer nicht mehr jungen Frau auf den Thron einer Weltmacht verzichten und daß ein Dichter, gar einer von der intelligenten Sorte, eine Sexbombe internationalen Ranges heiraten würde?

Jeder hätte es gedacht oder doch in Gedanken für möglich gehalten, jeder, der das Leben kennt. Erfahrene Werbeleute kennen das Leben oder holen mangelnde Kenntnisse bei Tiefenforschern nach. Gab es nicht auch einen Gymnasialprofessor, einen kleinstädtischen Studienrat, der plötzlich Heim und Familie verließ, um einer attraktiven Tingeltangelteuse zu folgen, Männer umschwirrten sie «wie Motten das Licht»? Und gibt es ihn nicht noch? Nur, daß er es immer weniger nötig hat, derart die Schranken des Bürgertums zu durchbrechen, da das andere, z. B. auf dem Fernsehschirm, für ihn tun, so daß er selbst bei kleinen Schnittchen und einem großen Bier auf das immerhin strapaziöse Erlebnis der Realität verzichten, statt dessen seine Phantasie auf Abenteuer schicken kann. Was ahnen wir von unserer Mitmenschen in aller Gemütlichkeit erlebten Abenteuern?

Übermacht des Primitiv-Appeals

Den Werbeleuten ein Kompliment! Sie scheinen zur Genüge um solche und andere Phantasien zu wissen. Sie wissen jedenfalls, wie ohnmächtig die meisten Menschen im Lebensfrühling und im Lebensherbst gegenüber der oft barbarischen Macht des Geschlechtlichen sind. Ach, nicht nur in bestimmten Jahreszeiten, sondern immerzu, zu beinahe jeder Lebenszeit. Und ohnmächtig nicht nur gegenüber jenem göttlichen spielerischen Eros, der alles irdische Geschehen schützend unter seine Fittiche nimmt, wo es dann, mit einer Maske versehen, verharmlost, beseelt oder vergeistigt wird. Auch ohnmächtig gegenüber einem Geltungsstreben, das zunächst einmal nach Geld verlangt, oder gegenüber langsam anschleichender, mitunter auch plötzlich einfallender Furcht, Furcht vor Krankheit, Alter, Armut, Tod. Ohnmacht sogar gegenüber einem von Natur gesegneten Appetit.

Wüßten die Werbeleute nicht Bescheid, hätten wir dann die bunte Fülle der Appelle, der Sex-Appeals, der Furcht-Appeals, der Appeals an Fernweh und Eitelkeit oder eben an jene unersättliche Eßlust, die beinahe ebenso viele Menschen vernichtet hat wie der Hunger? Vor allem: hätten all diese Appelle jene erstaunliche, immer wiederkehrende Resonanz? Doch die des Sex-Appeals ist am größten.

Ein Mensch, dessen Gedanken besonders darauf gerichtet sind, wie er zu Geld und Geltung gelangen, wie er seine Gesundheit schützen und sein Leben verlängern könnte, ein solcher Mensch denkt auch immer ein wenig, oft sogar viel, daran, wie sich mit der Befriedigung solchen Strebens eine Befriedigung der Sinne, seiner sinnlichsten Wünsche erreichen ließe.

Philosophen sagen, nur vorgestellte Lust sei wahrhafte Lust, da sich in der erfüllten schon der Keim der Unlust und des Überdrusses rege. Besonders Schopenhauer sagte das. Keiner ist endgültiger Befriedigung, damit wahrhaften Glückes fähig. Der Volksmund meint: Wünsche haben Junge. Auch der Mann vor dem Bildschirm, mag er noch so satt und kein heimlich vagabundierender Bürger sein, muß sich von der Richtigkeit der Erkenntnis überzeugen.

Im übrigen gehört es zum Wesen des Menschen, nicht nur des Menschen von heute, daß er angeregt werden will. Manche Werbeleute entsprechen diesem Willen so sehr, daß sie statt Anregungen zum Leben geradezu *Anleitungen* zum Leben geben. Sie würden, wäre es angängig, noch viel mehr geben, würden einem Umworbenen sogar, falls er das wünschen sollte, das Leben selber abnehmen – so wie die modernen Reisebüros aus der aktiven Tätigkeit des Reisens längst die passive des Gereistwerdens machen. Der Umworbene würde dem eigenen Dasein schließlich in der Rolle eines Zuschauers gegenüberstehen, dessen richtiges Verhalten, dessen Konsum, auch Vergnügungskonsum, hinlänglich garantiert ist. Jedenfalls . . . die Appelle treffen auf fruchtbaren Boden.

Ich benützte das Wort Sexbombe. Die sinnliche Übergröße, auch unterm übergroßen Pulli zu sehen, entspricht einem Ideal der Zeit. Doch gibt es einen Zeitbegriff, der fataler wäre? Das Wort Bombe löst keine angenehmen Vorstellungen aus. Bomben haben etwas Verheerendes. An so verheerende, alles andere verdrängende Wirkungen denkt man wohl auch, wenn man von einer Sexbombe spricht, von ihrem ins Maßlose gesteigerten Sex-Appeal.

Bombenreklame mit Sexbomben-Appeal. Sollte sie, nach allem, nicht Bombenwirkungen haben? Hat sie, jedoch keineswegs immer. Zu starke Übertreibungen verletzen (auch hier) das Empfinden Anspruchsvoller. Darum leiser sprechen, selbst mit Sex, besonders mit Sex.

Mann mit grauen Schläfen

Allen gemeinsam ist der Besitz dessen, der am wenigsten hat. Aber wieviel scheint selbst dies, wenn es, bisher als selbstverständlich betrachtet, in Verlust zu geraten droht: die Jugend, die Gesundheit, die mit gewisser Sinnenlust verbundene Fähigkeit zur Lebensfreude. Auffallend, daß zahlreiche Menschen diese völlig zu verlieren fürchten, sobald die geschlechtliche nachzulassen beginnt. Lebens- und Eheberater Walther von Hollander hat als phantasievoller Schriftsteller zwar «Legenden vom Mann» geschrieben, aber er kennt die Männer auch in Wirklichkeit. Jedenfalls behauptet er, die Angst vor der Impotenz nehme in ihrem Leben weit größeren Raum ein, «als der Durchschnittsmensch weiß und zugibt». Und er behauptet das keineswegs allein. Doch was haben solche Behauptungen mit Sex-Appeals in der Reklame zu tun?

Viel.

Eros mit den grauen Schläfen (Titel eines aufschlußreichen Zeitbuches) ist keine komische, auch keine tragikomische Figur. Eher ließe sich von einer oft verkannten, doch seit je bekannten und ziemlich angesehenen Persönlichkeit sprechen. Mit das Wichtigste an ihr: daß sich das Interesse an der Umwelt *nicht* auf die Gegenfigur des Teenagers beschränkt. Beide, der alternde Mann und der erwachende Teenager, sind wichtige Verbraucher. Besonders das Beispiel des nicht immer in Ehren alternden, aber auf Reklamebildern brillierenden Mannes macht Schule. Es wirkt auf alle, mögen sie nun noch den größten Teil des Lebens oder ebenfalls nur einen wesentlich begrenzteren vor sich haben. Unaufhörliche Aufforderung zu unaufhörlichem Genuß, Aufforderung zum Konsum und zum Besitz. «Was hat der Mensch mehr als die Gegenwart? Traum ohne Wirklichkeit alles andere!»

So fragte, so resignierte Heinse, ästhetischer Immoralist längst vergangener Sturm-und-Drang-Periode. Doch ... was wußte *er?* Er wußte nicht, wie sehr die Gegenwart inzwischen den Menschen hat. Sie frißt *ihn*, während er ihre Produkte verzehrt.

Aber jeder möchte möglichst lange und möglichst viel verzehren. Daher gibt es jetzt mit Sex-Appeals empfohlene Mittel, die zur

Ausdauer im Konsum verhelfen. Jener alternde Herr besonders erliegt einem Appell, den ich den Primitiv-Appell nennen möchte, da dieser an Direktheit und Formlosigkeit kaum zu übertreffen ist. Meist richtet er sich unmittelbar an den Geschlechtstrieb, den ich hier nicht Zeugungstrieb nennen kann – handelt es sich doch nur um Erhaltung, allenfalls um Steigerung der Lust.

Nur?

Das Wörtchen ist nicht berechtigt. Die Erhaltung des ebenso gescholtenen wie verherrlichten Gefühls scheint oft genug mit der Erhaltung des Lebens identisch, ganz abgesehen davon, daß es zahllose Tragödien, einst sogar Raubzüge und Kriege verursacht hat.

Angebote üblicher und spezieller Stärkungsmittel, mit und ohne Wunderwurzelkraft, werden in den Illustrierten gern und nicht lediglich von älteren Herren gelesen. Die Schwäche dafür ist allgemein, weil das Gefühl allgemeiner Schwäche groß ist. Man sucht und findet, das Gefundene «geht einen an»...

Aber wie, in welcher Art oder Machart gehen solche Anzeigen ihre Leser an! Wie einfallslos, wie ungeschliffen ist der als Blickfang verwendete Sex-Appeal! Und wieso ist es möglich, daß ein Mann von Kopf, dem man auch ausgebildeten Geschmack zubilligen möchte, auf derart rigorose Appelle reagiert?

Das Rätsel ist nicht schwer zu lösen: Sieh jenen feinsinnigen Mann am Arm einer grobsinnlichen Frau und als Gegensatz dazu dieses andere Paar, diese erstaunliche Gemeinschaft weiblicher Empfindsamkeit und männlicher Barbarei! Die Libido zwingt jeden einzelnen zur Bejahung des anderen. Das Geschlechtliche hat seine eigenen Werte.

So gibt die Libido ebenfalls Antwort auf die Frage, warum ein Mann von Kultur für primitive Reklame empfänglich ist oder sein kann. (Er ist es vielleicht ebenfalls für primitive Frauen.) *Auch ein Mann von Kultur ist ein Mann mit Geschlecht.* Und manchmal, gar nicht so selten, ist der Geschlechtstrieb stärker als alle kulturellen Bindungen und Empfindungen.

Charakteristischerweise erscheinen die Primitiv-Appelle, sowohl billigster wie gehobener Art, fast ausschließlich in Anzeigen kleineren Formats. Die Werbungtreibenden, die sich vermutlich größere Anzeigen leisten könnten, werden wissen, warum sie ihre Erzeugnisse, auch wenn man diese nicht im üblichen Sinne zu den diskreten zählt, gerade auf solche Weise anbieten. Aufdringlicher auf sie hinzuweisen, wäre selbst bei relativ harmlosen Artikeln indiskret und könnte die Aufmerksamkeit *verringern.* Denn der Anzeigenleser geniert sich womöglich seiner Aufmerksamkeit; er möchte nicht, daß andere sehen oder erraten, was er jetzt liest.

Im Augenblick beschäftigt er sich mit einer Anzeige, auf deren Bild ein kraftstrotzender und siegesbewußt lächelnder Mann eine junge, mit einem Badeanzug be- oder entkleidete Dame in seinen Superarmen trägt, wie einst Tarzan die geraubte Schöne. Das Urbild des Weibchens prüft bewundernd die Stärke eines ob der süßen Last geschwollenen Bizeps. (Bizeps: Beugemuskel des Oberarms.)

1963 nicht anders als 1900

Wohin trägt der Jüngling die Dame? Seit Jahrzehnten trägt er sie durch den europäischen Blätterwald, offensichtlich mit Erfolg. Es ist natürlich nicht immer derselbe Mann: Bisweilen sehen wir ihn allein, wie er selbstgefällig seine Muskeln spielen läßt oder die Wunderwirkung irgendeines Mittels vor und nach Gebrauch demonstriert, aus einem Waschlappen ist plötzlich ein Athlet geworden. So oder so ähnlich haben schon unsere Großeltern ihn und jene Anzeige gesehen.

Und nun der Text dazu: «Neu. Von Frauen bewundert! Ein herrlich männlicher Typ! So kraftvoll, so athletisch und gesund. Viele Männer beneiden diesen Sportstyp und wissen nicht, daß sie genauso sein können! Jeder kann es schaffen: von Frauen bewundert und von Männern respektiert zu werden! Alle werden staunen! Sie können es erleben! Schon in kurzer Zeit! Und Sie kennen sich selbst nicht wieder! Ja – diese Chance müssen Sie nützen! Machen Sie mit! Sofort! Durch Super-Mascula, die neue konzentrierte Vollformkost, verlieren Sie alles Eckige, man kann nicht mehr die Rippen einzeln ‚zählen' – straff und geschmeidig wird Ihr Körper von Kopf bis Fuß: männlich, kraftvoll und stark!»

Beachten Sie die Fülle der Ausrufezeichen. Jeder Ausruf ein Anruf. Solche Anzeigen sind immer ziemlich textreich. Dies jedoch war kein Anzeigentext aus «Köhlers Deutschem Flottenkalender», Jahrgang 1909, oder aus Buchheims «eigen- und einzigartigem Annoncen-Album», das amüsante Anzeigenbeispiele aus der Zeit um die Jahrhundertwende enthält, dies war der Text einer Anzeige, die am 29. August 1962 in einer Illustrierten erschien. Daß es sich um einen modernen Text handelt, erkennt der Aufmerksame am Erzeugnisnamen Super-Mascula. Ehedem war man noch nicht so super. Erst in unseren Tagen wurde super zum Superwort, zum möglichst groß geschriebenen Mode- und Anzeigenwort.

Wieso verwendet man heute derartige Anzeigentexte, warum unterscheiden sie sich nicht oder kaum von jenen, die um die Jahrhundertwende veröffentlicht wurden? Schließlich gingen wohl auch die Damen und Herren, die man solchermaßen anzusprechen sucht, mit der Zeit. Und heißt das nicht, daß sie nunmehr einen anderen

Geschmack besitzen, als er in Kaiser Wilhelms Glanzzeit üblich war? Die Mehrzahl der heutigen Anzeigen läßt doch sehr darauf schließen.

Gewiß hat sich der Geschmack der Umworbenen gewandelt und bei den Werbungtreibenden natürlich auch. Dennoch ist jener Text *nicht* überlebt. Er lebt wie je zuvor. Würden wir ihn sonst immer von neuem lesen? Die ihn für ihre Angebote nützen, verwenden Coupons. «Bitte ausfüllen, ausschneiden und einsenden! Unverbindliche Probesendung sofort.» Diese Coupons geben mit den Bestellungen des Einzelhandels über die Wirkung der Anzeige Auskunft. Wirkungslose Anzeigen wiederholt man nicht, jedenfalls nicht durch Jahrzehnte.

Ob kitschig oder nicht

Auch stand die Anzeige vom 29. August 1962 nicht allein. An diesem Tag hätte man ein Dutzend ähnlicher Anzeigen aus derselben Illustrierten und aus anderen Illustrierten danebenstellen können. Das wird am 29. August 1972 kaum anders sein. Aber stellen sie nicht insgesamt einen bedauerlichen Tiefstand in der Werbung oder den Höhepunkt dessen dar, was man als Kitsch bezeichnet? Einen Hohn auf den Fortschritt?

An dieser Frage scheiden sich die Geister. Für mich gibt es in der Werbung keinen Kitsch, selbst falls er hier nach feingeschmacklichem oder künstlerischem Urteil bei weitem überwiegen sollte. Für mich gibt es in der Werbung nur Erfolg oder Mißerfolg.

Kitsch ist kein Maßstab für Reklame, sondern ein fragwürdiger Begriff aus dem Bereich der Kunst, wo man unter Kitsch meist etwas Unechtes, in Form und Inhalt nicht Kongruentes versteht. Unechte Werbung in solchem Sinne gibt es nicht. Ein Blickfang, der für jedes anspruchsvollere Empfinden geradezu provozierend unkünstlerisch wirkt, kann echteste Reklame sein, ebenso ein Text, der sich in Superlativen und Gemeinplätzen überbietet. Sie sind echteste Reklame, wenn sie *erfolgreiche* Reklame sind.

Man darf das Zweckgebundene in der Reklame nie vergessen. «Höhere» Werte erheben die Reklame nicht oder nur in den Augen derer, die sie ohne Rücksicht auf die eigentliche Zielsetzung, also vom Standpunkt außerhalb der Wirtschaft, sehen. Der höchste Wert einer Werbung drückt sich in Ziffern aus, in Aufzeichnungen über bewirkte Absatzsteigerung.

Imponieren die Ziffern, wurden in den Umworbenen äußerst positive Gefühle oder gar Überzeugungen ausgelöst. Das kann natürlich auch mit Hilfe von Kunst geschehen, gelingt jedoch häufiger mit Gemütsappellen, die unkünstlerisch wie Gartenzwerge sind. «Der Genußwert eines beträchtlichen Kitsches ist subjektiv der gleiche wie der eines beträchtlichen Kunstwerkes», meint Edmund Simon. Und auf den Genußwert kommt es an.

Zugegeben, daß die unentwegte Einstellung auf das Sexuelle, diese ewige Fixierung seiner Macht, auch in der Werbung zur Einseitigkeit, zur «Betriebsblindheit» und anschließend zu Fehlleistungen führt oder führen kann. Die Betriebsblindheit, hier auch durch Amors bekannte Augenbinde symbolisiert, ist fast immer eine Art Lebensblindheit. Das Leben spielt sich nicht oder nicht allein auf jenen Wegen ab, die von den Spezialisten einzuschlagen und einzuhalten sind. Zumindest spiegelt es sich nicht zur Genüge wider. Die Spezialisten verlieren gewissermaßen die Tuchfühlung mit der praktischen Welt, zu der die Männer der Werbung am meisten Kontakt haben sollten. Sie verrennen sich in ihre Theorie. Aber das tun sie systematisch.

Leider genießen die Spezialisten bei uns und überall in der Welt einen Respekt, den sie in Würdigung der Gesamtlage und ihrer Leistungen nur selten verdienen. Die Spezialisten haben, auch im Bereiche der Werbung – von Motivforschung nicht zu reden –, etwas oder viel zuviel von jener verdächtigen Wirkung des Mannes im weißen Kittel, der noch den Nimbus des alten Medizinmannes genießt, obwohl er sein Wissen nicht mehr beschworenen Geistern verdankt. Der eigentliche Werbemann, der begnadete jedenfalls, ist unter seinesgleichen so selten wie «der Mensch unter den Leuten» oder der Arzt unter den Medizinern. Auch Robert Guérin ist der Meinung, daß man in der Werbung zu mannigfache Leute trifft, alle möglichen nämlich: «Studenten ohne Diplom, Sängerinnen ohne Stimme, pensionierte Offiziere, Politiker ohne Wähler, gewerbsmäßige Vermittler, Damen der großen Welt und – sogar Werbefachleute.» Guérin meint das im Hinblick auf die französische Werbung. Aber ist die Werbung in den USA oder in der Bundesrepublik wesentlich anders?

Sosehr es die Sachverständigen verdrießt, sie sollten sich nicht mehr darüber grämen. Auch in der Reklame wird es, wie in den Wissenschaften und den Künsten, immer wieder vorkommen, daß ein Außenseiter, ein sogenannter Autodidakt, das Rennen macht. Kein Grund, den Autodidakten den Start zu erschweren.

Das Erotisierendste

Von *keinem* Autodidakten stammt eine der eindrucksvollsten Strumpfwerbungen mit Sex-Appeal. Alle Anzeigen einer blendend durchgeführten Serie hatten den gleichen Blickfang: immer eine andere, stets eine reizvoll angezogene junge Dame, die inmitten irgendeiner Großstadtszene jeweils ihre schlanken, tadellos bestrumpften Beine zeigte, und zwar bis *über* jenen entscheidenden Punkt, den Oscar Bie in einer beschwingten Huldigung an Fritzi Massary beschrieben hat. Die Massary war damals dreißig. Oscar Bie schrieb: «Man sieht noch die reizende Einbiegung unterm Knie, und das Kunstwerk ist vollendet. Knabenhaft schlank. Alles andere ist vom Übel. Nuancen gibt es Tausende. Aber es ist sehr wichtig, die Stelle zu finden, wo der Rock abschließt. Mit anderen Worten: die Stelle zu finden, wo die Wirklichkeit genug hat, und die Phantasie weiterarbeiten muß.»

Diese delikate Stelle ließ sich bei den Reizbildern jener Serie niemals finden. Zwar sah man weit mehr als die anziehende Einbiegung unterm Knie, aber *wo* der Rock abschloß, das sah man nicht. Die Damen trugen keinen Rock. Das war das Faszinierende, war, was man einen Gag nennt. Eine ungewöhnlich hübsche Dame mit Pullover oder Kostümjacke, mit Stöckelschuhen und allen notwendigen Accessoires, dazu etwa ein Blumenstrauß, wirkt ohne Rock zweifellos besonders ungewöhnlich. Und ist laut Test das Erotisierendste, was es gibt.

Wanderte der einmal gefangene Blick unruhig an den Beinen herauf, traf er an der «erogensten» Zone, also dort, wo selbst der vollkommenste Leib unanständig oder anstößig wird, immer wieder auf den Namen der Strumpfmarke: weiß auf schwarzem Block.

Es ist eine längst erwiesene, jedoch gern bestrittene Tatsache, daß ein Feigenblatt bei einer Skulptur nicht nur eine gewisse Körperstelle verdeckt, sondern zugleich den Blick auf diese Stelle lenkt. Ähnlich ist die Wirkung des Bikinis. Jener Block mit der Wortmarke hatte die doppelte Funktion des Feigenblattes.

Man ist in der Strumpfreklame, wo sich die Sex-Appeals von selbst anbieten, allerlei Kühnheiten gewöhnt. Dies war das Kühnste, ob die Gestalter der Werbung es wollten oder nicht. Unmoralisch?

Sicher nicht. Seit etwa 1750 ist man der Ansicht, daß der Moral durch ein vorgehaltenes Feigenblatt zu genügen ist. Kitschig? Vielleicht. Aber darauf kommt es nicht an.

Ich will hier nur kurz auf die ständig von neuem gestellte Frage eingehen, warum man sich in einer Werbung, deren Angebote ausschließlich für Frauen bestimmt sind, mit Vorliebe Sex-Appeals bedient, die auf Männer wirken. Diese Frage beantwortet sich zum Teil von selbst. Jede Frau interessiert, was auf Männer wirkt. Frauen interessieren sich für Frauen wie Firmen für erfolgreiche Wettbewerber. Der Sex-Appeal in der Werbung ist tatsächlich zumeist ein Appell an die Frau. Etwa in dem beispielhaften Sinn: So wie diese mußt du es machen, so dich pflegen, solche Strümpfe, solche Wäsche, solche Schuhe mußt du tragen!

Natürlich haben jene scheinbar für den Mann bestimmten Sex-Appeals noch andere Gründe oder Hintergründe. In beinahe jeder Frau ist, zumindest zeitweilig, ein gewisser Narzißmus, Verliebtheit in die eigene Erscheinung, in das eigene Spiegelbild. Abgesehen davon sind zahlreiche Frauen, ohne daß es ihnen im geringsten bewußt wird, anderen durchaus erotisch geneigt. Die inaktive Homosexualität ist nach Ansicht vieler Wissenschaftler äußerst verbreitet. Da sie meist inaktiv bleibt, jedenfalls mit normalgeschlechtlichen Empfindungen gepaart ist, nimmt die Gesellschaft kaum Notiz von ihr. Selbst konsequente Lesbierinnen pflegen, weil vom Gesetz nicht bedroht, Skandal und Ächtung zu entgehen.

Die Werbeleute allerdings hatten anscheinend schon immer eine Witterung, eine ungefähre Ahnung vom untergründigen Sachverhalt. Und sie handelten entsprechend, taten instinktiv das Richtige, schon lange, bevor sie in solchem Tun von Motivforschern unterstützt und ermuntert wurden . . .

Blickfangbilder schöner Männer?

Einen speziellen Sex-Appeal für Frauen, Anruf des weiblichen Geschlechts mit Blickfangbildern schöner Männer, gewahrt man eigentlich wenig. Das Bild eines auffallend gut frisierten Mannes, das irgendein Haarpflegemittel empfehlen soll, beeindruckt in erster Linie Männer, nicht zuletzt, weil sich diese mit Hilfe einer guten Frisur mehr Erfolg im beruflichen und gesellschaftlichen Leben versprechen, im geschlechtlichen natürlich auch, was auf Reklamebildern durch bewundernde Frauen zum Ausdruck kommt.

Frauen widmen derartigen Bildern, selbst von Männern in formtreuen Dessous, im allgemeinen nur geringe Aufmerksamkeit. Es sind keine Reizbilder für sie. Frauen faszinieren demnach häufiger als Männer, wenn faszinieren soviel wie benebeln heißt.

Ob man daraus schließen darf, daß Frauen nüchterner und anspruchsvoller, im Geschmack feiner und weniger gemeinplätzig sind, steht dahin. Sicher ist nur, daß die Frau, auch als primitives Weibchen, kaum vom schönen oder photogenen Mann gefesselt wird. Photogene Männer sind für Wahlplakate.

Die Frau findet schon als Mädchen Geschmack am *erfahrenen* Mann, daher ihre Vorliebe – wie die der Werbungtreibenden – für den Herrn mit den grauen Schläfen. Der Mann hingegen ist, namentlich als geistiger, bemüht, alles Männchenhafte zu verbergen, z. B. die eindeutige Tiefenwirkung irgendeines lackierten Wesens «höherer» Ursache, nämlich seinem ästhetischen Interesse oder psychologischer Neugier, zuzuschreiben. Dies nebenbei.

Die Darstellung eines Mannes mit Sex-Appeal ist schwer, besonders in der Werbung. Der Kamera mißlingt sie fast immer. Was die Kamera gibt, ist zuwenig. Mit dem Wenigen geben sich die Umworbenen nicht zufrieden, weil es in ihnen nicht genügend Assoziationen weckt.

Die Wirkung des männlichen Sex-Appeals ist noch mehr als die des weiblichen vom Atmosphärischen, vom sogenannten Fluidum abhängig, was sich photographisch kaum fixieren, auch nicht überzeugend symbolisieren läßt. Wo bei Frauen ein gewisses Lächeln genügt, mag es bei Männern ebenfalls genügen, doch in einem anderen Sinne, das heißt, um *abzustoßen*. Was bei jenen natürlich, in seiner Natürlichkeit reizvoll erscheint, wirkt bei diesen allzuoft gekünstelt oder geradezu fatal. Kurz: Wo eine Frau zu verführen beginnt, bekommt der Mann leicht etwas Komisches. Er fängt es falsch an – was der Photograph auch sagen mag!

Um jedoch auf den Mann als Mann zu wirken, kann ein kokettes Mädchen vor der Kamera sein, wie sie ohne Kamera ist. Alle koketten Mädchen sind so. Sie braucht sich demnach nicht anders zu gebärden, als es die Mehrzahl auf jeder belebten Straße tut. Die Männer *werden* reagieren.

Aber ein Mann wird, sobald man ihn vor der Kamera als Geschlechtswesen zur Geltung bringen will, womöglich alles Anziehende verlieren und auf zahllose Frauen reizlos, wenn nicht unerfreulich wirken. Und der körperlich *starke* Mann, einfach *er?* Ist für Frauen auch passé, zieht jedenfalls nicht wie einst. Es hat sich herumgesprochen, wie wenig solche Stärke «wahres» Glück verbürgt.

Neutrum Mannequin

Gegenüber dem weiblichen Mannequin, ob es auf dem Laufsteg, dem Plakat, in der Anzeige oder im Fernsehen agiert, gibt es kaum Vorurteile mehr. Eigentlich hat man es nie als unnatürlich empfunden, daß sich eine Frau zur Schau stellt. Auch wenn sie damit nicht oder nicht nur für sich selbst, sondern für ein Kleid, für einen Hut, für irgendwelche modischen Attribute wirbt. Weil sie es in solchen Schaustellungen zu anerkannter Meisterschaft brachte und weil man dies in der Werbung zur Intensivierung des Angebots zu nützen weiß, ist die Tätigkeit eines Mannequins jetzt ein weiblicher Beruf wie jeder andere, wobei Figur und Talent immer mehr mit Geld aufgewogen werden. Insofern *nicht* wie jeder andere, als die Aussichten, eine gute Partie oder Karriere zu machen, etwa erfolgreich zum Film zu wechseln, immerhin ungewöhnliche sind.

Doch auch hier gibt es etwas Merkwürdiges. Es ist tatsächlich möglich, daß das Mannequin in dem Maß an Sex-Appeal *verliert*, wie es die Idealmaße einer Vorführdame, also absolut figürliche Vollkommenheit erreicht. Es ist das alte, von klassischen Theoretikern so wenig verstandene Lied: Die Reizwirkung gewisser Eigenarten, die bei ausschließlich ästhetischer Würdigung als Mängel erscheinen, kann die absoluter Vollkommenheit bedeutend übertreffen. Das allzu Vollkommene hat leicht etwas Entsinnlichtes, es wird in seiner Unnatürlichkeit oder Übernatürlichkeit als geschlechtslos empfunden. So wirkt das Mannequin ab einem bestimmten Höhepunkt beruflicher Eignung geradezu als Neutrum, als Anziehpuppe in des Wortes ursprünglichstem Sinne, bestens zu sachlicher Darbietung von Modeschöpfungen geeignet.

Noch eine Eigenart des vom Sex-Appeal umworbenen Mannes: Er neigt innerhalb der Zivilisation zu einem gewissen Fetischismus und wird bei fortschreitender Zivilisation durch die Reklame in dieser Neigung bestärkt. Das ist eine Allerweltskrankheit, die man infolge ihrer Verbreitung kaum noch als Krankheit bezeichnen kann. (Der Begriff Krankheit läßt sich ebensoschwer wie der Begriff

Gesundheit definieren.) Beim krankhaften Fetischismus bleibt die Neigung auf bestimmte Gegenstände, z. B. weibliche Bekleidungsgegenstände, beschränkt. Aber die meisten Männer, die von solchen Gegenständen, besonders von intimen Wäschestücken, lebhafter angesprochen werden, sind so gesund, daß sich ihr Interesse keineswegs auf reklamemäßig vorgeführte Stücke begrenzt. Sie nehmen jedes Stück für das Ganze, was besagt, daß sie die Reklamebilder, die reine Zweckbilder sein sollten, zunächst einmal als Sinnbilder sehen. Ihre Phantasie beschäftigt sich sogleich mit den Trägerinnen der Kleidung, mit dem weiblichen Geschlecht und dessen verborgenen oder betonten Reizen.

Die Wissenschaftler behaupten, so bezeugtes und gesteigertes Interesse sei ein Beweis dafür, daß die modernen Männer im Geschlechtsleben – aus welchem Grunde auch immer – zu kurz kommen und daher mit Hilfe der Werbung ihre Phantasie, übrigens in niemand belästigender Weise, spazierenführen. Aber ... ist im Kopf der Männer Zeit zu solchen Promenaden? Sind sie nicht längst, und zwar durch die Werbung, zu abgestumpft?

Und die *Frauen?*

Nun, die Frauen sind im allgemeinen keine Fetischistinnen oder sind Fetischistinnen anderer Art, weder krankhaft geneigt, sich mit der Verehrung männlicher Kleidungsstücke zu begnügen, noch befähigt, sich durch diese besonders anregen zu lassen. Allerdings soll man um die Jahrhundertwende im Nachlaß einer bekannten Schauspielerin zahllose Bartbinden, sogenannte Kaiser-Bartbinden, Marke Haby «Es ist erreicht», gefunden haben. Aber das war ein seltener Fund.

Intime männliche Wäsche hat für die Frau nicht die Bedeutung wie weibliche Reizwäsche für den Mann, sie hat, jedenfalls zumeist, überhaupt keine sexuelle Bedeutung, ist daher auch kein besonderes Stimulans, und nur selten wird die Neigung zum Mann von einer Frau mit besonderer Intensität auf dessen modische Attribute übertragen. Die Uniform allerdings blieb weithin ein tief eingewurzeltes Stimulans, und Reit- und Jagddreß sind es ebenfalls.

Eine Frau, die jedem gefällt

Ich wurde gebeten, dem Chef eines großen Kaufhauses beim Engagement einer Verkaufsdirektrice behilflich zu sein. Es war zu einer Zeit, da es ein Überangebot an befähigten Arbeitskräften gab. Aber wann hätte es ein Überangebot an befähigten Verkaufsdirektricen gegeben?

«Endlich», sagte der Chef, «endlich habe ich die Richtige gefunden... eine Frau, wissen Sie, wie sie uns allen gefällt!» Er schnalzte mit der Zunge, und ich ahnte, warum und wie sehr ihm jene Frau gefiel. Es stimmte mich bedenklich, weil ich nichts davon halte, eine Dame für eine besonders verantwortliche Tätigkeit zu verpflichten, wenn der Mann, dem sie die Verantwortung schuldig ist, bereits vor Beginn der Tätigkeit keine sachliche Einstellung zeigt. Zudem bringen mich Formulierungen wie «Eine Frau, die uns allen gefällt», in Opposition. Welche Anmaßung des Chefs, daß eine Frau, die ihm gefiel, auch mir und allen anderen gefallen müsse! Die Liebe, wenn wir die triebhafte Bejahung eines Menschen einmal so nennen wollen, neigt tatsächlich zu Übertreibungen.

«Wo Liebe kommt ins Haus, da zieht die Klugheit aus.» An diese Erkenntnis des Herrn von Logau, der sie wahrscheinlich von Plutarch übernahm, glaube ich noch immer. Und doch mußte ich mich davon überzeugen lassen, daß es «die Frau, die uns allen gefällt» sogar in

Wirklichkeit gibt. Ihr Sex-Appeal ist derart ausgeprägt, daß einfach jeder Mann – sofern er schon oder noch ein Mann ist – unwillkürlich darauf reagiert. Das Entscheidende, mitunter fast Unheimliche ist, daß der Sex-Appeal einer solchen Frau zugleich etwas seltsam Schillerndes hat. Während die primitiven Männer vor allem das Animalische spüren, empfinden die sensibleren mehr den Scharm, mit dem sich das Animalische umgibt, was nun keineswegs heißt, daß sie dieses im Grunde nicht ebenso und auch ebenso intensiv verspürten. Vielleicht wird es ihnen aber nicht bewußt, oder sie wollen es nicht wahrhaben. Jedenfalls präsentiert die alle Männer «irgendwie», doch eigentlich ganz eindeutig blendende Frau jenen nie zu übersehenden Typ, nach dem sich jeder Mann auf der Straße umsieht oder umsehen möchte. Und das ist genau der Typ, der den in der Werbung tätigen Kameraleuten und Graphikern als Traumbild vorschwebt – zur Erzielung des Sex-Appeals in höchster Potenz.

Übrigens wurde jene Dame als Direktrice engagiert und trug inzwischen beträchtlich zum Erfolg des Unternehmens bei, da sie neben ihren organisatorischen und geschäftlichen Fähigkeiten auch noch die ungewöhnliche Begabung besitzt, das eigene Geschlecht nicht durch ihre Wirkung auf Männer zu provozieren.

In einer «Die zivilisierte Sexualität» überschriebenen Betrachtung, die vor vielen Jahren in Tucholskys «Weltbühne» erschien, sagte der Autor, Dr. Arnold Hahn, manche Erscheinung unserer Tage, darunter auch die sich mehrenden Sex-Appeals, voraus. Er meinte, der Verstand nehme an der Zivilisation insofern eine Operation vor, als er den Begriff – oder sagen wir auch, daß er das Gefühl der Liebe – immer mehr von der Sexualität seziere. Der Verstand löse die Verwachsungen mit einem Messer und zeige, daß beide, Sexualität wie Liebe, für sich existieren können.

Möglich. Obwohl es nach aller Erfahrung auch hier zu immer neuen Verwachsungen kommt. Doch erwähne ich die Hahnsche Betrachtung nur, weil man sich im Bereich der Werbung ebenfalls angewöhnte, zwischen dem eigentlichen Sex-Appeal und einem wesentlich feineren zu unterscheiden. Dieser kultiviertere täuscht nicht darüber hinweg, daß er denselben Ursprung und dieselbe Aufgabe hat. Ich werde noch darlegen, wie oft die Rolle der Erotik, komme sie in der Werbung noch so zart und «atmosphärisch» zum Ausdruck, den größten Nutzen bringt, und zwar nicht, weil sie der gröberen des Sex sosehr verwandt ist, sondern einfach, weil sie den höchstmöglichen Lusteffekt bietet. Wir haben wieder Parallelen: Wie Reklame gern als Werbung bezeichnet, Zivilisation irrtümlich als Kultur ausgegeben wird, so werden auch Erotik und Sexualität häufig miteinander verwechselt. Alle derartigen Verwechslungen sind verständlich, mitunter sogar bis zu einem gewissen Grad begründet, also im Grunde doch keine Verwechslungen, wenigstens keine absoluten.

Flirt im Augen-Blick

Doch bevor ich auf jenes feiner gesponnene Garn der Erotik in der Werbung – mit Recht spricht man hier weniger von Reklame, denn... wer schreit? – näher eingehe, sei etwas über die wirkungsvolle Methode gesagt, den Umworbenen durch einen Blick, nämlich dadurch zu bannen, daß ihm auf einem Reizbild eine schöne Frau unmittelbar und scharf ins Auge sieht. Das ist eine sehr beliebte, zu beachtlicher Virtuosität gesteigerte Methode.

Lyriker und Romanschriftsteller haben die überwältigende Macht des «Eros im Augenblick» erkannt, viele und schöne Worte haben sie jenem betörenden Reiz gewidmet, der selbst bei flüchtigster Begegnung von zwei Augen ausgehen kann und immer von ihnen ausgeht, sobald sich der vom Blick Getroffene aufs überraschendste und im Innersten angesprochen fühlt.

Jede Liebe beginnt mit einem solchen Augenblick, in dem sie sich auch, durch Zufall oder höhere Gewalt, jedenfalls in Sekundenschnelle, vollenden kann. Selbst der Amusische pflegt gelegentlich derartige Erlebnisse zu haben, die ihn zum Dichter und Beklager entgangener Möglichkeiten machen. Daß es sich meist nur um Möglichkeiten, nicht um Verwirklichungen handelt, verleiht jenen Augenblicken, mögen sie sich zum längeren Spiel erweitern oder nicht, gerade ihren besonderen Reiz.

In der schwäbischen Burg Lichtenstein, die Wilhelm Hauff zum Mittelpunkt eines Romanes machte, hängt ein Bild, das einen Jäger darstellt und jeden Burgbesucher deswegen beschäftigt, weil ihn die Augen des Dargestellten immer in derselben Weise ansehen – von welchem Standpunkt er das Bild auch betrachte. Es ist hier ohne Bedeutung, ob der Effekt durch künstlerische oder durch geringwertige Mittel verursacht wird. Sicher ist, daß man bei zahllosen Blickfängern der Reklame einen ähnlichen Effekt zu erreichen sucht. Manchmal gelingt es Graphikern oder Photographen, den Umworbenen länger als üblich – fast möchte man sagen: länger als schicklich – in den Bann schöner Augen zu ziehen; manchmal wirken und verfolgen die Augen den Umworbenen noch lange.

So sehe auch ich eine Frau, obwohl ich sie real, nämlich auf dem Reklamebild, schon längst nicht mehr sehe. Ihre lang umwimperten Augen sahen mich aus dem Anzeigenteil einer Illustrierten ebenso eindringlich wie . . . nun, wie geheimnisvoll an – freilich nur, um mich zu einem Versuch mit einer «Feinseife neuen Stils» zu bewegen, bei der die köstliche Frische des Duftes auf einer geheimnisvollen Mischung beruht.

Ich wußte natürlich schon vorher, daß bei jeder derartigen Faszination etwas Geheimnisvolles im Spiele ist. Aber wer möchte da nicht, und sei es nur für eine Sekunde, mitspielen? Ich sage nicht, daß unser Herz, auch nur für die Dauer jenes Augenblicks, eben für eine Sekunde, heftiger schlüge – so toll ist die Wirkung wohl nicht. Aber immerhin, was einem gelegentlich auf der Straße begegnet, kann einen auch beim Werbefernsehen treffen. Und manchen trifft's, sobald er in eine Zeitung oder Zeitschrift sieht.

Der überaus treffliche, treffsichere Schriftsteller Paul Reboux ging in seinem amüsanten, deutsch etwas verharmlosten «Abc der Liebe» auch der Augenliebe auf den Grund. *So* sachlich: «Man weiß heute, daß Liebe auf den ersten Blick auf Chemieradiation beruht ... geraten wir in das Spannungsfeld bestimmter Personen, so erleiden wir einen psycho-physischen Schock, der in unserem Organismus Schwingungen hervorruft, Sympathie-Schwingungen genannt. Diese Schwingungen, derzeit noch ungenügend erforscht, wirken auf gewisse, sozusagen als Sender arbeitende Zentren unseres Körpers ein. Die daraufhin von dort ausgestrahlten Impulse wiederum, unvermittelt durch die entsprechenden Empfänger aufgenommen und umgesetzt, lösen eine Steigerung der Drüsentätigkeit aus. Die vermehrte Sekretion der Nebennieren führt zu einer Erhöhung des Blutdrucks und damit zu einer Anregung aller übrigen Drüsen» usw. usw.

Niemand soll sagen, daß der Sex-Appeal in der Werbung keine derartigen Wirkungen auf die Nebennieren und den Blutdruck hat oder haben könnte. Doch wer hätte daran Interesse, so etwas zu sagen?

Es gibt da den Blick eines Vamps mit langen, noch längeren, noch profilierteren Wimpern, von dessen schwimmendem Glanz man sich nicht, ist man nur einigermaßen empfänglich, leicht trennen kann.

Dabei soll gerade dieser Vamp auf den Vorzug weicher und schöner Lippen verweisen. Denn «das ist es, worauf es ankommt», auf einen zeitgemäßen Lippenstift! Und wir dachten, es käme auf die Augen an. Auch gibt es jenen schmelzenden Blick unter halb geschlossenen Lidern, der «Sonnenfreuden ohne Sorgen», also rechtzeitige Nützung einer Lotion empfiehlt. Ach, was es in der Reklame nicht für wunderbare Augenblicke gibt!

Sicher kennen Sie auch den: schon ein wenig keß, so von unten herauf. Aber dieser will ebenfalls nur Beschäftigung mit einer Frage («Sonnenbraun oder X-braun?») nahelegen. Und wir glaubten einen Augenblick, er lege augenblicklich etwas ganz anderes nahe. Aber man erlebt seine Überraschungen. So, wenn einen eine junge Dame überaus offenherzig und vielversprechend ansieht. Die Überraschung besteht hier darin, daß die junge Dame mit «zwei Worten: Ein Bier!» empfiehlt, durchaus kein bestimmtes Bier, sondern Bier schlechthin. Daß Bier den Durst erst schön macht, dürfte für viele stimmen, aber jene junge Dame ist wohl nicht durch Bier schön geworden. – Sex-Appeal in der Gemeinschaftswerbung.

Nicht minder überraschend wirkt der Blick einer überaus hübschen Blondine, die sich in rostfreier Küche betätigt, aber ganz so tut, als sei sie, ungeachtet so hausfraulicher Tätigkeit, einem Augenflirt nicht abgeneigt. Außer uns ist freilich kein Partner da. Am raffiniertesten jedoch wirkt der Blickfang einer Frau, die beim Tanz, wie das Frauen mitunter tun, «ein Auge riskiert». Sie hat die Hand mit fünf schimmernden Perlen – das sind die lackierten «perlengleich schimmernden Fingernägel» – auf den Rücken ihres Tänzers gelegt. Ein Auge wird riskiert. Das geht *mich* an. Wenn es mich nichts anginge, würde ich nie etwas von jenen schimmernden Perlen, gar von einem «plastischen Nagellack» erfahren. Das geht aber auch alle

Frauen an, weil sie für jenes riskierende Auge Verständnis haben. Es ist *ihr* Auge, und daher erfahren sie auch viel eher und viel mehr, was besonders sie erfahren sollen.

So hat man hier ebenfalls den Eindruck, die Werbeleute machen es richtig. Daß sie sich Liebende mit aller Hingabe in die Augen sehen lassen, stellt zweifellos einen Höhepunkt erotischer Reklameszenen dar; inwieweit es innerhalb der Umwerbung einen Höhepunkt darstellt, weiß ich nicht. Es ist ein Unterschied, ob ich die Empfindung habe, daß ein fremder Blick in den meinen versinkt, oder ob ich Zuschauer der Versunkenheit anderer bin. Es gibt leidenschaftliche Zuschauer. Aber die Zahl derer, die nicht oder nicht nur Zuschauer sein mögen, scheint beträchtlich größer.

Appell vom Broadway, ob seiner Bizarrerie – zu deutsch: ob seiner Verdrehtheit – nicht zu übersehen. Ein Hosen-Appell, könnte man sagen, denn auf die blickfangende Hose mit den «nicht existenten» Taschen kommt es an. Und . . . der Appell kam an, wie man aus der Unzahl so behoster Amerikanerinnen schließen darf.

Übermacht des Primitiven. Einst einer der gewagtesten Appelle: Wodka für Damen, die frohen Herzens auf dem Teppich liegen. Inzwischen wird Wodka besonders für

«harte Männer» empfohlen. Bißchen «sophisticated», sagt man drüben, womit man eine Art blasierter Weltbejahung meint, und «nicht unangenehm», meint man anderwärts.

Abgespannt

kommt er heim. Gleich ihm Millionen Berufstätige. Was der Arbeitstag an Ärger und Aufregung, an Hast und Zeitnot auf sie einstürmen ließ, möchten wohl alle draußen lassen und eine Trennwand aufrichten zwischen dem Nerven aufreibenden Beruf und dem häuslichen Kreis.

Die Ruhe und Behaglichkeit zu finden, von der so viel für die Gesundheit abhängt, ist leichter, wenn man täglich Kaffee HAG trinkt.

Kaffee Hag ist frei von Coffein. Er schont die Nerven und das Herz, er regt an, ohne aufzuregen und — er schmeckt ganz vorzüglich. Man kann Kaffee Hag auch spätabends und im stärksten Aufguß genießen, ohne Schlafstörungen befürchten zu müssen.

Kaffee HAG bereitet man wie jeden anderen Bohnenkaffee zu. Wer aber zwischendurch schnell eine Tasse HAG genießen will, kann sie mühelos und blitzschnell bereiten aus HAG-Blitz, dem pulverförmigen Extrakt aus 100% Kaffee Hag.

KAFFEE HAG *ist immer richtig*

So Verschwimmendes oder Verschwommenes lockt. Glas verbirgt viel. Und der Mensch dahinter, der offenbar an Angina temporis ◀ leidet, gehört zur Kategorie derer «wie du und ich». Gerade in seiner Abgespanntheit spricht er an. Kaum einer wird ihn überhören.

Welchen Autofahrer ließe der Appell – im Grunde ein ziemlich brutaler Furcht-Appell – völlig unberührt? Der schemenhafte Schlitten löst keineswegs schemenhafte Vorstellungen, womöglich persönliche Erinnerungen aus.

▼

Er sieht **Noch schönere Beine**

Sie sagt **Ich bleibe bei**

ARWA

ARWA jeunesse, nahtlos, 20 denier
Fr. 3,45
ARWA doresse, nahtlos, 30 denier
Fr. 3.90
ARWA dress, der feine nahtlose
Kreppstrumpf Fr. 5.50
Modefarben »nerz« und »nutria«

ARWA Strumpf-AG, Zürich 51, Winterthurer Straße 522

◀ Das war er. Der auch als Plakat hervorragende Appell des Beine bewundernden Mannes mit seiner faszinierenden (faszinierten) Silhouette. «Frauen interessieren sich für das, was Männeraugen sehen» (S. 188).

Nur so . . . zieht immer. Nur so aus Spaß oder Laune. Im Ernst dreht man die beiden Wörtchen um, möchte man doch «so nur» zeigen, wie ein Hüfthalter sitzt. Nur so ist ein Höchstmaß an Aufmerksamkeit gewiß.

▼

Solche Fragen machen immer neugierig, besonders hinter einer Zeitung und von einem Mädchen an einen Mann gestellt, der so sehr im guten Geruch einer Lotion steht, daß er unbesorgt den späteren Bus oder Zug nehmen kann.

Baumelnde Zöpfe waren von je Blickfänger. Und nun fangen sie wieder, jedenfalls in den USA. Auf dem Torso hat das Zopfende zweifellos eine ungewöhnliche Wirkung, aber der Blick geht sogleich zum Gürtel über . . ., und das soll er auch.

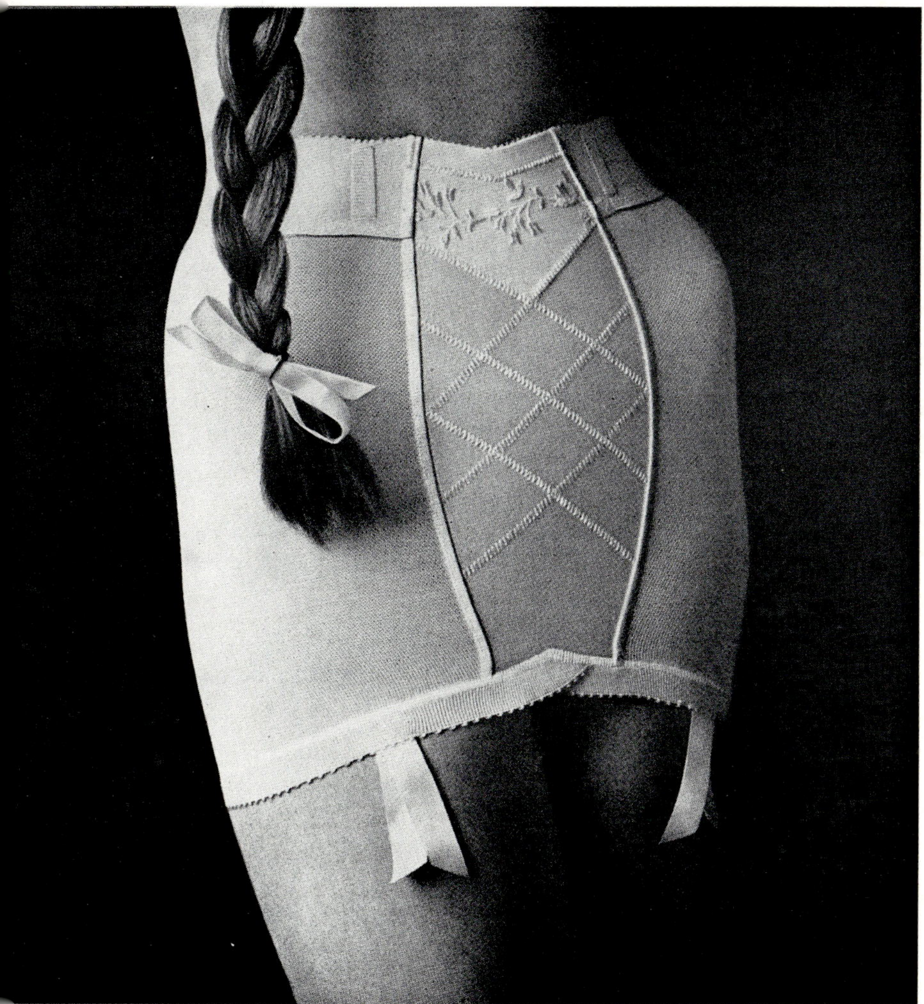

Double Play, a slimwear girdle, with Sta-Up-Top® (shown) $8.95; as a pantie $8.95. Both in white, black, beige. (In Canada, too.) Better washed in Warner Wash. 10 oz. $1.50.

Now there's a girdle with crisscross bands that give you back the flat tummy of your teens! The Double Play® girdle by Warner's®.

Zur Deutung des Traums, in dem die blumengeschmückte junge Dame den Stier bei den Hörnern packt, ist kein Motivforscher nötig. Ihre wohlgeformte Mädchenhaftigkeit – «naturally curved curves», versichert der Text – verleiht ihr das Gefühl enormer Sicherheit. Mädchen packt Bullen . . ., das packt.

Parfümeure wie Yardley appellieren nicht nur durch den Geist der Rose (S. 179), vielmehr auch mit ebenso ironischem wie scharmantem Text, vor allem auch mit dem Bild eines perlenkauenden Kinovamps, dessen Wirkung anscheinend unverwüstlich ist.

Einer der relativ wenigen Appelle, die durch ihre graphische Meisterung wirken. Muster einer musterhaften Serie, die sehr dazu beitrug, die so exklusiv empfohlene Zigarette an die erste Stelle ihrer Preisklasse zu bringen. ▶

Männer mit einer Augenbinde werden nicht übersehen. Sie ist das Monokel des Helden, heißt es irgendwo. Dieser männliche Mann wirbt für ein männliches Hemd. Möglich, daß sein Bild Europäern und Europäerinnen kein Leitbild ist – in den USA hat es Erfolg.

▼

Baron Wrangell exhibits Hathaway's Loline collar. His shirt color is India Ivory. Also in Bermuda Blue and White.

Hathaway's drip-dry shirt gets an air-conditioned collar

FOR YEARS the textile experts have been trying to produce a drip-dry fabric that is as cool as any summer batiste. Hathaway's weavers have now succeeded.

But our cutters are not the sort of men to let a weaver walk away with all the laurels. "What's the use of a cool fabric if you don't have a cool collar?" they declared. And they went to work.

First they removed the standard thick neckband. This allows the *covered* part of your neck to breathe. You never get hot under the collar. Then they spread the points to give the collar a low sloping contour. (We call it the *Loline.*) This frees your Adam's apple and exposes more of your neck to the air.

The fabric is a precise blend of Dacron polyester fiber and fine cotton.* It drip-dries without a trace of those infernal puckers. If you're downright finicky, you *can* touch it up with an iron.

Our drip-dry shirts cost about $7.50. Other Hathaway shirts with the *Loline* collar start at $6.00. For store names, write C.F. Hathaway, Waterville, Maine. Or call OXford 7-5566 in New York.

*65% Dacron to 35% cotton. Dacron is a Du Pont trademark.

ASTOR
Eine Waldorf-Astoria Cigarette

Er hat schon alles. Er hat schon alles. Er hat schon alles.

Geben Sie ihm einen vergoldeten Brieföffner, geben Sie ihm einen hawaiianischen Dolch.

Er hat schon alles. Geben Sie ihm den Lektronic von Remington.

Geben Sie ihm ein Rasieren auf dem Balkon in der Morgensonne, im Auto, vor einer entscheidenden Besprechung. Ein Rasieren, wo es ihm gerade gefällt, mehr als eine Woche lang.

Geben Sie ihm ein Rasieren, einstellbar eigens auf seinen Bart, eigens auf seine Haut, mit einer kleinen Fingerbewegung.

Für 129 DM. Wie bitte?

Er hat den Lektronic schon? Dann, eh, dann, eh, dann, eh.....

Appell eines Mannes von Kopf, der auf überlegene Weise für einen ◀ Elektrorasierer wirbt. Eine Anzeige, vom Kopf des Bildes bis zum Fuß des Textes ohne Fehl.

An diesem sweet girl, das Sie schon sehr oft oder sehr ähnlich sahen, haben Sie sich übergesehen? *Sie* vielleicht. Aber Lieschen Müllers Freunde sehen es immer wieder gern und die Herren mit den grauen Schläfen ebenfalls.

▼

Das ist ausgesprochener Snob-Appeal, zumal er – in englischer Sprache! – in deutschen Zeitungen erschien (S. 133). Ist jemand dagegen? Dann wird er das Gespräch auf Ballantine's Whisky bringen . . . ▶

Moment aus einem Thriller? Starke Sache mit einem geheimnisvollen Herrn? Doch was soll der Revolver neben dem Wodka? Wer wird Wodka mit einem Revolver bestellen? Hier liegt das Geheimnis der Wirkung. Appell an die Neugier, die immer neugieriger macht.

▼

Kobold
Taschenschirm
weil er so modisch ist
Kobold
K2V01
Jetzt in den neuen Dessins für Herbst und Winter
Jetzt auch mit Nyltest-Stoffen.
NYLON NYLtest DEUTSCHE RHODIACETA
für Damen von DM 27,— bis DM 44,—
für Herren von DM 36,— bis DM 69,—
Bezugsquellen
durch Gütegemeinschaft
KOBOLD-Taschenschirm,
Solingen-Weyer

◀ Wahrhaftig, ein rundum gelungener koboldiger Appell. Eine Demonstration der Heiterkeit, sobald es aus trübem Himmel zu regnen beginnt. Die spürbare Gegensätzlichkeit hat es in sich – und das Ganze: wohltuende Harmonie.

Großartiger Auftakt einer großartigen Anzeigenserie, die den Goodwill eines Weltunternehmens der chemischen Industrie einmal «rein menschlich» zu festigen sucht. Kaum zu glauben, daß des Knäbleins erster Anzug bei einer geringen Minderheit erwachsener Männer Anstoß erregte.

▼

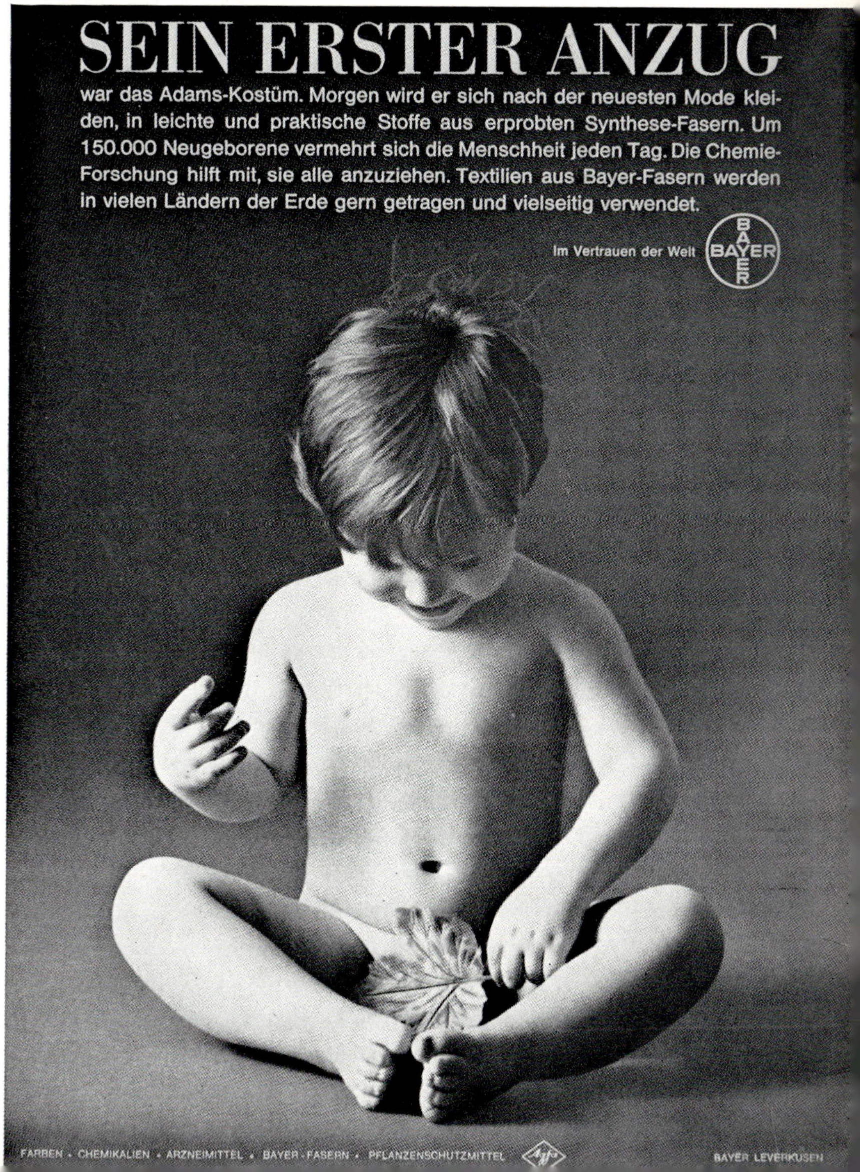

Das ist, Punkt für Punkt, der bekannte Anzeigentrick mit dem überlangen Bein. Ist mehr, nämlich eine wohlabgestimmte Komposition, deren Fülle selbst der blumenvolle Hut nicht verwirrt. Dazu noch ein anderer, stets von neuem erprobter Trick: das Staunegesicht mit den Kulleraugen und dem leicht geöffneten Mund. Binsenweisheit der Motivforscher: Geöffnete Lippen appellieren doppelt so stark wie geschlossene. Auch der Strohhalm appelliert.

Flirt im Augen-Blick. «Eine sehr beliebte, zu beachtlicher Virtuosität gesteigerte Anzeigenmethode» (S. 60). Dazu dieses Spiel mit dem Feuer. Dazu: Voulez-vous? Das freilich ist nur der Name eines Parfüms. Gleichviel: Jede Liebe beginnt mit einem Augenblick – auch die zu einem neuen Parfüm.

Appetit-Appelle mehren sich, obwohl oder gerade weil wir ziemlich gesättigt sind. Hier wird einer mit einer «Kleinen Käsekunde» untermauert. «Jeder Bissen ein kulinarisches Erlebnis.» Vielleicht sollte man den Mund nicht so voll nehmen, muß man solchen Käse doch in kleinen Häppchen genießen und mit dem Wort «Erlebnis» zurückhaltend sein. Aber, aber ... betrachtet man das Bild länger, wird man erlebnishungrig.

Ein Überraschungsappell: Der Büchsenöffner demonstriert und symbolisiert Frische und Güte des angebotenen Tomatensafts. Eine Idee, die nicht zu originell ist, um noch wirkungsvoll zu sein.

It's the most tomato-y tomato juice there is. Libby's tastes so special-rich. Pours rich. Drinks rich, too. You feel refreshed and satisfied . . . and that's especially nice for people who are watching their weight. Only 25 calories to the 4-oz. glass. Natural vitamins C plus A. Why have a thin, water-y, unsatisfying juice when you can enjoy Libby's . . . so truly tomato-rich it can quench between-meal hunger! Fits into any weight control program.

TRULY TOMATO RICH!

Ein Appell, der weit mehr Aufsehen erregte, als selbst von seiner Wirkung überzeugte Fachleute annahmen. Es liegt am Bild, es liegt am Text. Das Bild scheint alltäglich und ist doch ein (alltägliches) Schreckensbild. Wieso wollen die Appellierenden der Dame die Last abnehmen? Das sollen die erfolgreich Angesprochenen selber lesen. Sie tun's. ▶

Nicht minder überraschend: So viele verschiedene Wasser gibt es? Noch mehr! Aber da es Persil gibt, ist das im einzelnen nicht so interessant – nur, daß die Idee mit dem unterschiedlichen Wasser Persil auf neue Weise interessant macht.

▼

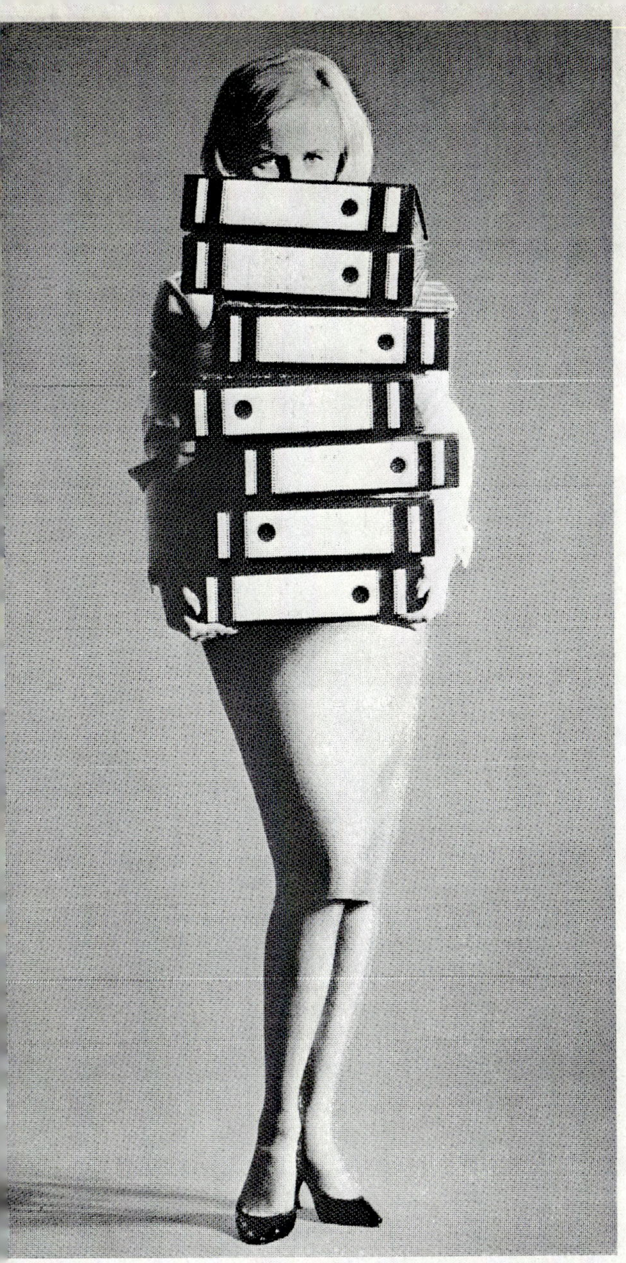

Lassen Sie uns das machen!

Wir nehmen Ihnen die Wege ab, die Ihre
tarbeiter täglich laufen, um Arbeitsunter-
gen herbeizuschaffen, Vorgänge weiterzu-
ichen, Akten einzusehen – Wege, die nichts
nbringen, die nur Zeit und Geld kosten!
Lassen Sie uns Vorschläge machen, wie
an diesen Büro-Leerlauf organisatorisch
isschalten kann und wie Sie mit modernen
öbeln im Büro das erreichen, was mit
odernen Maschinen in Werkshallen ver-
rklicht ist: Gewinn erzielen durch Rationa-
ierung. Ein Gewinn, der sowohl in der
Verbesserung des Arbeitsklimas als auch in
der Leistung liegt.

Machen Sie unsere Spezialisten zu Ihren Organisationsberatern. Wir planen für Sie Arbeitsplätze der besseren Leistung – mit Pohlschröder-Büromöbeln. Wenn Sie Ihr Büro neu einrichten oder rationalisieren – sprechen Sie vorher mit Pohlschröder. Rufen Sie uns an oder schicken Sie diesen Abschnitt an uns.

OHLSCHRÖDER

–geplante Ordnung im Büro!

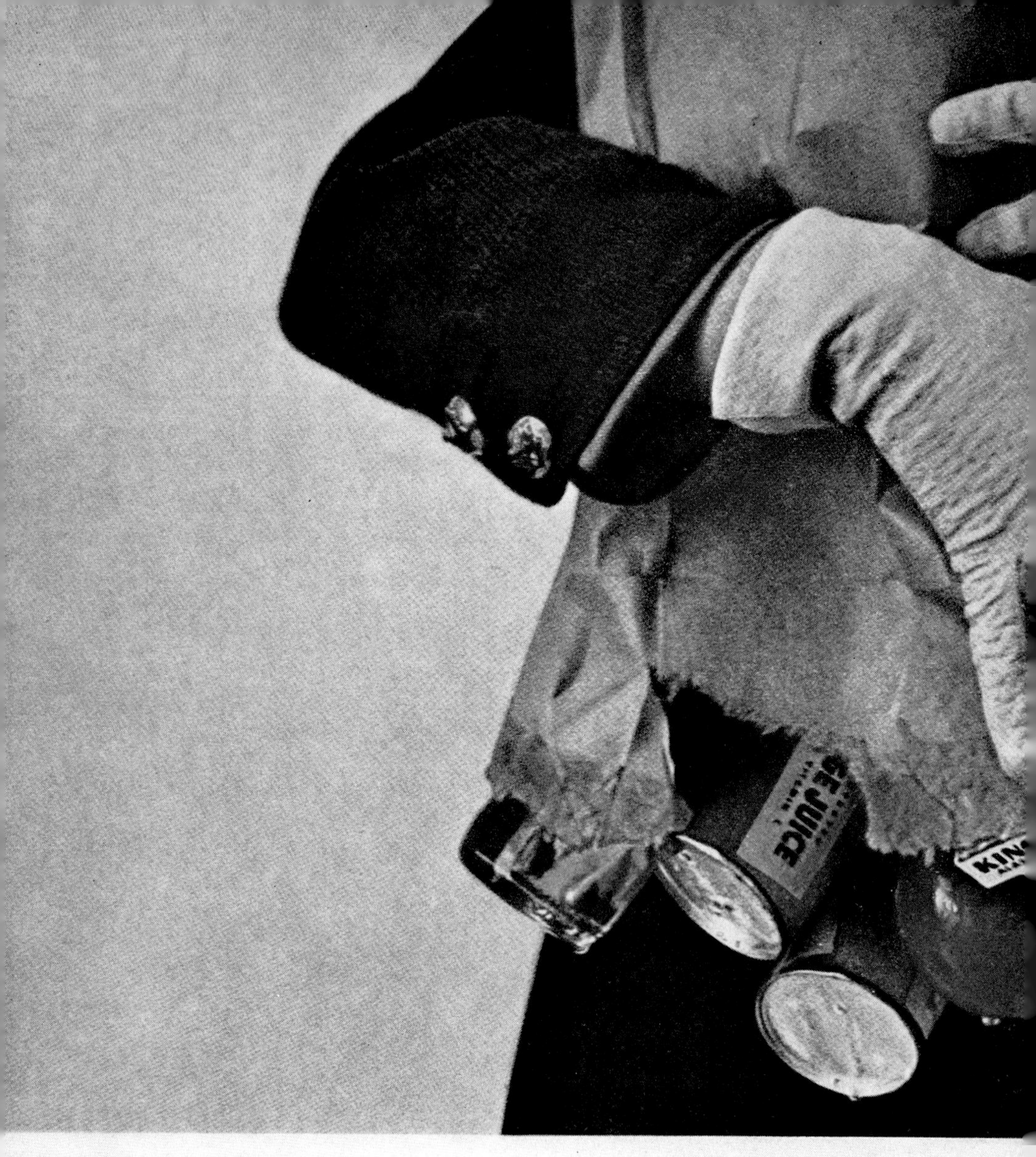

Who took the OOPS out of supermarket shopping?

Frozen food packages are wet. So are milk containers. Load a week's groceries on top of them and OOPS! Grocery clerks sometimes try to solve this problem by doubling up on bags. But two bags cost the grocer twice as much as one bag. ▪ Olin has developed WaterBuff®, a water-resistant bag that can carry a load of soaking wet groceries for 45 minutes. That means one bag for the clerk to use. One bag for the grocer to pay for. One bag that carries the groceries all the way home. ▪ Another creative solution to a problem ... from the Packaging Division of Olin.

Olin

OLIN MATHIESON CHEMICAL CORPORATION, 460 PARK AVENUE, NEW YORK • CHEMICALS • INTERNATIONAL • METALS • ORGANICS • PACKAGING • SQUIBB • WINCHESTER WESTERN

Was geschieht hier? Lesen Sie den Text! Gewissermaßen Großappell einer Firma, die – Packpapier produziert. Pannen, wie die dargestellte, passieren mit Olins Packpapier nicht, weil es Feuchtigkeit mindestens für 45 Minuten vertragen kann.

Hätte ich einen Preis für die beste Anzeigenidee und für deren entsprechende Verwirklichung zu vergeben: Diese stände in engster Wahl. Was hier zur Empfehlung eines Wagens gesagt wird, ließe sich wörtlich zum Lobe der Anzeige übernehmen. ▶

Das wirkt natürlich ein bißchen «outriert», aber es ist lebendig und kein schlechter Einfall, die jungen Herren ausgerechnet vor eine alte Montgolfiere zu stellen.

▼

Volkswagen gibt es ab DM 4.200,– a.W.

Es gibt Formen, die man nicht verbessern kann.

Vas sollten wir an der Form des VW verbessern? ie hat Sinn und Zweck. Sie verkörpert eine Idee. ine? ine ganze Sammlung von Ideen. ie abgerundete Vorderhaube gibt gute Sicht bis urz vor den Wagen. ie Kotflügel kann man einzeln auswechseln. Ohne en halben Wagen erneuern zu müssen. (Ein Kotflügel vorn kostet DM 43.25. Grundiert.)

Das Heck ist aerodynamisch.

Der Boden ist vollkommen dicht.

Alles ist glatt und rund an diesem Wagen. Alles Stromlinie.

Warum also ist die VW-Form so zeitlos?

Weil sie vernünftig ist. Und praktisch. Und so verblüffend einfach. Wie das Ei des Kolumbus.

Wir ändern diese Form nicht um des Änderns willen. Wenn wir aber einen Grund haben, den VW von innen heraus zu verbessern, dann tun wir das. Bis heute haben wir 2064 Gründe gefunden.

So haben wir das Ei verbessert. Von innen heraus. Ohne es zu zerbrechen.

Jede leere Packung zeigt erfolgreiches Marketing
troost Werbeagentur GWA Düsseldorf Klosterstr. 30

Auch Werbende werden umworben: Mag die leergedrückte Tube den Letztverbraucher an manchen Packungsärger erinnern: den Produzenten, der am liebsten Milliarden geleerter Tuben sähe, gemahnt der ◀ Appell an die Notwendigkeit, mit einer Agentur zu sprechen.

Daß Packungen *uns* ansehen, wissen wir nicht zuletzt aus Selbstbedienungsläden. *Hier* wird an den Packungsgroßverbraucher appelliert, damit er sich für den richtigen Verkaufshelfer entscheidet. ▼

Nur eine Schnur. Gewiß kein besonderer Appell. Aber er steigert sich mit der Bildunterschrift: «Vergessen? ... Vergiß es!» Die Vergeßlichkeit ist ohne Bedeutung, auch wenn du dich elektrisch rasierst. Wieso, verrät der Text. Ein starker Fact Appeal.

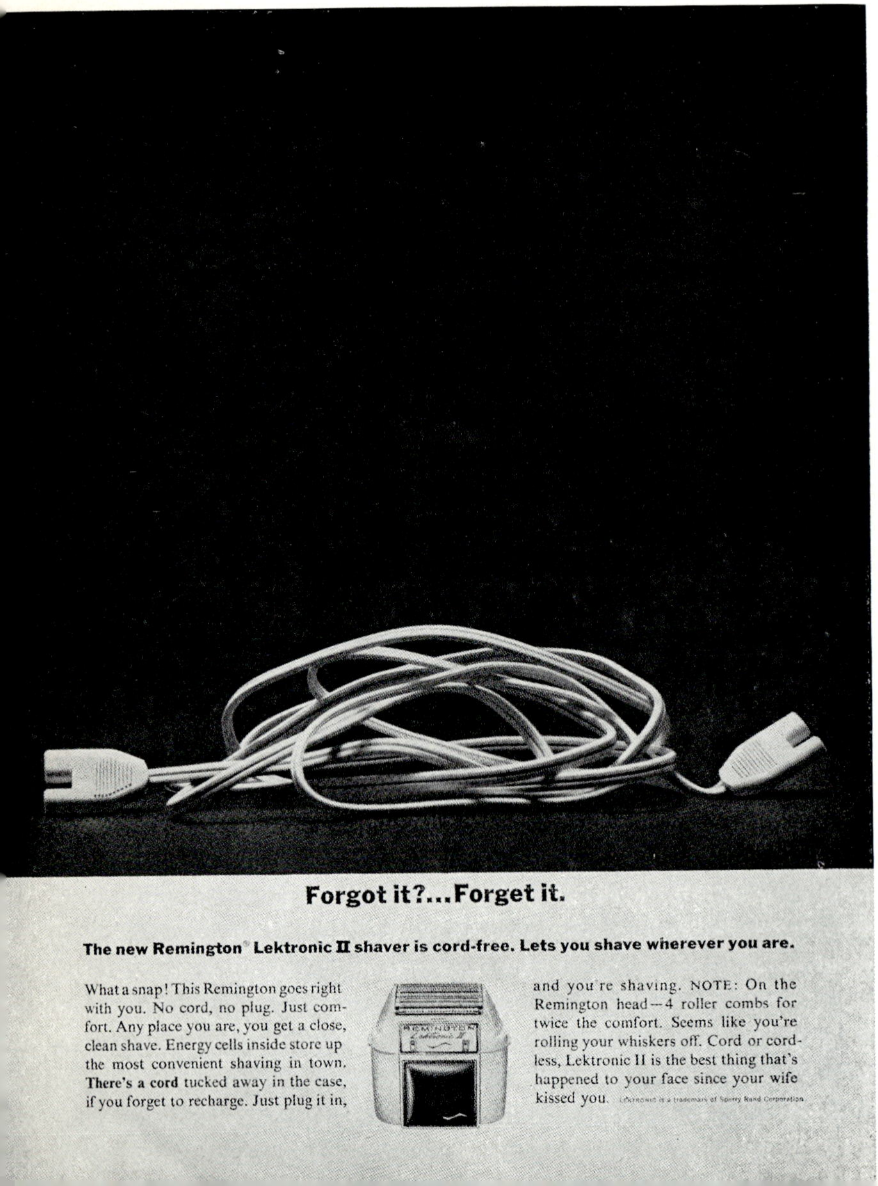

Nackter als nackt

Vom Gemeinplatz zur Nuance

Wenn die Werbung Wünsche weckt, gibt sie Versprechen ab. Hierbei nimmt sie den Mund erfahrungsgemäß voll – was ebenso erfahrungsgemäß dazu führt, daß der Umworbene das Gesagte nicht wörtlich nimmt.

Die Werbung sollte nicht sagen, eine Frau würde mit einem bestimmten Staubsauger glücklich. Eine Frau stellt höhere Ansprüche, ihr Glück liegt auf einer anderen Ebene. Aber die Werbung sagt es dennoch, wenn nicht mit Worten, dann mit Bildern.

Sieh diese glückliche Frau ... Sie strahlt ihr Glück geradezu aus, diese wahrhaft Beneidenswerte, die über alles verfügt, was eine Frau in den Augen nicht übersättigter Männer begehrenswert macht. Aber nicht deswegen strahlt und lächelt sie, sondern weil sie endlich den geräuscharmen Rasenmäher «Evershort» besitzt. Wie werden ihre Nachbarn die Ohren spitzen, wenn nunmehr der Rasen seinen Igelschnitt bekommt, ohne daß dies meilenweit zu hören ist!

Ob Rasenmäher, Wasch- oder Küchenmaschine: Hauptsache bleibt jeweils die Darstellung eines sprechenden Glücksgefühls, jener äußerlich sichtbaren inneren Befriedigung, die angeblich durch den Besitz derartiger Gegenstände ausgelöst wird. Und die Darstellung scheint am eindrucksvollsten mit dem Reizbild einer in jeder Hinsicht attraktiven Frau. Gewissermaßen das Glück in Person, das zeitgemäße, das lackgepflegte Glück.

Selbstverständlich hat dieses Glück in Person Sex-Appeal. Das ist, mit Verlaub, der eigentliche Köder. Dabei ist es zunächst gar nicht wichtig, daß der gleiche Köder oder doch ein sehr ähnlicher überall ausliegt, daß jene attraktive Person im Anzeigenteil derselben Illustrierten zahlreiche Nebenbuhlerinnen hat, die über ganz andere

Dinge, etwa über irgendwelche Genußmittel, ja selbst über irgendein Putzmittel gleichermaßen, so über alle Maßen glücklich sind.

Denn in dieser Parade der Attraktiven wird die Wirkung der einzelnen durch die Vielzahl der Auftretenden nicht so stark beeinträchtigt, wie man glauben möchte. Es ist wie bei einer tänzerischen Girlparade: zwar glaubt man in jedem einzelnen auch alle anderen zu sehen, doch erfüllt schon jede für sich die Vorstellung des «idealen» Girls.

Die attraktiven Frauen in Anzeigen und auf Plakaten nähren sämtlich den gleichen Traum, den jedes einzelne Bild bewirkt oder bewirken soll – noch keinen Traum von einem bestimmten Konsumentenglück, sondern vorerst den männlichen Allerweltstraum von der vollkommenen Frau.

Ist das nicht viel, auch oder gerade wenn es «nur» um einen Staubsauger, eine Wasch- oder Küchenmaschine oder um eine köstlich mundende Margarine geht? Solch köstliche Margarine, von gepflegter Hand aufs Brot gestrichen, schmeckt ja nicht, sie *mundet*.

In den USA kann die Frau in der Anzeige auch als treusorgende Mutter und im Kreise ihrer Lieben in Erscheinung treten, ich meine die attraktive Frau mit Sex-Appeal. Bei uns ist man in dieser Hinsicht noch zurückhaltender, entweder weil es einem widerstrebt, Sex-Appeal und Mütterlichkeit an *einer* Frau zu demonstrieren, oder weil man den Ablauf männlicher Illusionen, selbst wenn sich keine realen Hoffnungen an sie knüpfen, nicht dadurch beeinträchtigen möchte, daß man die Begehrenswerte gebunden zeigt.

Doch um einen allerdings ziemlich variablen Prototyp handelt es sich immer, einfach um den, der gegenwärtig in Mode ist. Und die Variationen beschränken sich aufs Modische. In der Werbung für Sekt und Zigaretten ist der Prototyp «ganz Dame», also zumeist

Angehörige jener leicht beneideten Schicht, von der die Mehrzahl der Umworbenen durch Geldmangel ausgeschlossen ist. Aber den Sekt oder die Zigarette, die auf den Anzeigen-Leitbildern bevorzugt werden, kann man sich möglicherweise leisten. Dergleichen präsentiert sich übrigens gern im entsprechenden Rahmen: in exklusiven Nachtlokalen, an Bord luxuriöser Schiffe und, besonders lässig, an der Côte d'Azur. Der Snobismus solcher Werbung kennt keine Grenzen, weder in Bild noch Text. Doch hat er Erfolg.

Große Damen mit kleinem Stich

Hier muß man angesichts der Werbung für deutschen Sekt eine kleine Einschränkung machen. Nicht daß diese Werbung keinen Erfolg hätte – im Bundesgebiet wurde noch nie so viel Sekt getrunken –, aber ihre weiblichen Anzeigenfiguren haben zuweilen oder öfter einen kleinen Stich. Was heißt das? Die abgebildeten Damen betreiben den Flirt zum Sekt, den Nerz nonchalant über die nackte Schulter gelegt, auf eine Weise, die für nüchterne Betrachterinnen, vor allem älteren Jahrgangs, etwas Unangenehmes, vielleicht sogar Herausforderndes hat. «So etwas tut eine Dame nicht!» Und sie tut es doch, in animierter Stimmung jedenfalls – eine Erfahrung, die weniger strenge Betrachter vielleicht zu höherem Sektkonsum bewegt.

Überhaupt geht die lockende Darstellung der großen Welt gar nicht so selten, wenn auch wohl ohne Absicht, in die einer gewissen Halbwelt über. Ist die Halbwelt auch groß? In Wohlstandszeiten immer. Die Nittribits von Format verstehen es ausgezeichnet, sich durch effektvolle Aufmachung hervorzutun; das verstanden sie stets, und auf Anzeigenbildern sind sie von Töchtern aus gutem Hause, die ja ihrerseits nicht zurückstehen wollen, kaum zu unterscheiden. Ein deutscher Graphiker, der in der Sektwerbung erfolgreich ist, hat überdies die Manie, allen jungen Mädchen einen überaus sinnlichen Mund zu geben, wobei die Farbe der Lippen auffallend knallig ist. «Soviel Farbe nimmt man nicht!» Aber auch die schicken Mädchen aus gutem Hause nehmen soviel – gelegentlich zumindest nehmen sie es auf sich, unschicklich zu sein. Und jener Graphiker tut vielleicht gar nicht so unrecht, denn die Gelegenheiten mehren sich.

Seit Dumas Sohn, Autor der «Kameliendame», 1855 die erste Demimonde auf die Bühne, damit einen von ihm geprägten Begriff in die Umgangssprache brachte, haben sich die gesellschaftlichen Sitten und Auffassungen derart gewandelt, daß der Begriff «Demimonde», der einmal Inbegriff jeder fragwürdigen Weiblichkeit war, wieder verschwinden kann. Und er verschwindet tatsächlich.

Dies besagt natürlich nicht, daß auch die allzu flotte, bürgerlich verfemte Weiblichkeit verschwände. Doch verfemt das Bürgertum nicht mehr so schnell. Nachdem es die «Leute vom Theater», wenn auch mit Vorbehalt, aufgenommen hat und nicht mehr in jeder Ballettratte willkommenes «Freiwild» sieht – könnte sie doch die Tochter eines Ministers sein –, muß es sich Zurückhaltung auferlegen. Der Unterschied zwischen Monde und Demimonde ist zwar wie ehedem vorhanden, und es besteht auch Anlaß, an ihm festzuhalten, aber immer weniger Möglichkeit, ihn auf den ersten Blick zu erkennen. Vielleicht gelingt dies nach einem gesprochenen Satz, doch die Sprache der Anzeigenbilder dringt nicht ans Ohr.

Man bedenke: Wie einmal aus einem Attribut der Prostituierten, aus dem Fächer, ein unentbehrliches Requisit der großen Salons geworden ist, so haben immer mehr Attribute, die einst der weiblichen Demimonde vorbehalten waren, Eingang in die gute Gesellschaft gefunden. Das Make-up der modernen Frau übertrumpft sogar das der gestrigen «Mondänen». Diese gingen vor allem mit der Mode, was für den ahnungslosen Professor Engel Anlaß war, das Wort «Mondäne» – auch dieses Wort stirbt aus – durch das Wort «Mitmacherin» zu ersetzen. Heute sind beinahe alle Frauen Mitmacherinnen. Und die Mondäne existiert eigentlich nur noch als femina otiosa, als verdächtige Frau, bei der man jedoch nicht weiß, hingegen als Mann gern in Erfahrung bringt, ob und inwieweit der Verdacht berechtigt ist.

Die tiefere Ursache solcher Wandlung?

Die vor dem Ersten Weltkrieg viel gelesene, damals als mondän empfundene Schriftstellerin Marie Madeleine hat sie in einer ihrer amourösen Novellen («Aber das Fleisch ist stark!») angegeben: «Im Grunde ihres Herzens besitzen die meisten Männer, seien sie nun Sioux-Indianer, Neger oder Pariser Boulevardiers, eine Vorliebe für unterstrichene Reize, für rotgeschminkte Lippen, untermalte Augen, schimmernd gefärbte Haare.»

Heute ist das eine Allerweltsweisheit, aus der jede Verkäuferin für sich und ihre Firma Nutzen zieht – von einigen in dieser Hinsicht noch unterentwickelten Landstrichen, Teilen Schwabens oder Niedersachsens, vorläufig abgesehen. Aber um 1908 konnten die Männer jene Vorliebe allenfalls im Umgang mit Außenseiterinnen, mit Schauspielerinnen und Soubretten, befriedigen.

Heute läßt die Werbung keinen Zweifel daran, wie sehr fast das gesamte kosmetische Arsenal der Kokotten von den Bürgersfrauen übernommen und damit zu etwas ganz Alltäglichem und Unbedenklichem wurde. Schon der Teenager ist auf entsprechende Rüstung oder Ausrüstung bedacht. Doch wenn solche Kriegsbemalung einschließlich formtreuer und formbetonender Drapierung selbst an Stätten üblich wurde, wo der «Kampf der Geschlechter» überhaupt keine, jedenfalls keine legitime Rolle spielt, dann folgt die inzwischen gleichberechtigte Frau lediglich einem lange unterdrückt gewesenen Wunsch des Mannes.

Auf Anzeigenbildern für prosaische, vorwiegend nützliche Gegenstände zeigt sich die Attraktive nicht selten in einem Dreß, dessen saloppe Eleganz die weiblichen Reize womöglich noch mehr betont als jedes offenherzige rückenfreie Abendkleid: eine Dame, die in ihrer Anmut nicht leidet, wenn sie sich zuweilen als Hausfrau verkleidet (frei nach Wedekind). So ein modellierender Dreß hat es in sich. Und er wurde laut Anzeigentext zum «Lieblingsdreß der modernen Lady». *Frage:* Wie viele Ladys haben wir, und welche Dreßauswahl oder welcher Dreßreichtum steht jeder einzelnen zur Verfügung?

Aber ich will mich nicht lustig machen, vielmehr auf Ernstzunehmendes verweisen: Jener Text enthält einen Appeal, wie er sich durch die Verwendung gewisser Fremdwörter ergibt, jedenfalls ergeben kann. Unser Anzeigendeutsch ist mit solchen Fremdwörtern durchsetzt. Lesern mit feinerem Sprachgefühl mag das in der Seele weh tun. Aber die Seele des großen Publikums empfindet anders.

Ehedem hatte man bei uns nur vom Sport-, besonders von einem Reitdreß gesprochen. Mit dem Sport ist das Wort *dress* aus England gekommen. Inzwischen gibt es auch einen Dreß für Heim und Garten sowie – selbstverständlich – einen Autodreß. Die weitverbreitete Empfänglichkeit für diese und ähnliche Bezeichnungen hat einen tieferen Grund. Sie ist nicht ohne weiteres mit dem Hang zur «Ausländerei», mit jenem backfischhaften Drang nach Vornehmtuerei erklärt, der auf Unsicherheit und Geltungsstreben beruht. Kleine Leute erliegen zwar immer wieder dem Bedürfnis, großzutun, und damit so mancher Alberei, aber auch Frauen, die nicht zu ihnen gehören, fühlen sich vom Kauderwelsch der Modejournale angesprochen, ja, ihre eigene Ausdrucksweise ist solchem Kauderwelsch nicht unähnlich und scheint tatsächlich der angeberischen Gepflogenheit verwandt, mit zu lautem Starten, mit etwas zu smartem Reit- oder Skidreß Aufmerksamkeit zu erregen. Hoch zu Roß, auch wenn die Dame kaum je auf einem Pferd gesessen, auch wenn sie keine Abfahrt gemeistert hat.

Die Seele des großen Publikums ist ungemein geduldig; wachsweich reagiert sie auf Schlagworte, die ein gewisses Etwas haben, etwas durchaus Nebelhaftes, das sich jeder eindeutigeren Bestimmung entzieht. Mode- und Fremdwörter – wohl die meisten Modewörter sind Fremdwörter – üben auf weniger Gebildete, deren Wortschatz gering ist, von je geradezu bestrickenden Reiz aus, dem jedoch auch zahlreiche Gebildete und Wortbeflissenere verfallen. Dieser merkwürdige Reiz wird sowohl von denen empfunden, die sich besonders gern – und in der Werbung absichtlich – derartiger Suggestivwörter bedienen, wie zumeist auch von denen, die sie immer wieder hören, aber womöglich ganz andere Vorstellungen damit verbinden. Die Verständigung erfolgt dann gewissermaßen auf Grund eines Mißverständnisses und nur oberflächlich, aber sie erfolgt *sofort*, und das ist entscheidend.

Für einen hellhörigen Forscher müßte es ein mit allerlei Überraschungen verbundenes, wahrscheinlich etwas diabolisches Vergnügen sein, der ebenso beständigen wie jeweils aufschlußreichen Erscheinung nachzugehen – müßte er doch bei einiger Gründlichkeit herausbekommen, warum in einer bestimmten Epoche gerade diese oder jene Wörter in aller Leute Mund und von so besonderer Wirkung sind. So ließe sich eine auch für die Werbungswissenschaft interessante «Kulturgeschichte des Schlagwortes» schreiben, ließe sich der

Charakter einer Epoche nach dem Charakter der in ihr herrschenden Schlagwörter bestimmen.

Wörter mit Sex-Appeal

Erinnert man sich noch des fast ausgestorbenen Wortes *superb?* Es war einmal sehr in Mode. Vor dem letzten Kriege kam dies einem Anzeigentexter ins Gedächtnis, und er hatte den Einfall, jenes leichte Wörtchen superb zum Schwerpunkt einer Anzeigenserie zu machen. «Ein Wort klingt nach ... superb», schrieb er. So überschrieb er jede einzelne Anzeige, und in jeder sagte er, warum es nachklingt. Es enthält den «Nachklang einer genußfreudigen Zeit voll bezwingenden Charmes und leichter Eleganz».

Das tut es wirklich. Aber das Ausschlaggebende ist wohl, daß in dem meist geflüsterten Wort etwas mitklang und noch mitklingt, das mit einem anderen Wort nur schwer oder gar nicht auszudrücken ist. Der aufmerksame Texter hörte es jedenfalls mit und brachte es seinerseits zu Gehör.

Und ein anderer kam 1961, also über 20 Jahre später, auf die Idee, das Schlagwort von einst, leicht snobistisches Lieblingswort «distinguierter Kreise», zur Kennzeichnung eines Schlüpfers zu verwenden: «Greifen Sie täglich zu einem frischen Superb!» Im Duden finden sich für superb die Verdeutschungen «vorzüglich» und «prächtig». Das sind mangelhafte Verdeutschungen, da superb mehr oder weniger etwas anderes bedeutet. Dem kam Eduard Engel schon näher, als er «himmlisch» oder «gottvoll» sagte. Aber können wir einen Schlüpfer «gottvoll» nennen?

Sinn dieser ganzen Betrachtung: nachdrücklich darauf hinzuweisen, daß der eigentliche Appeal einer Werbung bereits in einem einzigen Wort, natürlich auch in einem Markenwort liegen kann. Ein einziges, treffsicher gewähltes Wort vermag oft weit nachhaltiger zu appellieren als mit größtem Bedacht geformte Sätze, auch als Bilder, an deren Blickfang nicht zu zweifeln ist. Es gibt eben Wörter, die eine geradezu unheimliche, mitunter völlig rätselhafte Zündkraft haben, die den Menschen unmittelbar «irgendwie» in Erregung und Bewegung versetzen. Ich wage es zu sagen: *Es gibt Wörter mit Sex-Appeal.*

Ist doch das seit langem populäre Schlagwort Sex-Appeal selbst so ein Wort mit Sex-Appeal, der auch in Wörtern wie «intim» oder bei der Bezeichnung «Teenager» empfunden wird – gewiß nicht von jedermann und gewiß nicht immer. Die Art der Assoziationen entscheidet. Ein Test ergab, daß heute das Wort «perlmutt» nicht selten Assoziationen geschlechtlicher Art hervorruft. Oder sagen wir zurückhaltender und treffender: Vorstellungen erotischer Art, denn um grobsinnliche Empfindungen und Gedankenverbindungen handelt es sich nicht.

Appellierende Worte von besonderer Suggestivkraft, die sich, ganz nach Situation, noch mit anderer, auch geschlechtlich wirksamer Suggestivkraft vereinigen kann, sind z. B.: chic, aber nicht schick, Charme, aber nicht Scharm, smart, fashionable, prominent, profiliert, kultiviert, super, nochmals super, köstlich, aufregend, geheimnisvoll. Man sieht, die Wirkung hängt unter Umständen von einer Nuance, gar der einer Schreibweise ab und – es müssen nicht unbedingt Fremdwörter sein. Werden solche jedoch vom Texter verwendet, schelte man ihn nicht. Seine Aufgabe ist eine kaufmännische und derart zweckgebunden, daß er ein möglicherweise vorhandenes sprachliches Genauigkeitsgefühl – es gibt auch so etwas wie ein Ehrgefühl der Sprache gegenüber – nicht selten zugunsten des

Gefühls für Massenwirkung verdrängen muß. Fingerspitzengefühl ist dieses wie jenes und die Situation in der Werbung für den Schriftsteller oft ebenso fatal wie für den Graphiker.

Kommen wir zurück auf das Lieblingswort «Dreß». Ich sagte: so ein modellierender Dreß hat es in sich, da er denen, die drin sind, meist ein erstaunliches Wohl- und Selbstgefühl verleiht. Wir kennen das von der tadellos sitzenden Uniform, die manchem Zivilisten, der in bürgerlicher Kleidung nur eine bescheidene Figur macht, zu besserem Aus- und Ansehen verhilft. Der Dreß ist die Uniform der Lady. Auf Reklamebildern tragen ihn nur wohlproportionierte Frauen, die damit nicht nur diese und ähnliche Textilien, vielmehr auch Schallplatten, Kücheneinrichtungen und Gartenschläuche empfehlen. Das bewährt sich ausgezeichnet.

Voll erogener Zonen

Kein Wunder, ist doch ein stärkerer Sex-Appeal kaum vorstellbar. Mit dem prall sitzenden, ebenso schmiegsamen wie nachgiebigen Dreß gelangte «das kokette Spiel der Mode» an einen kaum überbietbaren Höhepunkt. Treten ja die weiblichen Körperformen gewissermaßen von Kopf bis Fuß, wenn auch nicht immer anmutig, hervor. Nicht alle Frauen können sich das leisten, aber die es können, verzichten nur ungern darauf.

Und die Wirkung auf die Männer ist entsprechend. Befragte haben übereinstimmend erklärt, der fast völlig stoffbedeckte, aber wie mit einer zweiten Haut überzogene Körper scheine nunmehr nur noch aus «erogenen Zonen» zu bestehen. Doch gerade dieser Eindruck läßt nach, was nicht heißt, daß überhaupt keiner, kein gewinnender bliebe. Was der Mann zunächst beim besten Willen nicht übersehen kann, auch gar nicht übersehen will, gewahrt er nicht mehr, jedenfalls nicht mehr so eindringlich, da es bereits etwas Alltägliches und Gewohntes wurde. Wird er auf diese Weise durch Reizüberflutung abgestumpft, verlieren auch die Gestalten auf den Anzeigenbildern an Bedeutung, trotz des Appells ihrer lebensfülligen Konturen.

Daß diese überhaupt als Blickfänger Verwendung finden, gar in der Werbung für Kücheneinrichtungen und Nähmaschinen, hat natürlich den Einspruch all derer erweckt, die sich in ihrem moralischen Empfinden herausgefordert fühlen, die den Bereich der Werbung grundsätzlich vor so eindeutigen Appeals bewahren wollen. Ich sage « natürlich », weil solcher Einspruch in einer doppellebigen Welt kaum überrascht, vielmehr mit Sicherheit zu erwarten ist, sobald mit kühneren Darstellungen, auch rein künstlerischer Art, gewisse Tabumauern durchbrochen werden. Der häufige Ruf nach « freiwilliger Selbstzensur » – ebenfalls für oder gegen die Reklame zu hören – kommt dem Ruf nach Verboten gleich, zumal man diese durch entsprechende Besetzung der Prüfungsgremien zu erreichen hofft.

Gewiß zeigt die Reklame Auswüchse, aber keine, die sich nicht mit Hilfe bestehender Gesetze beschneiden ließen. Doch jetzt deutet der Zeigefinger auf ein Anzeigenbild, das für einen Allerweltsartikel wirbt, mit einer der tausend Nachäfferinnen Brigitte Bardots, dieses Schreckenssymbols der Sündhaftigkeit, in einer, zugegeben, äußerst reizvollen Pose, die Leuten, die von Natur für derartige Reize unempfänglich sind, ziemlich albern erscheinen mag. Albern und überflüssig. *Muß das sein?* fragt der Kommentator mit erhobenem Zeigefinger.

Ja, es muß sein. Denn der Hersteller jenes Allerweltsartikels hält gerade diese Reklame für besonders erfolgreich; vom kaufmännischen Standpunkt ist er verpflichtet, den jeweils aussichtsreichsten Absatzweg zu beschreiten. Man kann ihm nicht mit der Forderung in den Weg treten, künftig Fact-Appeals, also sachlicheren Angeboten seines Erzeugnisses, den Vorzug zu geben. Denn wenn sein Erzeugnis keine Vorzüge besitzt, die es Wettbewerbsartikeln überlegen macht, wäre das ein fragwürdiges Beginnen. Und warum soll er das Bild jenes flotten Mädchens *nicht* bringen?

Spiegelbilder des Alltags

Der Kommentator wird sagen, es sei unmotiviert, ohne Zusammenhang mit dem Gegenstand des Angebots. Das ist richtig. Aber nochmals: Wie trostlos wäre die Welt, dürften Mädchen mit Sex-Appeal nur noch dort erscheinen, wo sich ihr Auftreten sachlich rechtfertigen ließe. Man müßte alle kessen Teenager aus dem Straßenbild und selbstverständlich aus der Straßenbahn verbannen, da sie sich nicht einmal die Mühe geben, ein hochgerutschtes Röckchen herunterzuziehen.

Doch jener Kommentator weiß das. Weil er keine Möglichkeit sieht, der Fülle des Sex-Appeals im öffentlichen Leben Einhalt zu gebieten, will er sie wenigstens innerhalb der Werbung begrenzen.

Schon Alfred Kerr hatte Veranlassung, mit einem Blick auf das kurz berockte Tauentziengirl, einen Vorläufer des bundesrepublikanischen Teenagers, voller Ironie zu fragen, ob es nicht das Sicherste sei, den jungen Mädchen den trippelnden Gang und diese Art, sich in den Hüften zu wiegen, einfach zu verbieten – das Allersicherste freilich wäre ein Verbot der Liebe und des Frühlings.

Kerr machte Witzchen in ernster Sache. Hört denn nicht der Spaß auf, wenn es z. B. 1959 in einer Schrift zum literarischen Jugendschutz heißt, daß «auch gewisse Tendenzen des Teenager- und

Twenrummels, gewisse exhibitionistische Züge der entsprechenden Mode und gewisse sommerliche Bekleidungsgewohnheiten junger Mädchen ... eine abträgliche Wirkung haben»? Hier wird der an sich zwar richtige Versuch gemacht, die rapide Entwicklung eines fragwürdigen Schrifttums aus der allgemeinen Entwicklung und dem gegebenen Milieu zu erklären. Denn es ist grundsätzlich richtig, auf die oft nicht leicht erkennbaren Zusammenhänge aller kulturellen und antikulturellen Erscheinungen sowie auf allgemeine Umwelteinflüsse zu achten – darum gehe ich ja so ausführlich auf die Wechselbeziehungen zwischen modischen Bildern des Alltags und gewissen Reklamebildern ein. Aber es wäre völlig falsch, in derartigem Bemühen auf halbem Wege stehenzubleiben, gar nicht an die Wurzel der Dinge, an die eigentlichen Ursachen heranzukommen, sondern sich irgendwelchen Symptomen mit Vorurteilen zu nähern und dabei Schlüsse zu ziehen, die wirklich Kurzschlüsse sind, weil sie den Vorgängen insgesamt nicht entsprechen.

Was Kerr noch zu einer humorvollen Bemerkung bewegte, hatte einen namhaften Kunsthistoriker um dieselbe Zeit bereits in helle Empörung versetzt. Tatsächlich hat Professor E. W. Bredt 1919 in einem Traktat über «sittliche und unsittliche Kunst» gefordert, die Gesellschaft solle gegen alle strafrechtlich vorgehen, die bereits an der exhibitionistischen Sommerkleidung und den nackten Armen junger Mädchen Anstoß nehmen – solche Sittenrichter seien nicht zum Schutze der Jugend berufen, vielmehr eine kulturelle Gefahr. Bredt war unterrichtet genug, um sich bei seiner Forderung, deren Übertreibung durch die Zensurwut bestimmter Kreise herausgefordert wurde, auf den heiligen Augustinus und auf jene bedeutsame Epoche kirchlicher Vorherrschaft zu beziehen, in der die Nacktheit keineswegs als sündhaft, sondern der menschliche Leib als «die schönste aller Schöpfungen Gottes» galt – übrigens eine wörtliche Formulierung des heiligen Augustinus.

Die Gegner des Sex-Appeals in der Werbung bestreiten im allgemeinen gar nicht, daß er *der* Appeal ist, der am meisten verkauft. Aber das ist in ihren Augen natürlich keine Rechtfertigung und auch in unseren nur bedingt. Dabei ziehen sie noch nicht einmal jenen erfolgreichen Sex-Appeal mit in Betracht, der sich ihrem Spürsinn infolge scheinbarer Harmlosigkeit und besonderer Wirkungsweise entzieht. Sie kennen ihn nicht, geschweige denn, daß sie ihn erkennen. Erst wenn man ihn klarlegt, zeigt sich ihr Erschecken.

Dies muß ich erwähnen, weil Untersuchungen von Motivforschern, die sich mit unterbewußten Reaktionen auf verborgene oder getarnte Sex-Appeals befaßten, recht überraschende und aufschlußreiche Ergebnisse hatten. Sogar in der Bundesrepublik, wo die Gegner so etwas auf keinen Fall dulden wollen, obwohl es schon seit Jahrzehnten seine Wirkung tut. (Auch das noch.)

Ich komme auf Untersuchungen wie Ergebnisse zurück. Sie stellen eine Fundgrube für Eiferer dar, doch sind auch Fußangeln in der Grube. Man muß das Material vor Mißbrauch und davor bewahren, daß es zur Stützung werbungsfeindlicher Angriffe verwertet wird. Um solches zu verhüten, muß ich hier noch einen Schritt weitergehen, nur scheinbar einen Schritt vom Wege.

Wir sahen, wie Reizbilder der Reklame von denen des Alltags übertroffen werden oder doch übertroffen werden können, da alles Lebendige sein Abbild zu übertreffen pflegt. Ich sage «pflegt», weil man nicht verallgemeinern darf. Auch ließe sich einwenden, daß dem Betrachter ein Abbild im Gegensatz zum lebendigen Vorbild beliebig verfügbar ist, als Anzeigenbild etwa, so daß hier die Möglichkeit intensiveren Reizgenusses besteht. Daheim, innerhalb der eigenen vier Wände, bei eingehender Lektüre der Illustrierten, vermutet man, sei der Umworbene ein anderer und weit empfänglicher als im großstädtischen Verkehr, wo die Konvention Zurückhaltung auferlegt.

Dies heißt aber doch die Dinge aus zu beklemmender Perspektive, «normale» Erwachsene als verklemmte Erotomanen sehen und die Bedeutung der Illustrierten sowie den Sex-Appeal der Werbung beträchtlich überschätzen. Wir sahen, daß der Hauptreiz des Sex-Appeals, auch bei der Werbung, in irgendeiner Andeutung oder Verheißung, jedenfalls in einer kleinen oder größeren Indiskretion besteht; er macht neugierig, ohne die Neugier zu befriedigen.

Nur für die Phantasie

So ist der Sex-Appeal immer ein Appell an die Phantasie. Das ist übrigens auch jeder geschlitzte oder zurückgeschlagene Rock, der enthüllen, aber nicht zuviel enthüllen soll. Der zurückgeschlagene Rock, dessen ganze Indiskretion einmal darin bestand, ein kleines Stück des weiblichen Beins zu zeigen, hat ehedem als Nationalkostüm der Französin gegolten. «Man stößt überall auf ihn, auf den öffentlichen Tanzplätzen, im Konzertgarten, im Theater, im Elysée und sogar in der guten Gesellschaft», schrieb Pierre Louys um 1900.

Kaum zwanzig Jahre später ist der kniefreie Rock – um 1900 noch völlig unvorstellbar – gesellschaftsfähig geworden. Aber es gab ja auch eine Zeit, in der es erlaubt und durchaus üblich und salongemäß war, die weibliche Brust nicht nur wie heute in ihren Ansätzen, vielmehr einschließlich ihrer Blüten – so nennt ein Dichter die Warzen – zu enthüllen. Aus alldem folgt lediglich, wie sehr sich die gesellschaftlichen Sitten ändern, wie wenig sie sich, selbst für verhältnismäßig kurze Zeit, auf einen Kodex festlegen lassen, und wohl auch, wie irreführend es wäre, den jeweiligen Stand der Kultur von derartigen, der Mode verbundenen Sitten ablesen zu wollen.

Übrigens ist es eine offene Frage, ob eine völlig enthüllte Brust sexualisierender wirkt als eine, die zwar bedeckt ist, deren appellierende Formen jedoch auf raffinierte Weise hervorgehoben werden. Nein, die Frage ist nicht offen: Aus einer Literatur gewordenen Wissenschaft geht hervor, daß sich jede zu sehr enthüllende Mode zur Wirkungslosigkeit und damit zum Tode verurteilt. Was wäre die Liebe, wenn es in ihr nichts zu entdecken gäbe? Hundert Dichter haben so oder so ähnlich gefragt!

Darum gibt es auch kaum Nuditäten in der Werbung. Zwar sieht man zur Empfehlung eines Badezusatzes eine Frau in einer Wanne, die Wanne womöglich in einem Tannenwald, aber man sieht doch nur nackte Arme, vielleicht noch ein winkendes Bein. Alles andere Schaum. Dann eine Frau hinter einem Paravent, was immer neugierig macht. Doch die Frau hätte den Schutz des Paravents ebensogut, wenn auch mit geringerer Wirkung, verlassen können. Sie war gar nicht nackt; das war sie nur für die Phantasie.

Aber jetzt etwas beinahe Unbegreifliches: In der Bildwerbung für einen Wundpuder wird Baby auf dem Eisbärfell und in jener Standardpose gezeigt, die schon Großmutters Entzücken war. Man erblickt ein strahlendes Kindergesicht und noch mehr, nämlich ein Stück Kinderpopo. Doch da muß man bereits genauer hinsehen. Und ... das *Lächeln* ist Appeal, keineswegs der Popo. Ungeachtet dessen muß eine Fachzeitschrift in der Bundesrepublik vor solcher und ähnlicher Bildwerbung warnen – südlich des Weißwurstäquators, der Donau oder des Mains, sollen die Leute Anstoß nehmen. Das hindert eine Spezialfabrik für Tonband- und Diktiergeräte nicht – erfreulicherweise, möchte man sagen –, einen nackten Kinderpopo, der nicht das geringste mit Phonographie zu tun hat, als Blickfang für eine Verkaufsanzeige zu wählen. Herbst 1962 schießt Bayer Leverkusen – «im Vertrauen der Welt» – ungeniert den Vogel ab: Bayer bringt in Anzeigen das Bild eines Kindes im nicht ganz vollständigen Adamskostüm, das seine eigentlich gar nicht vorhandene Blöße mit einem Feigenblatt bedeckt. «Blöße» ist in solchem Zusammenhang immer nur das, was der Welt als unzüchtig oder unanständig gilt.

Der Wundpuder-Produzent aber soll tatsächlich vorwurfsvolle Zuschriften erhalten haben. Vorwürfe von wem? Die Menschen sind doch gar nicht so, nicht einmal südlich des Mains. Aber das ist etwas Kurioses in der Werbung, in der Politik, in der Kunst: Die Bedeutung der Unzufriedenen wird allemal überschätzt. Die Abermillionen Zufriedenen, die jenes Stück Kinderpopo harmlos oder im unschuldigsten Sinne reizend finden, schreiben nicht. An Bayer schrieben sie doch! Jener Knabe mit dem Feigenblatt war ein großer Publikumserfolg. Nur eine kleine Minderheit, hauptsächlich männlichen Geschlechts, bezeichnete die Anzeige «Sein erster Anzug» als – obszön.

Der Sex-Appeal der Nacktheit ist primär gering. Die Zugkraft gewisser Nackttänzerinnen ist weniger in ihrer Nacktheit als im Milieu, als in der Atmosphäre ihres Auftretens begründet. Auch wirkt Nacktheit in der Ruhe anders als in der Bewegung, die schon etwas Erregendes haben kann – es kommt auf die Art der Bewegung sowie auf die Einstellung der Zuschauer an. Vom Striptease brauchen wir nicht zu reden. Schon in Gedanken an die musikalisch untermalte Entkleidungsschau erkennt man den Unterschied zwischen ausgezogen und nackt. Bilder ausgezogener Frauen haben in unserer Umwelt etwas Provozierendes und sollten als Werbebilder nicht oder nur bedingt, etwa zur Demonstrierung eines Wäscheangebots, in Frage kommen.

Mit Hilfe gesunder Sinnlichkeit

Und die auf äußerste Wirkung bedachten Männer der Werbung sind auch nicht auf derartige Reizbilder angewiesen. Es gibt bessere. In dem erwähnten Elastikdreß zeigt sich die Frau *nackter als nackt.* Die Supermoralisten haben das nur nicht entdeckt. Auch nicht die tiefere Bedeutung eines Dekolletés. Auch nicht, wie hier, gewissermaßen auf lustvollem Weg, das Interesse für Armbanduhren oder Küchenmaschinen geweckt und zur Kauflust gesteigert wird. Mit Lüsternheit oder mit einem Appell an die Lüsternheit hat das nichts zu tun. Gesunde Sinnlichkeit ist keine Lüsternheit. Was sollte man gegen das nach Schopenhauer Gesündeste einzuwenden haben?

Hingegen ist «sexualisierend» ein grobes Wort, das jedoch schon oft gegenüber Blickfängern der Illustrierten und gegenüber Anzeigen zu hören war. Und hier scheint es angebracht, auf die Gefahren eines ebenso verbreiteten wie begreiflichen Selbstbetrugs zu verweisen: In allen Kulturen besteht – aus welchen Gründen auch immer – das Bestreben, zwischen feiner Erotik und primitiver naturgebundener Sexualität zu unterscheiden. So spricht man gern von Beseelung oder Vergeistigung des Geschlechtslebens, von reiner und höherer Liebe und zeigt sich nicht selten aufs äußerste bestürzt, wird dieser Glaube durch gar nicht für möglich gehaltene Erfahrungen, durch Erlebnisse animalischer Art erschüttert.

Von derartigen Enttäuschungen werden vor allem Menschen mit durchschnittlicher Intelligenz betroffen. Sie besonders begehen jenen Selbstbetrug, indem sie sich mit Hilfe ausgeprägter Haltung über gewisse Niederungen des Daseins zu erheben suchen, aber wie alle anderen in diesen verwurzelt bleiben. Kaum ein Mensch vermag auf die Dauer, jedenfalls nicht ohne Unterbrechung, einer bestimmten Pose zu leben, sei das Motiv dazu noch so stark. Die Natur hat dem Grenzen gesetzt, und – was uns begrenzt, nennen wir Schicksal.

Versucht der Mensch die Grenzen zu durchbrechen, das Schicksal zu überlisten, kommt es eben häufig zu Gewaltakten der Natur, auf die der Betroffene dann mit irgendeiner Krankheit, mit seelischen oder körperlichen Störungen reagiert. Auch beginnt er daran zu zweifeln, daß sich der sexuelle Trieb überhaupt sublimieren, also läutern und veredeln läßt. Ist die höher gewertete Erotik nicht doch nur ein fragwürdiger Ableger des Geschlechtstriebs, diesem durchaus verwandt, aber auch durchaus unterlegen? Müßige Frage! Handelt es sich doch um ein unvermeidliches Dilemma der Kultur, die von je und fast überall auf einem Trotzdem begründet ist. Sublimierungen sind demnach trotzdem, wenn auch nur bis zu einem gewissen Grad, möglich, vor allem aber sind sie erstrebenswert. Ebenfalls in der Werbung, besonders in der Werbung. Sublime Werbung, ein geläufiger und kein schlechter Begriff.

Ich bin der Ansicht, daß der Anzeigenteil der Illustrierten und anderer Zeitschriften sehr wohl stark erotische Empfindungen auszulösen vermag, weit stärkere z. B. als eine ästhetisch redigierte Aktzeitschrift. Aber das können vollkommene Kunstwerke auch, und das tun diese oft schon deswegen, weil sie von ihren Schöpfern mit ebensolchen Empfindungen gebildet wurden.

Rodins Kunstwerk «Der Kuß», nur anfangs aus zu kleiner Perspektive angefeindet, gilt schon lange als große Leistung bildhauerischen Impressionismus. Es zeigt den Kuß zweier Liebenden, den Rodin mit der ihm eigenen Fähigkeit, nackte Körper zu formen und seelische Spannungen in ihnen auszudrücken, als ewigen Kuß, als den Kuß par excellence dargestellt hat.

Frage: Glaubt jemand, daß diese Statue, von der seit Generationen Abermillionen Abbildungen als Postkarten im Umlauf sind, lediglich kunstsinnig oder kunstgemäß gewürdigt wird? Es war ein Lieblingsmonument der Backfische, wie es noch ein Lieblingsmonument vieler Teenager ist. Nein, das glaubt wohl niemand. Dazu ist der Ausdruck oder der Eindruck der Liebesszene, jener Zärtlichkeit, die sich vor der Welt verschließt, um in eine eigene Welt zu sinken, zu stark. Das lag auch nicht in Rodins Absicht.

Weitere Frage: Besteht zwischen den erotischen Empfindungen, die von jenem Sinnbild hervorgerufen werden, und denen, die sich an Zweckbilder der Reklame knüpfen, irgendein Wesensunterschied? Es besteht keiner. Ob die Zweckbilder künstlerisch gestaltet sind oder nicht: es sind durchaus die gleichen Empfindungen, mögen die Quellen noch so unterschiedlich sein. Ein Fluß läßt den Charakter seiner Quelle nicht erkennen.

Von Sexualisierung zu sprechen wäre in jedem Fall übertrieben, obwohl es zweifellos Menschen mit übermäßiger sexueller Erregbarkeit gibt. Aber das sind Ausnahmen, die man bei der Gestaltung *wie bei der Beurteilung* von Werbeappellen, gar bei der Gestaltung oder Beurteilung von Kunstwerken, außer Betracht lassen muß.

Vorwand Jugendschutz

Aber ich vergaß . . . die Jugend. Öffnet sich nicht von je zu ihrem Schutz der Mund, wenn man eigentlich oder zugleich Erwachsene bevormunden möchte? Die Jugend ist nicht in dem Maße bedroht, wie von denen angenommen und behauptet wird, die sie vor zu früher

Sexualisierung bewahren wollen. (Eine sehr ernst zu nehmende Bedrohung hingegen kommt – mit der Gefahr der Verrohung – von anderer Seite.)

Jedem Pädagogen ist bekannt, daß es immer Jugendliche gibt, die sich gegenseitig auf eindeutige Bibelstellen aufmerksam machen – das war schon zu Großvaters Zeiten so – oder die bei den Bildern griechischer Statuen mit Bleistift die geschlechtlichen Merkmale verdeutlichen – auch das hat schon Blüher in seiner Geschichte der Jugendbewegung erwähnt. Gott sei Dank ist während der ganzen Zeit niemand auf den Gedanken gekommen, so bedeutungslose Pubertätserscheinungen zu überwerten und über solche Jugendliche den Stab zu brechen. Auch geriet die Bibel nicht in die Liste jugendgefährdender Schriften, die Aktdarstellungen des klassischen Altertums wurden nicht aus den Schulen entfernt.

Aber hat man je erfahren, daß der Sex-Appeal in der Werbung, also in Anzeigen, auf Plakaten oder in Prospekten, zur Beunruhigung Jugendlicher führte? Gewiß, eine Mutter überraschte ihren Dreizehnjährigen beim Studium eines Wäscheprospekts – soll man deswegen keine Wäscheprospekte mehr herstellen? Wirklich bedenklich sind jedoch jene Filmplakate, deren Primitiv-Appell jedem Geschmacksempfindlichen ein Ärgernis ist. Aber es geht hier nicht um solche Ärgernisse, und über die Berechtigung zu schlechtem Geschmack oder zu einer gewissen Geschmacklosigkeit in der Filmreklame ließe sich streiten.

Man sagt, daß derartige Filmplakate einen sehr ungünstigen Einfluß auf die heranwachsende Jugend haben. Das mag zutreffen, weil der Film weithin eine Sache der Jugend ist – Wäscheprospekte und Aktzeitschriften sind das nicht. Die Statistik zeigt zudem, daß der Wettbewerb des Fernsehens die Kinoliebe Halbstarker nur verhältnismäßig wenig beeinträchtigen konnte. Halbstarke sind nicht für Familienprogramme.

Ich denke vor allem an grauenhaft plakatierte Filmkrimis, die schon manches Verbrechen Jugendlicher ausgelöst oder begünstigt haben. Ich denke weniger an Plakate, auf denen sich mangelhaft bekleidete Filmstars im Glanz unterstrichener Schönheit präsentieren. Denn was wissen wir überhaupt von der Wirkung so überdimensionierter Sex-Appeals? Welche Wirkung können sie auf Heranwachsende haben?

Natürlich können sie die in der Pubertät leicht erregbare Phantasie erhitzen. Das können aber Sex-Appeals, die anderen Zwecken dienen und weniger monumental sind, im gleichen Maße. Die Größe eines Blickfangs, mag man sich diesem auch nicht entziehen können, ist nicht mit seiner Intensität identisch; sie sagt nichts über die Tiefenwirkung aus. Diese kann bei einem äußerlich bescheideneren Appeal weit nachhaltiger sein. Und wer in jugendlicher Neugier nach sexuellen Reizen sucht, der wird sie finden, manchmal sogar in den hinteren Reihen des väterlichen Bücherschranks. Jedenfalls ist er nicht, vor allem in der Großstadt nicht, auf die bis zur Lächerlichkeit knalligen Sex-Appeals von Filmplakaten angewiesen.

Bis vor kurzem war es z. B. in München möglich, daß Halbstarke, die ja gern betont männlich auftreten, am hellen Tage vor einem Kino von Prostituierten angesprochen wurden, durchaus nicht immer ohne Erfolg. Ins Kino selber durften sie nicht, weil die dort laufenden Filme zumeist für Jugendliche unter 18 Jahren verboten waren. Aber eine Zensurstelle hatte dafür gesorgt, daß die Plakate für diese Filme nicht zuviel Sex-Appeal enthielten. Sie sorgt nach wie vor dafür.

So groteske Situationen gibt es noch in anderen Städten. Wer als Jugendlicher Glück oder Pech hat, kann übrigens auf sogenannten

Volksfesten, wie etwa dem Münchner Oktoberfest, diesem riesigen Animierbetrieb, einem bewußt gesteigerten, oft geradezu stürmischen Sex-Appeal begegnen, mit dessen Intensität kein Film-, kein Strumpf- und kein Kosmetikplakat wetteifern kann. Bisweilen wird das sogar maschinell besorgt, indem sich bezahlte Mädchen, die ein Nichts von Wäsche unter ihren Röcken haben, kreischend in den Sog irgendeines Motor- oder Rotorwirbels begeben.

Nicht nur hieraus folgt, daß es kaum möglich ist, die Welt – gemeint ist die Welt der Zivilisation –, in der schließlich auch Erwachsene leben, nur hinsichtlich ihrer Bekömmlichkeit für Jugendliche zu beurteilen oder sie gar gewaltsam auf deren Wohl abzustimmen. Die es dennoch guten Glaubens, jedenfalls mit allen möglichen Mitteln versuchen, scheinen ihr Sorgenkind «Jugend» nicht immer aus persönlicher Beziehung und unmittelbarem Erleben zu kennen. Na, überhaupt «die Jugend von heute» . . ., aber das war der Titel eines Lustspiels aus dem Jahre 1899!

Gewiß soll man sich Sorgen darüber machen, ob die Jugend nicht allzusehr von der Gefahr der Brutalisierung bedroht ist; es ist noch gar nicht so lange her, daß man Panzerfäuste in Kinderhände drückte. Und ebenso gewiß ist es begründet und berechtigt, energisch gegen die drei großen B – *B*anditen, *B*rutalitäten, *B*lut – vorzugehen, die bei der Film- und Fernsehproduktion sowie in der Groschenliteratur tatsächlich eine recht unerwünschte Rolle spielen. Aber in den mehr oder minder geschlechtlichen Appellen der Wirtschafts- oder selbst der Verkehrswerbung – auch diese kommt nicht mehr ohne Sex-Appeal aus – eine gleich bedeutsame Gefahr für die Jugend zu sehen, heißt denn doch diese unter- und die Gefahr überschätzen.

Gefährliche Nacktheit?

In der Weimarer Republik waren alle sogenannten Nacktkultur-Zeitschriften – heute spricht man statt von Nackt- von Freikörperkultur – an jedermann, also auch an Jugendliche verkäuflich. Niemand hat damals daran gedacht, genau zu ermitteln, wie viele Exemplare an Minderjährige verkauft wurden. Verleger und Händler meinen jedoch, daß deren Interesse gering war, weit geringer jedenfalls, als man ursprünglich angenommen, vielleicht auch erhofft hatte. Heute aber stehen auf dem Index der «Bundesprüfstelle für jugendgefährdende Schriften» mehrere Nacktzeitschriften, teilweise offenbar deswegen, weil sie Nacktzeitschriften sind und mit familiären oder posenhaften Aktaufnahmen an einen in solcher Hinsicht nicht sehr verbreiteten Sinn für «freie Lebensgestaltung» oder «naturnahe Lebenskultur» (!) appellieren. Das sind im ganzen harmlose Appelle, die man selbstverständlich aus subjektivem Empfinden ablehnen kann, doch eigentlich jugendgefährdend sind solche Zeitschriften nach aller Erfahrung nicht, es sei denn, man erkenne die Gefährdung – was man wohl auch tut – bereits in der Häufung jener photographischen Wiedergaben. Aber sind zehn Aktaufnahmen unanständiger als eine? Und was besagen selbst geschmackliche oder künstlerische Entgleisungen unzulänglicher FKK-Photographen gegenüber jener lauteren Gesinnung, die mit so streitbarem Ernst aus den Gemeinschaftsbriefen der FKK-Jugend spricht? («der ruf», ehedem Beilage der Monatsschrift «Helios», jetzt selbständig.) Eine um hochwertigere Bilder bemühte paradiesische Zeitschrift für Aktphotographie, die zusätzliche Seiten «Der Mensch im Fortschritt» enthält, steht gegenwärtig ebenfalls auf dem Index.

Die heute als «jugendgefährdend» beurteilten, auf den Index

gesetzten Aktzeitschriften haben kaum die besondere Aufmerksamkeit Jugendlicher erregt. Liebhaber solcher Zeitschriften sind unter anderen: Herren mit grauen Schläfen, Mediziner, Juristen, Pädagogen, ausübende Künstler, besonders Maler, Bildhauer, Photographen. Natürlich wäre es unrecht, diesen «niedere» Motive zu unterstellen. Nicht einmal die Motive der Herren mit den grauen Schläfen müssen niedrig sein.

Für vernünftig erzogene, gesund empfindende junge Menschen – aber «vernünftig» und «gesund» sind Kautschukbegriffe –, denen nichts Menschliches, von Gott oder der Natur Gegebenes verdächtigt wurde, ist die Darstellung des nackten, auch des andersgeschlechtlichen Körpers nicht eo ipso mit irgendeinem Sex-Appeal verbunden, es sei denn vorübergehend, in der Pubertät, und dann nur in geringem Maß. Ganz anders freilich verhält es sich nach der Auffassung derer, die ihrerseits isoliert oder unter ungewöhnlichen Bedingungen aufgewachsen, daher an persönliche Erinnerungen und überpersönliche Dogmen gebunden sind. «Die ganze Richtung paßt mir nicht», sagte einst ein Berliner Polizeipräsident und ließ sich nicht auf Diskussionen über Motiv und Ziel der derart abgelehnten Richtung ein.

Gegner der gegenwärtigen Reklame verhalten sich ähnlich. Die Richtung, die von dieser, besonders mit der Entwicklung des Sex-Appeals, eingeschlagen wird, ist ihnen «in der Seele zuwider». Und was sie an Gegenargumenten vorbringen, entstammt hauptsächlich einem recht individuellen, kaum sachlich begründeten Abwehrgefühl. Es gibt, weder in der Bundesrepublik noch anderwärts, ausreichende Prüfverfahren, mit denen sich die wahre Reaktion der Jugend auf die Werbung oder ein etwaiger durch diese angerichteter Seelenschaden feststellen ließe – es sei denn, man bezeichne die Aufforderung zum Konsum als eine Gefährdung der Seele. Das kann man, aber nicht ohne damit die ganze Problematik der kapitalistischen Wirtschaft heraufzubeschwören.

Ebenso gibt es keinen wirklich überzeugenden Beweis für das angebliche Interesse oder Überinteresse der Jugend an Akt- oder Nacktzeitschriften, vielmehr wird solches Interesse einfach vorausgesetzt. Denn der Zeitschriftenvertrieb ist – so wie er ist – kein Objekt für eine zuverlässige Repräsentativerhebung. Aber es gibt etwas anderes, nämlich die wichtige Erfahrung, daß die für eine Untersuchung notwendige Objektivität – Objektivität hier im Sinne von vorherrschender Tatsächlichkeit – allzuoft bei Prüfern wie zu Prüfenden durch eben diese Untersuchung beeinträchtigt wird. Wie sich fast jedes Messungsfeld mit einer Messung irgendwie, wenn auch vielleicht unerheblich, zu ändern pflegt, so ändert sich auch fast jeder Tatbestand, an dem Menschen beteiligt sind, sobald er gründlicherer Erkundung untersteht.

Werbungtreibende wissen das. Längst ist der primitive, einst so beliebt gewesene Bürotest verpönt. Nur ungewollt kommt man, auch in Großbetrieben, auf ihn zurück. Will man in Erfahrung bringen, ob der Sex-Appeal eines Plakats in der Öffentlichkeit ankommt, werden Sekretärinnen, Vertreter und Putzfrauen kaum noch über ihren Eindruck befragt – wenigstens nicht, bevor das Plakat wirklich in Aktion getreten, d.h. solange es nur zu Probezwecken aufgehängt ist.

Fragwürdige Meinungsbildung

Die Atmosphäre eines Betriebes und die Atmosphäre der Öffentlichkeit: welch ein Unterschied! In dem Augenblick, da sich der Werbungtreibende oder Werbeleiter an einer Stellungnahme interessiert zeigt und dies den Befragten bewußt wird, ist die Wirkung des Plakats wie die seines Sex-Appeals eine andere als auf der Straße, wo die Versuchspersonen lediglich Passanten sind. Vielleicht wären sie als Passanten für das Plakat und seine Reize völlig unempfänglich. Aber so, bei der Entstellung des eigentlichen Sachverhalts, sagte eine Sekretärin: «Ich finde den Blickfang reichlich indezent!» Und alle anderen Sekretärinnen stimmten erleichtert und wie aus vollem Herzen bei.

Man beachte jedoch: die Sekretärin *fand* etwas. Das setzt nicht unbedingt voraus, daß sie etwa suchte, aber es ist sehr wahrscheinlich, daß sie dies tat. Man erwartete ja eine Meinung von ihr – mit dem üblichen Trugschluß, daß alle Menschen eine Meinung haben, gar von Plakaten. Um eine zu bilden, kam ihr der Sex-Appeal gelegen, also das, was einem bei einer Betrachtung des Plakats am ehesten entgegenkam. Der Gedanke lag nahe, diesen Appeal zu stark zu finden – die Äußerung eines solchen Gedankens läßt auf Urteilskraft schließen. Doch bleibt unter solchen Umständen durchaus offen, was dieselbe Sekretärin als Passantin gesagt, ob sie überhaupt etwas gesagt und dem Plakat die geringste Aufmerksamkeit gewidmet hätte.

Übrigens ergeht es mir selbst ganz ähnlich. Fragt man mich – und das kommt immer wieder vor –, ob ich eine Anzeige als zu gewagt empfinde, ertappe ich mich nicht selten dabei, wie ich die Frage unverhältnismäßig schnell bejahe. Ich sehe dann versuchsweise mit den Augen anderer und denke mir, diese könnten wohl Anstoß nehmen. Dabei hätte ich allein und ohne jene Frage womöglich gar kein Wagnis entdeckt.

Die meisten derartigen Fragen beruhen auf Unsicherheit gegenüber der Reizstärke. Wie stark *muß* ein Reiz sein, damit er in der Überfülle anderer Reize zur Genüge empfunden wird? Oder wie stark *darf* er sein, damit er nicht feinere Empfindungen verletzt, damit aus einer anziehenden Wirkung keine abstoßende wird? Soll man den Appell vergröbern oder veredeln?

Die Überfülle der Appelle macht anscheinend das Übertrumpfen zum Gebot. Aber wie soll man beim Sex-Appeal übertrumpfen, ohne durch Steigerungen gegen den guten Geschmack zu verstoßen? Doch wo sind die Grenzen dieses Geschmacks? Oder: Was ist überhaupt guter Geschmack?

Man sieht, es sind der Überlegungen viele. Beim Sex-Appeal sind wahrscheinlich weniger Steigerungen – im Sinne von Verdeutlichungen – als gewisse Varianten möglich. Varianten bieten einen Ausweg, ist ihre Zahl doch ziemlich groß, weil jede Änderung der Lebensgewohnheiten, schon jede Änderung einer Mode neue Anregungen bringt. Und jedes Neue kann eine wesentlich stärkere Reizwirkung haben, auch wenn der Appell im wesentlichen der alte blieb – einfach, weil es neu ist.

Nun wird man vielleicht einwenden, daß es keine generellen Lösungen gebe, man müsse den Appell jeweils auf *die* Schichten abstimmen, die man ansprechen möchte. Aber wir sprachen vom Plakat. Soll ein Plakat nicht *alle* ansprechen, zumindest alle Raucher, alle Hausfrauen, alle Sekt- oder Kaffeetrinker? Alle, die Lippenstifte verwenden, aber auch alle, denen man die Anwendung eines bestimmten Lippenstiftes empfehlen will?

Richtig. Auch wenn ein Plakat mit Sex-Appeal für Hausfrauen kaum das richtige ist. Doch besteht nach allem wohl kein Zweifel, daß die Mehrzahl der Umworbenen gegenüber der plakatierten Macht des Sex, äußere sich diese wie auch immer, am ehesten ohnmächtig und einfach widerstandslos wird, hypnotisiert wie das Opfer der Schlange.

«Äußere sich die große Macht, Großmacht Sex, wie auch immer!» Gegen jene zu lapidare, immer wieder vorgetragene Behauptung ist jedoch, bei aller Einigkeit über die nützbare Gewalt des Sex, Einspruch zu erheben. Wie kann es überhaupt, ist man sich einigermaßen über die unbestreitbare Unterschiedlichkeit der Umworbenen im klaren, zu einer derart umfassenden und rücksichtslosen Behauptung kommen?

Das ist, geht man vom aufgezeigten Bejahungszwang des Geschlechtstriebes aus, nicht schwer zu verstehen. Ich legte bereits dar, wieso ein Mann von Kultur aus solchem Bejahungszwang für ganz unkultivierte Frauen und ebenso für ganz unkultivierte Reklame empfänglich werden kann. Auch ein Mann von Kultur ist ein Mann mit Geschlecht, sagte ich. Und tatsächlich vermag er, sonst jedem Schönen aufgeschlossen, etwaige Schönheit eines Plakats, den ästhetischen Reiz eines Sex-Appeals, völlig zu übersehen. Er sieht und empfindet womöglich nur das Sexuelle.

Aber ich sagte und sage keineswegs, daß dies so sein *muß*. Selbstverständlich unterliegen die Umworbenen nicht ausnahmslos und nicht ohne weiteres jener ungebundenen Holzhammermethode, die sich auch bei Verwendung des Sex-Appeals hauptsächlich eines Superlativs, jedenfalls eines unmittelbaren und wuchtigen Angriffs bedient. Wäre es anders, wäre es entsetzlich.

So aber gibt es, außer jenen geheimnisvollen Tiefschlägen, von denen viele nichts wissen, manche nichts wissen *wollen*, in der Werbung erfreulicherweise noch einen Sex-Appeal für Anspruchsvolle, der nicht nur auf Plakaten, vielmehr bei fast allen Werbemitteln, überwiegend als geschmackvoll dekorierter oder stilisierter Eros erscheint.

Im Grunde ist das natürlich nur eine feinere Ausgabe, eine Art Luxusausgabe des üblichen, mitunter etwas vulgären Sex-Appeals – eine für die Gebildeten unter seinen Verächtern. Vielleicht auch nur willkommene Tarnung. Mit platonischem Eros, mit einem Appell an übersinnliche, geschlechtslose Schönheitsliebe, hat das wenig zu tun.

Jedenfalls soll man nicht zu große Worte machen. Ich nenne eine Katze eine Katze, besonders wenn sie Mäuse frißt.

Filmstars als Vorspann

Bevor ich versuche, mit möglichst redlichen Worten weitere Auskunft hierüber zu geben, muß ich eines beachtlichen Phänomens gedenken, der eigenartigen Tatsache nämlich, daß der Sex-Appeal in der Reklame oft in nichts anderem als der photographischen Wiedergabe irgendeines längst bekannten, vom großen Publikum anerkannten Filmstars besteht. Auch dieser wäscht sich mit einer desodorierenden Seife, trinkt zartherben Edellikör und benützt das in der ganzen Welt am meisten begehrte Parfüm.

Zugegeben: diese wenig originelle Art, mit vertrautem und bewährtem Sex-Appeal zu werben, gewissermaßen Reklame als Vorspann für eine ganz andere Reklame zu verwenden, hat nachgelassen. Aber sie wird wiederkommen. Wenn nicht mit dem Bild von Heidi Brühl, dann mit dem eines weiblichen Wesens, einer Frau oder eines Mädchens, das dem gerade beliebtesten Filmstar sehr ähnlich sieht.

Vergessen wir nicht, daß es sich zumeist um ein Angebot in Dutzend- oder Massenwaren handelt, die durchaus verbürgte Qualitätswaren sind. Ein solches Angebot muß sich begreiflicherweise an die oft zitierte Massenseele richten, die ihre eigenen, tatsächlich phänomenal anmutenden Primitivreaktionen hat. Die Massenseele ist ja nach Meinung derer, die sich wissenschaftlich um sie bemühen, bereits für sich ein Phänomen, sie wird daher auch mit dem feinsten und schärfsten Messer seziert – wobei gewisse Teile anscheinend immer wieder dem Messer entgehen.

Längst weiß man, daß eine Frau, von der Manager behaupten, daß sie in höchstem Maße Sex-Appeal besäße, diesen schließlich auch im höchsten Maße, mit größter Tiefen- und Breitenwirkung empfinden läßt. Eine Folge jener modernen Publicity, jener geschäftstüchtigen «Offenkundigmachung», die inzwischen selbst in den Bereich ernst zu nehmender Künste gedrungen ist.

Hämmert man der Menge ein, suggeriert man ihr, daß die Reize einer bestimmten Erscheinung – es müssen nicht die einer Frau sein – beispiellos und nicht überbietbar sind, dann ist die Menge bald so sehr von der Einmaligkeit und Unübertrefflichkeit gerade solcher Reize überzeugt, daß sie sich nicht genug an ihnen ergötzen kann, wodurch sie auch ihrerseits zur Fürsprecherin, doch womöglich blind für andersgeartete Reize wird.

Mit anderen Worten: Eine Frau, sei sie noch so reizvoll, ist noch kein Schlager, sie wird zum Schlager gemacht. Dennoch kann man nicht einmal hier, auch nicht im Hinblick auf die Filmwirtschaft behaupten, daß «alles nur Reklame» sei. Die eigentliche Voraussetzung muß ja, in diesem Falle von Natur, gegeben sein. Der Sex-Appeal allein, habe er noch soviel Fluidum, ist niemals stark genug, die Welt zu erobern, die Welt muß erst auf die Stärke dieses Sex-Appeals verwiesen werden – Filmleute und Filmkaufleute verstehen sich darauf.

Ist der solchermaßen mit besonderem Spürsinn entdeckte, raffiniert gesteigerte Sex-Appeal jedoch einmal ins Blickfeld einer entsprechend alarmierten Öffentlichkeit, also zum Film und auf die Titelblätter der Illustrierten, gekommen, dann vervielfacht sich der Reizwert außerordentlich, um am Ende für viele, die ihn geschäftlich nutzen wollen, unbezahlbar zu werden. Erstaunlicherweise wird er jetzt selbst von denen zutiefst empfunden, die ihn aus eigenem nie wahrgenommen hätten, wäre er ihnen auch «in Fleisch und Blut», etwa in der Figur einer Verkäuferin oder in der irgendeiner Passantin auf der Straße, begegnet. Doch das war nur vorerst.

Denn nunmehr, da dieser Sex-Appeal, dieser und kein anderer, so weit gesiegt hat, siegt er immer mehr – bis er sich auch in billigsten Variationen den Werbungtreibenden anbietet, als Blickfang für Nagellack und Regenschirme.

Nachdem die Bardot oder die Lollobrigida zur Genüge für die Masse entdeckt waren, hat sie jeder einzelne in dieser Masse auf seine Weise noch einmal entdeckt. Noch einmal? Ständig neue, ständig wiederkehrende Entdeckerfreude, bei der dem gereizten und gefesselten Publikum die geflissentlich geöffneten Augen immer mehr auf- und übergehen!

Überdruß entsteht erst, werden die begehrlichen Augen nachdrücklich und mit Hilfe der modernen Kommunikationsmittel – das sind hier willkommene Mittel zur Förderung und zu liebevoller Pflege eines Gemeinschaftsideals – auf ganz andere, für eine Nimbusbildung präparierte Objekte gerichtet. Ist es so, stehen eben schon mehr oder minder begabte Kopistinnen als Mitläuferinnen bereit, um durch ihre Gefolgschaft den Erfolg des Originals zu stärken, das nun womöglich zum Prototyp des Tages wird, sich aber durch Monate und länger behaupten und dann die Silhouette der Frau für eine ganze Epoche bestimmen oder mitbestimmen kann. Und solange dieser Typ in Mode ist, kann man ihn ohne Furcht vor Abnutzung und Reizverlusten in der Werbung zeigen, einfach als Werbemädchen für alles, auch als anziehendes Schaufensterbild.

Der Greta-Garbo-Typ

So hat auch die einst als «göttlich» gefeierte Garbo Epoche gemacht. Wenn man sich an die Unzahl jener kleinen Garbos erinnert, die sich mit der Frisur oder Nichtfrisur das Gehabe der immer «geheimnisumwitterten» brünetten, nicht blonden, Schwedin anzueignen suchten, möchte man glauben, das es bis heute eigentlich keinem Filmstar gelang, im gleich verführerischen Maß als Kult auslösende Persönlichkeit zu wirken. Noch jetzt wird man weithin verstanden, spricht man mit dem Blick auf eine ganz bestimmte Frau von einem Greta-Garbo-Typ.

An solcher Wirkung gemessen scheinen spätere Idole nur geringere, weniger dauerhafte Einflüsse auszuüben, Marlene Dietrich nicht ausgenommen, von der die Knef, sage man was immer, lediglich eine in sich starke Variante ist; von der Loren oder der Lollobrigida nicht zu reden. Aber von Romy Schneider müssen wir – vielleicht überrascht's – noch reden, weil ihr Erfolg, selbst wenn er nie wiederkehren sollte (so wie er war, kehrt er nicht wieder), ein ganz besonderer Erfolg war, der für Werbungtreibende im Bundesgebiet und weit darüber hinaus ebenfalls ganz besondere Bedeutung, nämlich die eines sehr aufschlußreichen Lehrbeispiels, hat.

Wie jedoch verhielt es sich mit der Garbo? Verdankte auch sie ihre Wirkung einem für die Reklame zum Angelpunkt gewordenen Sex-Appeal?

Man mache sich die Antwort nicht zu leicht. Bei einiger Überlegung dürfte man zu der Überzeugung kommen, daß Sex zwar mitgesprochen hat, aber keineswegs in der gewöhnlichen, inzwischen recht gewöhnlich gewordenen Art. Sex hatte nicht das entscheidende Wort. Und um in derselben Ausdrucksweise zu bleiben: Ein viel feineres, zarteres Wort, ein viel feinerer, zarterer Sex-Appeal kam an – erstaunlicherweise beim Allerweltspublikum.

Der Reiz der Garbo ging, *auch für die Masse*, nicht von einzelnen geschlechtlichen Merkmalen, die man damals noch nicht so betonte oder überbetonte, nicht wie bei der Dietrich von den Beinen, sondern von der Gesamterscheinung aus, ein fast jedermann und jede Frau bezaubernder Reiz. Von der Garbo hatte man nicht nur einen Eindruck, vielmehr zugleich eine Meinung – nie gab es beim Film eine Erscheinung, die mehr zur Meinungs- und Legendenbildung herausgefordert hätte.

Dennoch galt diese Schauspielerin, die auch nie auf sündig oder lasterhaft machte, keineswegs als geschlechtslos. Zahllose Männer haben sie durchaus als Frau und sehr begehrenswert empfunden. Aber da wirkte eben Eros, nicht der filmvertraute plumpe Sex.

Das ganze Geheimnis bestand schließlich darin, daß die Garbo wirklich eine Künstlerin und als solche eine ausgeprägte Persönlichkeit war. Sie war kein Schlager und wurde zu keinem Schlager gemacht. Ein überaus seltener Fall: Ein Filmstar ist so sehr Künstlerin, daß sie Filmgegner ins Kino zieht – auf der Anerkennung anspruchsvoller Filmgegner beruhte nicht zuletzt ihr Ruf, der nach anderer Meinung hiervon ausgegangen ist. Dafür spricht übrigens, daß Intellektuelle – falls man dieses Wort gebrauchen darf – die Garbo alsbald heftig kritisierten und persiflierten. Spirituelles ist leicht persifliert. Die Intellektuellen wurden mißtrauisch gegenüber einer Anziehungskraft, die zweifellos etwas Mystisches hatte – nichts verzeiht der Verstandesmensch weniger als eine Niederlage seines Gefühls, besonders wenn die Eroberung mit nicht ganz durchschaubaren, vor allem mit denselben Mitteln erfolgt, denen auch die unkritische Masse erliegt.

Den Geschäftsmann jedoch interessiert, daß mit Kunst und Künstlern sowie mit einem Appell an den feineren Eros ein derart großes Geschäft, ein Geschäft von Welt, zu machen ist. Sogar beim Film. Es ist ihm eine willkommene Bestätigung, aus der er schließen darf, daß dergleichen in anderen Bereichen noch eher, wenn auch nicht mehr, möglich sein muß. Und es ist möglich, selbst in ganz prosaischen, gar amusischen Branchen.

Noch etwas: Ich schrieb vom Gehabe der Garbo. Doch bei ihr war es, wollten es manche auch nicht wahrhaben, *keine* Masche, sondern durchaus eigenen Wesens Ausdruck. Gaben sich kleine Mädchen und große Damen ähnlich, war es etwas ganz anderes.

Bei diesen war es eine Masche, ohne die man beim Film, in der Mode, in einer gewissen Gesellschaft nicht auskommt, ein spielerischer Trick, den zu meistern Frauen von Natur gegeben ist, daher gar nicht so Unechtes. Das seiner Reize noch kaum bewußte Mädchen auf Honolulu, das sich plötzlich bei jedem Schritt appellierend in den Hüften wiegt – eine Masche. Dazu eine, auf die man in der ganzen Welt reagiert. Wird die Masche bewußt, wird sie mit List gesteigert, ist sie erst recht eine Masche.

Lehrbeispiel Romy Schneider

Doch nun zu Romy Schneider. Hier kommt es nicht darauf an, ob und inwieweit ihr erstaunlicher Anfangserfolg ebenfalls Ergebnis einer richtig gezielten Masche war, etwa des Sex-Appeals eines überlaut behüteten Mädchens. Sahen wir, wie sich die Masse selbst beim Film, wird er nur entsprechend gesteuert, künstlerischen Appellen nicht verschließt, dann veranschaulicht der Fall Romy Schneider, welch steiler Aufstieg mit einem Appell an Gartenlaube-Erinnerungen, an nur scheinbar tote Spießbürger-Empfindungen möglich ist, nicht nur beim Film, auch in der Absatzhilfe für Mieder und Zigarren. Ich betone dies sehr.

Mit der neckisch-rührenden Geste des Rührmichnichtan, -nochnichtan, die unmittelbar ans Geschlechtliche rührt, ließ Romy in der Manier eines traditionellen Goldelfchens aller Hausfrauen Herzen höher schlagen und auch die der älteren Herren. Weiß man nun, was man zur Empfehlung von Wasch- und Küchenmaschinen zeigen kann oder muß? Solche Begeisterung hat immer etwas Mitreißendes, wenigstens für ähnlich empfängliche Gemüter. Früher traf man diese «im Stübchen und im Salon», aber auch im liederfüllten Souterrain. Was ißt Goldelfchen am liebsten? Doch wichtiger: Geht die Puppe noch mit einer Puppe ins Bett?

Für den aufgeklärten Teenager freilich, der etwaige Schwächen für das Süße und Kitschige gern verbirgt, sind das keine Fragen. Romy, so hieß es nach Jean Améry in einer Gruppenerklärung, «Romy ist uns schnuppe». Aber so beachtlich die Einstellung der Teenager ist, allein marktbestimmend ist sie nicht. Noch sprechen die Erwachsenen mit, und Abermillionen von ihnen war der ewige Backfisch, made in Germany, von deutscher Traumfabrik unter elterlicher Assistenz als Unschuldserzeugnis drapiert, wahrhaftig ein «echtes» Bedürfnis. Romy hat sich gemausert. Aber die nicht schwer zu befriedigende Nachfrage bleibt. Gretchen, mein Gretchen ...

Man sieht, es ist ein vertrautes Klischee, auch ein vertrauter Klischee-Erfolg. Die Voraussetzungen dazu stecken im Deutschen, während der Erfolg jenseits der Grenzen schon fragwürdiger ist. Immerhin ein Teilerfolg im Abendland und – ist Gretchen blond – auch in noch unterentwickelten Ländern scheint garantiert.

In der Absatzhilfe für Mieder und Zigarren ... nein, in der Absatzhilfe überhaupt! Denn was im Kino wirkt, wirkt auch außerhalb des Kinos. Nicht nur beim Film kommt es auf die Umwerbung der Massen an, nicht nur hier gibt es neben prunkvollen Fehlleistungen kassenfüllende Paradestücke. Doch die Bundesrepublik ist ein merkwürdiges Land, wo man an Picassos und Gartenzwergen Gefallen findet. Zwar weiß man im allgemeinen, welches Gefallen das innigere ist, aber solche Innigkeit wird oft ebenso ängstlich verborgen wie übertrieben zur Schau gestellt, dann mit ganzen Kolonien von Gartenzwergen.

Für Werbungtreibende keine schlechten Perspektiven. Im Gegenteil. Läßt sich doch mit und ohne Kunst Werbung treiben und ganz sicher mit Sex-Appeal. Das heißt natürlich nicht, daß man die Werbung einfach, so oder so, treiben lassen dürfte. Nur – treibt sie die Masse zum Konsum, ist sie recht.

Stilisierter Eros

Sex-Appeal für Anspruchsvolle

Stilisiertem Eros, in Kunst verwandeltem oder zur Kunst gesteigertem Sex, begegnen wir unter den Werbeappellen inzwischen auffallend häufig, vor allem natürlich dort, wo man mit besonderer Empfänglichkeit so Umworbener rechnen kann. Demnach in Angeboten für anspruchsvollere kaufkräftigere Schichten, bei der Empfehlung überdurchschnittlicher kostspieligerer Artikel, beispielsweise jener Nahrungs- und Genußmittel, die selbst im Wohlstandsland als nicht alltägliche Delikatessen gelten, oder jener zahllosen Kosmetika, denen der Anzeigentexter sehr gewählte Worte, der Packungsgestalter die entsprechende Aufmachung gibt. Umwerbung der Menschen mit besserem, mit persönlicherem Geschmack, die sich dadurch auch persönlich und als einzelne angesprochen fühlen, jedenfalls nicht der Menge, obwohl wir eine ganze Menge so eingestellter auch mit dem nötigen Kleingeld haben, aber eben . . . nicht der Leute schlechthin.

Haben denn die Leute einen schlechten Geschmack? Bestehen sie darauf, daß man ihnen gegenüber eine gröbere, eine weniger sinnbildliche oder weniger vergeistigte Note bevorzugt, etwa den unmittelbaren, mitunter ziemlich brutalen Sex-Appeal? Und, falls sie tatsächlich hierauf bestehen sollten, ließe sich das nicht ändern, einfach durch beharrliche Ignorierung allzu primitiver Bedürfnisse, durch allmähliche Erziehung zu höheren Ansprüchen und einem gebildeteren Geschmack?

Alle diese Fragen berühren einen neuralgischen Punkt. Die Optimisten unter den Werbegestaltern, die zweifellos den besten Willen und vom Publikum die denkbar beste Meinung haben, dieses auch in entsprechenden, nämlich avantgardistischen Entwürfen für Inserate, Plakate, Packungen bekunden, müssen den Widerstand der Realisten überaus schmerzlich verspüren. Diese fühlen sich doch lediglich an kaufmännische, keinesfalls an erzieherische Aufgaben gebunden; sie wollen nur das Niveau wahren, das in der Bundesrepublik von Lieschen Müller bestimmt wird, demnach keinen besonderen Hoch-, vielmehr nach Meinung der Avantgardisten einen betrüblichen Tiefstand.

Aber wie der Sex-Appeal der Frau im Alltag und in der Mode von der sich zwar wandelnden, im Wesen jedoch gleichbleibenden Begehrlichkeit des Mannes modelliert wird, so wird auch die Art des Angebots von einer sich zwar ebenfalls wandelnden, im Wesen jedoch ziemlich gleichbleibenden Art der Nachfrage bestimmt – das heißt von der Mentalität des Verbrauchers, der selbst dort, wo man ihn angeblich manipuliert, vorab die entscheidende Rolle spielt. Das scheint auch jedes Angebot zu erweisen, das inmitten beträchtlich feinerer Angebote durch Grobheit und Rücksichtslosigkeit zum Schlager wird und schließlich auch bei denen einschlägt, die sonst nur auf höfliche und vornehme Appelle reagieren.

Und doch stimmt etwas an dieser Betrachtung nicht. Selbst der überwältigende Erfolg einer in Bild wie Text angewandten Holzhammermethode, die tatsächlich nur mit Übertreibungen und Geschmacklosigkeiten zum Ziel gelangt, sollte nicht übersehen lassen, daß es im ganzen dennoch, wie auch die Popularität mancher andersgearteten Werbung verrät, einen gewissen und keinen geringen Fortschritt gibt. Ein Blick zurück läßt den Schritt zum Besseren erkennen. Die Leute haben zwar keinen durchweg guten, aber sie haben schon einen besseren Geschmack.

Geschmacksfragen in der Werbung

Nun sind jedoch Geschmacksfragen in der Werbung noch schwerer zu beantworten als in der Kunst, wo sie im Grunde gegenstandslos sind oder sein sollten. Ist der Geschmack das künstlerische Gewissen der Seele, was behauptet wird, dann muß es viele völlig gewissenlose Menschen geben. Ursprünglich wurde der Geschmack als die Fähigkeit definiert, ästhetisch zu empfinden und ästhetisch zu urteilen. Diese Fähigkeit besitzt die Mehrzahl der Umworbenen nicht. Sie können nicht urteilen, aber sie wollen auch nicht urteilen. Sehen sie doch in jeder Werbung irgendeine Bekanntmachung, meist eine Aufforderung zum Kauf, doch keine Aufforderung zur Werbekritik.

Auch in Lehrbüchern der Ästhetik gilt der Geschmack als «die Bezeichnung für Bildung und Wert des ästhetischen Empfindens und der sich daraus ergebenden Beurteilung von Kunstwerken». Aber wer, zum Kuckuck, beurteilt Wert und Grad solchen Empfindens, wer weiß jeweils mit Sicherheit, ob Anerkennung oder Ablehnung eines Kunstwerkes oder einer künstlerischen Werbung aus einem Reichtum oder aus einem Mangel an jenem Empfinden erfolgt? Weiß es der Sachverständige, der sagt, daß er etwas oder mehr von der Sache verstehe, die zu beurteilen nicht Sache der Verständnislosen sei?

Die Kunst, scheint es, steht jenseits des subjektiven Geschmacks, obwohl es keine von subjektiven Gefühlen unabhängige Kunstwertung gibt. Aber wie verhält es sich mit der Werbung und wie mit der Kunst in der Werbung?

Merkwürdigerweise stimmen die Einstellungen zur Kunst und zur Werbung, also auch zur angewandten Kunst, in einem überein: Als Kitsch oder kitschig wird in jedem Fall nur Après-, nie Avantgardistisches bezeichnet. Vergangenem gegenüber ist sogar Lieschen Müller kritisch. Freilich nur aus der Perspektive des Gewohnten, der Mode, des gerade herrschenden Geschmacks. So belächelt sie den Reklamestil der Jahrhundertwende, während auf Kunstbeflissene die damals so gepriesenen Akte eines Stuck oder Keller, selbst eines Klinger oder Lenbach heute merkwürdig leer und ebenfalls etwas lächerlich wirken.

Doch was ist eigentlich an dem einst so ernst Genommenen lächerlich? Eben jene spürbare Leere, dazu ein übertriebenes Pathos, das solche Leere mit allerlei Prunk verdecken oder verstecken soll. Wie aber, wenn man die Leere, das Pathos und das vielleicht Lächerliche an der *modernen* Kunst nur noch nicht wahrzunehmen und darzulegen vermag? Wie aber, wenn diese ebenfalls allzu zeitgebunden, allzu sehr unter dem Einfluß vorüberziehender Geistes- und Geschmacksströmungen lebt?

Ein Kenner meinte, im Grunde gebe es eigentlich nur absolute Kunst, Kunst oder Nichtkunst – die Frage nach der Kunstrichtung, ob antiquiert oder nicht antiquiert, erscheine demgegenüber nicht so wichtig. Aber was für eine absolute zweckfreie Kunst zutrifft oder zutreffen könnte, muß nicht auch für die angewandte Kunst, für die Kunst in der Werbung gültig sein. Ist diese doch mehr eine zivilisatorische, an die zivilisatorische Entwicklung gebundene Kunst, mit einer anderen, ganz zu Unrecht in Verruf geratenen Bezeichnung: eine Art *Kunstgewerbe*. Ich verstehe diese Bezeichnung so, wie sie in einem der älteren Nachschlagewerke bestimmt wurde: «Das Kunstgewerbe schlägt eine Brücke zwischen der darstellenden Kunst und dem allgemeinen Zeitgeschmack – ausgelöst durch praktische Bedürfnisse.»

Niemand kann bestreiten, daß der Brückenschlag der künstlerischen Werbung immer kühner und umfassender, daher auch geschmackbildender wurde – trotz des ewigen Erfolgs ebenso kühner oder vielmehr dreister Geschmacklosigkeiten. Ein besonderes Verdienst daran haben die zahlreichen «Zeitschriften zur Förderung der Reklame», wie sie, jedenfalls ähnlich, ehedem fast alle mit dem

Untertitel hießen, und die darin vertretenen Reklamekünstler. Freilich ist «Reklamekünstler» inzwischen auch ein verpöntes, sogar verletzendes Wort.

Aber ebenso unbestreitbar ist, daß alle zur Förderung der Zivilisation entschlossenen Künstler allzuoft vergaßen und weiterhin vergessen, daß ihre Arbeit tatsächlich durch praktische Bedürfnisse ausgelöst wird und daß es dabei nach wie vor um die Befriedigung derartiger Bedürfnisse geht. Wird dies völlig außer acht gelassen, entstehen jene von Praktikern getadelten Fehlleistungen, die womöglich Meisterleistungen vom künstlerischen Standpunkt sind.

Rein künstlerische Lösungen

Selbstverständlich sind künstlerische Meisterleistungen mit werblichen vereinbar. Untadelige, unübertreffliche Verschmelzung zur Einheit findet sich, wo die eigentliche Aufgabe der Umwerbung, die der eindringlichen Ansprache, die der nachhaltigen Wirkung, tatsächlich kunstgerecht, somit auf denkbar beste Weise gelöst ist.

In der Darstellung des Sex-Appeals für Anspruchsvolle erscheint die künstlerische Form bisweilen derart verfeinert und vordringlich, doch infolge der Verfeinerung ohne Aufdringlichkeit, daß den so Umworbenen die bei alledem bestehende, ja damit verbundene Absicht kaum noch zum Bewußtsein kommt. Das ist auch nicht immer notwendig. Wer grundsätzlich für dergleichen empfänglich ist, der reagiert auf so stilisierte Appelle unterbewußt oft am stärksten. Und der Appell erfüllt mehr auf Umwegen, mehr mittelbar, vielleicht erst zu späterem Zeitpunkt seinen Zweck.

In einer schon einmal zitierten Schrift zum literarischen Jugendschutz heißt es: «Wiedergaben von Kunstwerken zu Werbezwecken

‚dienen' nicht mehr der Kunst.» Das ist klar und doch nicht so wahr, wie man glaubt. Natürlich kann man sich vorstellen, daß sich begeisterte Kunstfreunde gegen jede profane Dienerrolle von Kunstwerken wehren. Sie tun es, weil die Kunst in einem höheren Sinne zweckfrei ist und jede an einen fremden Zweck gebundene Verwendung entwürdigend wirkt.

Nun ist aber die darstellende Kunst, seitdem sich auch hervorragende Kräfte der Werbung widmen, durchaus nicht so zweckfrei. Um es ganz deutlich zu sagen: Der künstlerische Wert der Plakate Toulouse-Lautrecs, dieser einladenden Appelle für Pariser Vergnügungsstätten, ist zweifellos, obwohl es sich um reine Reklamebilder handelt, ungleich höher als der vieler Bilder, die mit dunklem oder unzulänglich gestaltetem Sinn, etwa in der Form gewisser Allegorien, in zahlreichen Museen hängen. Allegorien ... das sind nach Winckelmann «Andeutungen der Begriffe durch Bilder». Aber oft genug geht die Andeutung in barockem Schwulst, in einem Wust von Schnörkeln verloren, wodurch Sinnbilder zu Vexierbildern werden.

Bei Plakaten Toulouse-Lautrecs begreift man, was sie wollen und sollen. Und wird sogleich, wenn man überhaupt für Kunst empfänglich ist, von der des Urhebers ergriffen. Doch das kann man auch bei Appellen späterer Künstler erleben, bei Masseau oder Cocteau, bei Peynet, Gulbransson und Th. Th. Heine.

Eines Tages wird man vielleicht nicht mehr zögern, unsere Museen zu entrümpeln, sie von jenen grobklotzigen und großkotzigen Monumentalwerken zu befreien, die vom Publikum als überlebte Schinken bestaunt oder belächelt werden, und wird statt dessen jener Gebrauchsgraphik Raum gewähren, die nicht fragwürdige Kunst für die Kunst, sondern fraglos Kunst für alle und alles ist. Wenigstens Kunst, für was auch immer. Lieber ein unvergeßliches Hohlweinbild mit einem längst vergessenen Firmennamen als das hohle Bild irgendeines Stukkateurs mit Wein und nackten Damen.

Aber die Jugendschützer haben ihre dubiose Feststellung – über Wiedergaben von Kunstwerken zu Werbezwecken – vermutlich im Hinblick auf besondere Kunstwerke gemacht, sagen wir: im Hinblick auf zweifelsfreie. Nehmen wir an, eines davon enthalte einen ungewöhnlich starken Sex-Appeal oder auch einen anderweitigen Appeal, und ein Werbungtreibender bediene sich seiner eben des intensiven Appeals wegen und weil der Urheber schon über 50 Jahre tot ist. Um den Kunstsinn zu fördern, wird er es kaum tun.

Doch sofern es sich tatsächlich um ein beachtliches Kunstwerk handelt, soll man dieses künftig nur noch im Museum oder als Reproduktion in Fachbüchern sehen? Wäre es nicht besser, es würde *mehr* gesehen, und wäre es nicht beinahe gleichgültig, wo?

Tizian für Krawatten?

Ein Kunstwerk bleibt ein Kunstwerk. Es verliert nichts, wenn man es in kunstfremder Umgebung, gar zu kunstfremden Zwecken zeigt. Ein wirkliches Kunstwerk wird durch nichts herabgesetzt – eher setzt es anderes hinauf. Damit sage ich nicht, daß eine Anzeige für seidene Krawatten durch das Blickfangbild eines Tizians den merkantilen Charakter verliert. Aber der Tizian verliert seinen künstlerischen Charakter auch nicht. Eine solche Anzeige gab es übrigens. Ich habe sie nicht charakterlos gefunden.

Ein wahrer Kunstfreund könnte freilich derart in den Bann jenes Blickfangs geraten, daß er den Hinweis auf seidene Krawatten völlig übersieht. Schicksal fast jeder zu kunstvollen Werbung, vom geschäftlichen Standpunkt nicht leicht hinzunehmen. Doch zeigen sich die Besucherinnen der Uffizien nur selten von den dortigen Kunstwerken so beeindruckt, daß sie darüber günstige Seidenangebote in der Umgebung der Uffizien vergessen.

Ich überschätze weder die Bedeutung des Sex-Appeals, auch nicht, wenn ich so fleißig auf ihn zurückkomme, noch die seiner fortgesetzten, wie es hieß, epochalen Wandlung. Bevor diese durch den Film und die ihn begleitende Photographie immer offenkundiger wurde, hatte man sich in den Ateliers der bildenden Künstler um jeweils entsprechende, möglichst sprechende Fixierung bemüht.

Es scheint, daß im vergangenen Jahrhundert erstmals mehrere Typen und deren Variationen zugleich in Wettbewerb um die Aufmerksamkeit und Leidenschaft des Publikums getreten sind, unter nicht geringer Assistenz der schönen Literatur. Die bildende Kunst zeigte die jeweils zum Idol gewordene Figur entkleidet, demnach wiederum: nackter als nackt.

Natürlich entstand manches Idol zunächst in Kopf oder Herz eines Künstlers und hat erst, nachdem es auch Gestalt erhielt, Kopf und Herz der Menge erobert. Aber das rührt an diffizile Entstehungsfragen der Kunst, bei der es, zufolge der Wechselwirkungen zwischen Innen- und Außenwelt, oft schwer oder gar nicht zu entscheiden ist, wieviel das geheimnisvolle «Es» und wieviel oder wie wenig der Künstler selbst, nicht nur als Medium, geschaffen hat.

Goya und Velasquez waren vorangegangen. Die Verwandtschaft zwischen Goyas «Maja» und der «Olympia» des späteren Manet ist unverkennbar. Unverkennbar auch, daß beide Dargestellten nicht nur körperlich entkleidet sind. War das die Geburt eines *modernen* Sex-Appeals, wie er künstlerischer, aber auch rücksichtsloser kaum gedacht werden kann? Das Rücksichtslose ist noch immer das Interessanteste an ihm. Derartiges erträglich zu gestalten, gelingt nur dem Genie.

Auch «den Körper des Weibes modelliert die Begehrlichkeit des Mannes». So Curt Moreck 1925 in seinem längst vergriffenen Standardwerk über «Das weibliche Schönheitsideal im Wandel der Zeiten». Seitdem haben zahlreiche Schriftsteller mit dem Blick auf die verschiedenen Entwicklungsstadien des Sex-Appeals, vor allem in der modischen Erscheinung der Frau, das gleiche gesagt.

Unerträglich hingegen erscheinen anspruchsvollerem Empfinden die geschönten Dutzenderscheinungen eines Makart, des kleinen, aber groß aufgetretenen Tizians von Wien, der sich als Salonmaler nicht genug mit der Gestaltung eindeutiger, in jeder Hinsicht blendender Plüsch-Appeals tun konnte – Maler einer Zeit, die für schwülstig-dekorative Sinnlichkeit Zeit hatte. Doch nicht minder unerträglich der ins Dramatische gesteigerte Sex-Appeal so sündiger und wollüstiger Figuren, wie sie Albert von Keller und Franz von Stuck geschaffen haben. Auch der Porträtist Lenbach, Münchens besserer Tizian – wenn man an Makart denkt –, gab mit dem krassen Bild «Wollust» einen Beitrag, nicht den einzigen, zum Sex-Appeal damaliger Zeit und damaligen Geschmacks. Kaum eine Aktzeitschrift würde es heute wagen, eine dem aufrührerischen Genußbild ähnliche Photographie zu bringen, obwohl es in seinem scharfen Realismus einer Photographie gar nicht unähnlich ist.

Die moralische Temperatur des Jahrhunderts

Wieder Moreck: «Es ist das Schicksal der Schönheit, und es ist in der ‚moralischen Temperatur' unseres Jahrhunderts begründet» (womit Moreck das zwanzigste meint), «daß sich die Schönheit mit der Mode in der Herrschaft teilen muß ... Mit der Kunst, sich zu kleiden, sich zu schmücken, sind der Frau unerschöpfliche Möglichkeiten der erotischen Wirkung in die Hand gegeben.» In die Hand? Sagen wir: an den Busen und überall dort, wo der weibliche Körper von Natur irgendwelche Kurven hat oder haben soll. Unerschöpfliche Möglichkeiten auch des Sex-Appeals in der Werbung!

Doch zuvor: Erinnert man sich von Photos und aus überlieferten Berichten jener fünf Barrisons, so mancher Sisters-Vorläufer oder -Vortänzerinnen, die, aus Amerika kommend, über alle großen Varietébühnen geisterten? Schlanke, ranke Mädchen in koketten Spitzenhöschen, mit einem dem widersprechenden Unschuldslächeln, wahrhaftig keine sehr bedeutsamen Künstlerinnen – nur die eine, die jüngste hatte Ambitionen –, aber eben weit mehr als billige Tingeltangelteusen, vor allem Wegbereiterinnen eines neuen Sex-Appeals.

Die fünf goldblonden Mädchen waren für damaliges Empfinden unglaublich mager, in ihren Bewegungen unglaublich eckig. Mit dieser betonten Hagerkeit bot sich ein ganz neuer (Schönheits-)Stil. Das Wichtigste: Das Publikum nahm das Angebot an.

Baudelaire und Verlaine hatten die Resonanz literarisch vorbereitet. Baudelaire: «Die Magerkeit ist nackter, ist indezenter als das Fett.» Fett wurde plötzlich indezent, galt als zu fleischlich und zu primitiv und wurde den Frauen bei Rubens nur verziehen, weil sie von Rubens waren. Die noch lebten, konnten weniger auf Gnade hoffen, doch hat es immer Liebhaber massiger Formen gegeben – nun lebten sie in der Angst, damit ordinärem Geschmack zu huldigen.

Zum Verlieben

Doch es war erst ein Anfang. Als Gibsongirl kam das erste Vorkriegsgirl, vor dem Ersten Weltkrieg, kam mit durchaus damenhaften, wenn auch affektierten Allüren, indem es z. B. in guter Gesellschaft zu rauchen begann. War vor allem in den großen Städten, besonders Unter den Linden, zu finden, in herber, fast schon vermännlichender Uniform: runder Strohhut, sogenannte Butterblume mit oder ohne Schleier, weiße Hemdbluse und Krawatte Butterfly am gestärkten Kragen, dazu ein Jackett, wie es die Herren in England trugen. «Zum Verlieben», seufzte der inzwischen sechzigjährige Liliencron.

Zum Verlieben, aber eigentlich nur für Angehörige höherer Schichten, in denen die ganze Erscheinung als äußerst attraktiv, als moderner Eros empfunden wird. Sex-Appeal für Anspruchsvolle. Als Reizbild geht das stilisierte Bild des Gibsongirls für eine Zigarette gleichen Namens in die Reklame ein. Das dazugehörige Zeitbild zeichnet ein rückblickender Texter später so:

«Tennisflirt auf leuchtend rotem Platz im Berliner Tiergartenviertel. Die Herren haben ihre 10 ½ cm hohen Kragen anbehalten. Sie transpirieren, denn zu schwitzen ist verpönt. Sobald die Damen kleine Sprünge machen, kann man ihre zierlichen Stiefeletten sehen. Diese Stiefeletten haben etwas Erotisches. Die am Zaun sitzenden Mütter betrachten ihre Töchter und deren Partner durchs Lorgnon. Zu ihrer Zeit wäre ein Spiel, das so viele Einblicke gewährt, nicht erlaubt gewesen. Doch in Berlin erwacht ein ungewohnter Lebensstil. Und nur der Zaungast von Jwd – von janz weit draußen –, ewiger Nachfolger von Nantes Eckensteher, gibt den Kommentar zum neuen Sex-Appeal im Altberliner Jargon.»

So ist der Mode Lauf. Einmal beeilt sie sich, die geschlechtlichen Attribute der Frau als nicht zu übersehende Blickfänger herauszustellen, ein andermal tut sie alles, um solche Attribute zu verbergen. Aber es ist wohl nur der Lauf der Welt, in der man sich von je nach Abwechslung sehnt. Daher ist man bereit und auch befähigt, nach der «hundertprozentigen» Frau einen ihr völlig entgegengesetzten Gamintyp zu lieben, plötzlich von durchaus knabenhaften statt von weiblichen Formen entzückt zu sein.

Auf eine große Welle natürlichster Sinnlichkeit folgt oft eine nicht minder große, die womöglich alles Natürliche hinwegzuspülen, dabei naheliegendste Appelle der Geschlechtlichkeit durch recht fernliegende, gar abwegige zu ersetzen scheint. Nicht mitgerissene Beobachter haben den Eindruck einer verkehrten Welt, besonders ursprüngliche den einer allgemeinen Perversion.

Rückblickend spricht man gern von einer Übergangszeit, aber solange man in dieser lebt, weiß man nie, wohin der Übergang führt. Nach einem Bonmot begann er mit der Vertreibung aus dem Paradies, damit, daß Adam Evas Sex-Appeal erlag. Nie scheint es etwas Endgültiges, nur selten die richtige Zeit für ein «richtiges» Leben.

Der Erste Weltkrieg hatte gar vieles, was zuvor beständig schien, ins Gleiten gebracht. Und so glitt man nach der häufig geschmähten, im «Stahlbad des Krieges» untergegangenen Tangoepoche vollends in die Epoche der Girlkultur, deren Auswirkungen noch heute, noch 1963, auch in der Reklame, zu spüren sind. Während «Tangokultur» eine gänzlich ablehnende, die Blütezeit vor 1914 verurteilende Bezeichnung war, der Tango selbst nur eine aus südamerikanischen Hafenstädten heraufgeschwemmte «Sumpfblüte», enthielt der Begriff «Girlkultur» durchaus Anerkennung, sogar eine tiefere Bedeutung . . . das möglich Ethische solcher Girlkultur gegenüber dem völlig Amoralischen jener Tangokultur.

Nun ist Kultur einer der am meisten mißverstandenen und mißbrauchten Begriffe, eines der fatalsten Schwammwörter, die wir haben, zu sehr von Journalisten und Werbeschriftstellern geliebt und von auf Klarheit bedachten Hellhörigen zum Begriff «Zivilisation» in Gegensatz gebracht. (Doch die Hellhörigen hörten noch nicht genug!) Jedenfalls ein großes Wort, aber keineswegs zu anspruchsvoll für das, was man in den zwanziger Jahren unter Girlkultur verstand oder verstanden haben wollte.

Der darunter etwas ganz Besonderes verstand, vermutlich auch als Urheber des Begriffes gelten kann, war der Psychologe Fritz Giese. Er glaubte, im aufkommenden Girlrummel der Mode, der Gesellschaft und des Sports die verschiedensten Ursachen und Zusammenhänge, vor allem recht profunde, zu erkennen, und stellte erstmals begründete Vergleiche zwischen europäischem und amerikanischem Lebensgefühl an. Solche Vergleiche hat es im Hinblick auf einen neuen Lebensstil, der dem ursprünglich abendländischen so entgegengesetzt schien, zuvor tatsächlich nicht gegeben.

Vielleicht ließ sich der Psychologe ebenfalls von den blendenden Erscheinungen des Girl*kults* – den gab es wirklich – irreführen und überschätzte die Ansätze zu etwas Besserem oder Höherem und damit die kulturellen Möglichkeiten. Er und seinesgleichen wollten veredeln – «typisch deutsch», wird man sagen, vor allem heute, da das von Giese charakterisierte amerikanische Lebensgefühl auch in der Bundesrepublik nicht gerade gering vertreten ist.

Herausforderung des Girls

Aber was man auch sage: jenes Streben mit der Absicht der Veredlung war ein typisch kulturelles Streben. Was aber Kult war, bis zur Vergötzung getriebene Schwärmerei, hatte als Ausgangs- und Mittelpunkt die herausfordernde Erscheinung eines besonders kurz berockten, besonders wachen und unromantischen Mädchens, eben des sogenannten Girls, das mit seinem flotten und selbstbewußten Auftreten so manchen bis dahin wirksamen Sex-Appeal zerstörte.

Eine Ab- und Spielart jener Erscheinung ist, zumindest äußerlich, unser weniger disziplinierter Teenager, bei dem Giese vielleicht angetroffen hätte, was er beim Girl noch vergeblich suchte. Aber während der Teenager nicht selten in unmanierlichem Protest verharrt oder mit Erfolg Einflüsse guter Kinderstube verleugnet, fand das Girl von heute auf morgen in der Welt der Erwachsenen Platz, und zwar einen Vorzugsplatz. Beiden Erscheinungen gemeinsam war, daß sie sogleich das Bild der Straße durch nicht zu übersehende, bald gar nicht mehr wegzudenkende Jugendlichkeit belebten, was sich auf alle mögliche Weise, auf allen möglichen Gebieten auswirkte, nicht zuletzt auf schon ältere Frauen, die durch Nachahmung einer ihnen nicht mehr gemäßen Note zu Karikaturen wurden.

Beim Girl ging der Erscheinung auf der Straße eine ungewöhnlich erfolgreiche Bühnenerscheinung voraus: Um 1923 waren die Tillergirls nach Europa gekommen, brillant geschulte, marionettenhaft reagierende Elevinnen eines ehemaligen Sergeanten, also eines Mannes, der sich auf schärfsten Drill verstand. Sie weckten größte Begeisterung und bekamen zahllose Nachahmerinnen. Binnen kurzem wurde auf fast allen größeren Varieté- und Operettenbühnen getillert, wenn auch nirgends so exakt, wie das die Mädchen des zum Tanzmeister gewordenen Sergeanten vermochten. John Tiller hatte aus einer Mehrzahl schmiegsamster Mädchenkörper eine präzis funktionierende Bewegungsmaschine gemacht, so daß man die Mehrzahl als vollkommene Einheit, ja schließlich als Einzahl empfand.

Beim lebendigen Menschen ein noch nicht dagewesener Triumph des Konformen, Übertrumpfung des preußischen Paradestils, völlige Ausschaltung persönlicher und tänzerischer Individualität. Eine ist wie die andere; jede geht in allen auf, wodurch auch alle wie jede werden. Äußerste Konsequenz in Uniformen, suggestive Macht lückenloser Reihung, dazu eine beispiellose Rhythmisierung, dabei Effekte der Synkope, aber ebenso des Optischen und mancherlei Zubehörs.

Reihung, Rhythmik, optische Effekte: Begriffe, die auch in der modernen Werbung eine Rolle spielen. Ende 1961 «startet die größte Modenschau der Welt», eine Kollektion von «über 100 Schlüpferhöschen». Auf ganzseitigen Anzeigen begnügt man sich jedoch mit drei. Diese drei werden von drei völlig gleichen Girls – gleich bis auf die ungleichen Schlüpfer – tänzerischen Schrittes vorgeführt, im Frack und mit gefrorenem Lächeln, mit Krawatte und Zylinder, den Dandystock mit dem Elfenbeinknopf flott unter dem Arm. Elegant und scharmant, unvergeßliche Art jener Tillergirls, die über ihren Schlüpfern allerdings tadellose Hosen trugen.

Aber es ist gar nicht das gleiche, sondern sogar, dreimal nebeneinander, *dasselbe* Mädchen. Tiller ist mit Hilfe der Phototechnik geschlagen, was auch beim Werbefernsehen möglich wäre, würde es in diesem Fall nicht über den Rahmen des Erlaubten gehen. Denn was als bewegungsloses Bild möglich ist, kann durch Bewegung leicht unmöglich werden. Ein einziger Schritt nur, unwillkürlich vom Anzeigenbetrachter in der Phantasie getan oder gesehen, führte in der Realität zu weit.

Einst hätte man jene «größte Modenschau der Welt» überhaupt als zu lasziv empfunden. Ende 1961 nahm man sie im Anzeigenteil Schweizer Familienblätter wahr. Das spricht Bände, weil Schweizer Familienblätter an Zurückhaltung ihresgleichen suchen, spricht Bände hinsichtlich des Geschmacksempfindens, hinsichtlich der gewandelten Empfindlichkeit in geschlechtlichen Dingen. Was man ehedem als zu brutalen Sex-Appeal getadelt hätte – heute darf es als stilisierter Eros ungehemmter Wirkung sicher sein.

«Merkwürdig», sinnierte ein Schriftsteller 1925, «wie sehr Cupido in jedem dieser uniformierten und ewig lächelnden Girls verkörpert scheint. Doch sobald sich ihr Auftreten zu größter Beschwingtheit steigert und das Lächeln etwas von seiner Starrheit verliert, ist es nicht Cupido mehr, geschweige denn Amor. Das Spiel hat plötzlich einen geheimnisvollen Hintergrund, wo statt eines neckisch gezückten Pfeils eine sich senkende Fackel sichtbar wird. Das stilisierte Girl präsentiert den Eros einer spukhaften Zeit.»

Jene spukhafte Zeit ist anscheinend noch nicht völlig vorüber, obwohl Eros zu jeder Zeit in irgendeiner und bisweilen recht ähnlicher Gestalt lebendig ist. Ohne die Stilisierung wäre er freilich zu grob. Ich sagte ja: «Sex-Appeal für Anspruchsvolle».

Aber es gibt einen feineren Sex-Appeal, einen noch nobleren, noch nuancierteren, in der Werbung von entsprechend begabten Kräften gestaltet – Sex-Appeal als bestrickendster Ausdruck graphischer oder gebrauchsgraphischer Kunst.

Ein Versprechen von Glück

Kunst ist nach Stendhal ein Versprechen von Glück. Mit Kunst zu werben, das ist die zurückhaltendste, zugleich verbindlichste Art, Versprechungen zu machen – die bindendste jedoch nur bedingt. Für viele hat schon die Art des Versprechens etwas Beglückendes. Daß es so etwas – in der Werbung – gibt!

Das gibt es. Sobald der Sex-Appeal den Charakter und Wert eines Art-Appeals hat, besteht allerdings die bereits angedeutete Gefahr, daß hauptsächlich der künstlerische, weniger der sexuelle Appell empfunden wird – Gefahr dazu, daß Unkünstlerische oder Amusische gar nichts empfinden. Eigentlich sollten zwar alle, die sich eindringlicher angesprochen fühlen, demnach auch die Sprache der Kunst verstehen, jeweils wissen oder ahnen, was diese zum Ausdruck bringt. Ein wirklich künstlerischer Appell müßte für solche Menschen geradezu ein doppelter Appell sein, durch das (für sie) spürbare Sexuelle und durch das (für sie) Bedeutsame der Kunst.

So scheint jene Gefahr nicht gar zu groß. Doch kommt es immer auf das Wie, also darauf an, ob der Appell tatsächlich der Mentalität und dem Niveau der Umworbenen entspricht. Ist der Sex-Appeal in ganz ungewöhnlichem Maß Art-Appeal, dann ist er nicht selten auch Snob-Appeal. Aber darauf komme ich zurück.

Sichtet man Anzeigen mit Sex-Appeal aus den vergangenen Jahrzehnten, gar aus einem halben Jahrhundert, erkennt man mit Freude, wie sehr er sich in der Werbung einzelner Branchen entwickelt und bisweilen zu höchster Delikatesse gesteigert und verfeinert hat. Da sehen wir mit äußerstem Fingerspitzengefühl gestaltete Bilder, die einen ebenso reiz- wie taktvollen Blickfang haben. Auch fehlt es nicht an Originalität, weder im Einfall noch in der Ausführung.

Was ist das beispielsweise für ein prächtiger Einfall, zweimal die prägnante Silhouette eines gut gekleideten Mannes in nonchalanter Haltung zu zeigen, einmal vordergründig, plakativ und groß und dann im Abstand, entsprechend verkleinert. «Er sieht noch schönere Beine», erklärt der Text, und man sieht ihm an, daß er sie sieht, aber auf dem Bild gewahrt man die von ihm bewunderten Beine *nicht*. Das ist gewiß kein Knockabout-Appeal, und manche, die darauf reagieren, werden gar nicht wissen, warum sie reagieren. Der Sex-Appeal bleibt hier hintergründig, ja versteckt, aber die Wirkung ist, fast möchte man sagen: um so intensiver.

Über den Reizwert der *weiblichen* Silhouette, des künstlerisch profilierten Schattenbildes, braucht man nicht viel Worte zu machen. Denn zu offensichtlich ist er da, handelt es sich auch nicht um silhouettierte Kurven Brigitte Bardots. Gern wird der Schattenriß in der Werbung für Wäsche verwandt, da er die Phantasie des Betrachters anregt und ihr zugleich so viel Spielraum läßt, daß jeder das Bild oder das Spiel nach seinem Geschmack vollenden und das nur durch die Konturen sprechende Schwarz verlebendigen kann.

Der Umweg ins Irreale

Ich habe schon häufiger (andernorts) dargelegt, warum in der Werbung für Wäsche mehr die Zeichnung und nicht die Photographie bevorzugt wird; es gibt da verschiedene Gründe, jedoch der Umweg ins Irreale, ins nur Vorgestellte liegt bei der Illustrierung intimer Themen nah. Begabten Graphikern bieten sich so die verlockendsten Möglichkeiten, die namentlich in der Werbung für Mieder genützt und hier auf berückende Weise verwirklicht wurden. Das große Publikum hat sich bereits derart an einen anspruchsvolleren Stil gewöhnt, daß ihn selbst die Versandhäuser in ihren Katalogen pflegen müssen.

Aber man kann mit Hilfe der Photographie auch ins Irreale oder Surreale gehen. In einer Anzeige für betont modische Wäsche hat man das mit Erfolg versucht. Ein Mannequin zeigt die Kreation, wie die Modeschöpfung in der Fachsprache heißt; es zeigt sich im Hemd, in unwirklich anmutender Landschaft, an einem etwas gespenstischen Baum. So magische Umgebung läßt das angebotene Wäschestück besonders hervortreten, unterstreicht seinen realen Reiz, indes das Mannequin sein Gesicht verbirgt – wer möchte sich im Hemd in dieser oder anderer Landschaft sehen lassen? Nicht genug damit. Neben der Verschämten, die weiß, was sich gehört, aber mit der züchtigen Geste regere Aufmerksamkeit weckt, steht ein großer Spiegel aus der sogenannten Jugendzeit, dessen teils zersplittertes Glas die Figur eines Jünglings von gestern oder vorgestern unscharf wiedergibt. Der Jüngling hat einen Blumenstrauß.

«Das ist keine Anzeige mit Sex-Appeal», hieß es. Aber auch hier ist der Sex-Appeal hintergründig, obwohl schon das vordergründige Mädchen im Hemd entsprechend appelliert, und zwar nicht wenig, weil es so deplaciert wirkt. Immerhin gibt es zugleich einen nicht geringen Überraschungs-Appell, der zu ungewöhnlicher, nämlich nachdenklicher Stellungnahme reizt. Denn natürlich wird mancher Betrachter eines solchen Bildes fragen: Was soll das? Was soll der Spiegel am Baum, und wieso ist er entzwei? Vor allem: Wie kommt der Jüngling in den Spiegel? Doch diese Frage rührt an jenen geheimnisvollen Sex-Appeal.

Vermutlich ist es vorteilhafter, wenn eine Anzeige derart Verwunderung als wenn sie überhaupt keine Aufmerksamkeit erregt. Schließlich muß Verwunderung noch kein Unbehagen bereiten. Und da das Ungewöhnliche auch ungewöhnlich verfängt, das Rätselhafte hier nicht auf den ersten Blick, vielleicht gar nicht zu enträtseln ist, dauert die Bildbetrachtung unverhältnismäßig lange. «Sag mal, hast du eigentlich die komische Anzeige gesehen, und was sagst du dazu?»

Eine Weltfirma der Nahrungsmittelindustrie, vor allem durch ihre Suppenwürfel bekannt, appelliert zur Jagdzeit an die Hausfrau: «Jetzt ... Jäger-Sauce», heißt es. Und in der Titelfrage: «Wie pirsche ich meinen Jäger an?» Obwohl Schweinebraten mit im Bild ist, auch Adrio mit Pommes chips sowie Kartoffelpastetchen mit Fleischhaschee, überwiegt hier nicht der Appetit-Appeal, wie man nach diesem glauben möchte, vielmehr der Sex-Appeal einer ebenfalls abgebildeten Halali blasenden Jägerin. Ein vorsorglich angestellter Test bestätigt es. «Sie hat einen so schönen Mund», erklärten fast übereinstimmend die Männer, und auch die Frauen fanden Gesicht und Blick der reizvollen Jägerin «sehr sympathisch». Das Bild blieb haften, mit Markennamen sogar. Das ist viel, ist eigentlich alles, was der Werbungtreibende wünschen kann.

Und dennoch: Durch Sex-Appeal zu Fleischhaschee und Jäger-Sauce? Das ist ungewöhnlich und auch hier nur durch das Kunststück der Bildharmonie, der abgewogenen Aufmachung des Ganzen gelungen. Dazu natürlich durch die Dezenz des weithin Sympathie erweckenden Blickfangs. Aber ein Erfolg mit konventionellen Mitteln, mehr eine kompositorische als eine originelle Leistung.

Eine «Anregung aus Paris»

Da wirkt eine «Anregung aus Paris» schon origineller. Man weiß – oder weiß man es nicht? –, daß Teenager ihre Liebesbriefe gern mit einem roten Kuß, mit dem Abdruck ihres bemalten Mundes siegeln.

Unter einem solchen Mundsiegel sehnend geöffneter Lippen besagt der Anzeigentext in Faksimile: «Ich wünsche mir ein Rendezvous mit Dir bei leiser Musik» und – selbstverständlich – mit dem Markenerzeugnis «für Kenner alkoholischer Spezialitäten». Das ist eine Idee, und das ist auch ein leiser Sex-Appeal, von dem man annehmen darf, daß er sich mehr Gehör verschafft als einer, der das gleiche im Stil lauter Reklame versucht.

Die Idee hat allerdings den Nachteil – oder Vorteil, wie man es nimmt –, daß sie sich gelegentlich nur einmal anwenden, jedenfalls nicht endlos wiederholen und kaum variieren läßt. Eine Art Variante war, gleich über ein halbes Dutzend herzförmiger Münder ins Anzeigenbild zu setzen und darunter: «Alles spricht für . . .» eine bestimmte Treibstoffmarke. Ein Schönheitsfehler, daß zwei Münder geschlossen blieben, sich demnach der Fürsprache zu enthalten schienen. Nur ein Schönheitsfehler, da eine Nachprüfung erwies, daß er so gut wie nicht beachtet, jedenfalls nicht als störend empfunden wurde.

Jene herzförmigen Münder erweckten den Eindruck, weiblichen Geschlechts zu sein. Doch mag solcher Eindruck gar nicht im Sinn des Gestalters gelegen haben – denn warum sollten nur Frauen für einen Treibstoff sprechen? Nur würde ein gleiches Konterfei männlicher Lippen nicht wenigen gegen den Strich, gegen das herkömmliche Empfinden gehen und wahrscheinlich unterschwellige Abwehrgefühle bewirken.

Eine ganze Galerie von Frauen

Vor allem in der Werbung für Spirituosen, Kosmetika und Zigaretten hat man sich an eine möglichst künstlerische Gestaltung des Sex-Appeals gewagt. Es war noch in der Reichsmarkzeit – die Flasche Schaumwein kostete 4,50 RM –, da für einen deutschen Sekt mit einer Anzeigenserie im französischen Stil (des Nachimpressionismus) geworben wurde, mit Blickfangbildern ebenso reiz- wie ausdrucksvoller Frauen. Eine ganze Galerie von Frauen mit dem berühmten gewissen Etwas, aber gewiß keine nach jedermanns Geschmack. Nun, damals trank auch noch nicht jedermann Sekt. So war es ein erfolgreicher Sex-Appeal an die Elite, an Verbraucher und Genießer mit feiner entwickeltem Geschmack – ganz im Stil des L'art-pour-l'art, nämlich ursprünglich wohl nicht für dies, nicht für Sektwerbung gedacht und gemacht.

Seinerzeit stand noch jeweils der Name des Zeichners unter oder über den Bildern. Jene Bilder verdienten es, mehr als manche, die in Ausstellungen hängen. (Der Name ihres Urhebers: Erhard Klepper.) Inzwischen läßt man Anzeigenbilder weniger gern signieren; die Graphiker sollen möglichst ungenannt, vor allem den Wettbewerbsfirmen unbekannt bleiben. Bekannte Graphiker können freilich auf Namensnennung bestehen – tun oder können sie es nicht, werden sie an der ihnen eigenen Note erkannt.

Ein Gedicht von Anzeige

Ich kann mich nicht entsinnen, für Parfüm jemals einen gewagteren, zugleich «gekonnteren» Sex-Appeal gesehen zu haben, als er vor vielen Jahren, schon vor dem Zweiten Weltkrieg, in einer Anzeige für Schiaparelli veröffentlicht wurde. Das war tatsächlich ein Gedicht. Und dieses ebenso freche wie scharmante Farbgedicht war nicht zu übersehen – Leute, die etwas oder mehr von derartigen Gedichten verstanden, sahen es immer wieder an. Ein Dandy im Frack, leicht beschwingt und beschwipst, jedenfalls schon etwas aus der Fasson geraten, nähert sich einer ungemein anziehenden, bereits ein wenig ausgezogenen Schönen, legt ihr den Arm um und die Hand auf die Brust wie . . . ja, wie man das auf einem Bild Lovis Corinths gesehen hat. Natürlich lassen sich die beiden Bilder nicht vergleichen. Aber wenn einem das eine, das Selbstbildnis Corinths einfällt, spricht das auch für das andere, für das «Reklamebild» von oder für Schiaparelli. Hier wurde mit künstlerischen Mitteln etwas erreicht, was in der Werbung für delikate Dinge häufiger versucht wird, aber beinahe ebenso häufig im Dilettantischen oder auch Undelikaten steckenbleibt.

Die französische Kosmetikindustrie hat im Lauf der Zeit manche Spitzenleistung in subtilen und kecken Sex-Appeals vollbracht; meist findet man sie in exklusiven Blättern, wo sie nach der Art des Angebots und im Hinblick auf eine verwöhnte Leserschaft auch hingehören. Sehr originelle Sex-Appeals, bei denen nun doch die Originalität Trumpf ist, finden wir vor allem in amerikanischen Blättern, selbst in solchen mit hoher Auflage. Allerdings handelt es sich nicht selten um eine Originalität, für die auf unserem Kontinent, zumindest in weiteren Schichten, das rechte Verständnis fehlt. Durchaus Scharmantes, das eigentlich bei keinem Sex-Appeal zu entbehren ist, wird hier in verblüffender Weise mit nicht minder Bizarrem vereinigt, oder es ist einfach die Mischung, die etwas Bizarres hat. Ein reizender Frauenkopf, an dessen Lebendigkeit kein Zweifel besteht, sitzt, wenn auch geschlossenen und reichlich bemalten Auges, auf einer sonst kopflosen Schneiderbüste aus Holz. Das Gesicht ist schlichthin schön, ist «bezaubernd schön», wie es in der «Zauberflöte» heißt, aber schon die bis zu dem Hals aus Holz herunter reichenden, überlangen Ohrgehänge – wer trägt denn das? – verleihen ihm mit der Malerei auf den geschlossenen Lidern etwas Surreales. In Wirklichkeit wird so der besondere Eindruck von der Komposition des Ganzen recht suggestiv erhöht. In der Bundesrepublik dürfte man solchen und ähnlichen Anzeigenbildern meist (noch) mit gemischten Gefühlen gegenüberstehen, jedenfalls kaum jenen besonderen Reiz und damit auch das Suggestive verspüren.

Die Süßwarenindustrie steht bei uns in dem Ruf vorwiegend konventioneller Werbung; ein Schritt in unerprobtes Neuland wird verhältnismäßig selten gewagt. Für «eine Schokolade von Weltruf» wagte man ihn, und zwar jeweils mit dem Blickfang eines ungemein wirksamen, apart stilisierten Frauenkopfes. Dem Graphiker gelang es, die Augen, die genaugenommen überhaupt nicht da, vielmehr höchst ausdrucksvoll «vertuscht» sind, zu besonders wirksamen Reizpunkten zu machen. «Herren lieben solche Augen, Damen wissen das», möchte man in Abwandlung des beigefügten Slogans sowie auf Grund entsprechender, Bände sprechender Test-Ergebnisse sagen.

In der Werbung für eine menthol-frische Filterzigarette läßt man junge Liebespaare durch farbig wiedergegebene Landschaften gehen, durch Frühling und Wälder, oder läßt sie an einem lauschigen Waldsee plaudern. Die Aufnahmen sind durchweg künstlerisch und sollten zumindest jeden Photofreund ansprechen. Aber die lakonische Zuschrift eines Naturfreundes lautet: «Im Walde raucht man nicht!» Ein *Bildklauber*. Muß ein Werbungtreibender wirklich an alle und an alles denken? Die einen sagen ja, die anderen: Nur nicht so kleinlich, vor allem an *die* denken, denen man etwas verkaufen möchte. Jener naturfreundliche Bildklauber dürfte Nichtraucher sein.

Nein, man sollte die einmal eingeschlagene Richtung bewahren, auch wenn sich – beispielsweise – altjüngferlicher Einspruch gegen eine Anzeige erhebt, die einen Autoreifen am Baume der Erkenntnis sowie Adam und Eva im heiter blühenden Paradiese zeigt, Eva mit dem inzwischen unentbehrlich gewordenen «Kulturtäschchen» (damals für modische Feigenblätter, heute für Puder und Lippenstift). Adam und Eva sind karikiert, haben jedoch ihre Blößen bedeckt, obwohl der Sündenfall noch nicht stattgefunden hat.

Das war ein witziger Einfall, dazu ein netter Sex-Appeal en miniature; wer hier von Blasphemie spricht und sich ernstlich verletzt zeigt, ist zweifellos ein überempfindsamer Außenseiter und daher für den Werbungtreibenden ohne Bedeutung.

Übrigens hat es seinen guten Grund, daß die Werbung, nicht nur die mit Sex-Appeal, unsere Zeitgenossen oder deren idealisierte Erscheinungen so häufig unter südlicher Sonne zeigt. Aber selbst das ist ihr verübelt worden.

Sobald die nördlicher Wohnenden an den Süden denken – und das tun sie heute mehr denn je –, empfinden sie nicht allein den begreiflichen Wunsch nach Heiterkeit und Wärme, sondern zugleich und überhaupt die im Grau des Alltags oft unterdrückte Sehnsucht nach sinnlicherem, nach einem im tiefsten Sinne menschlicheren Leben.

Warum sollte die Werbung solcher Sehnsucht nicht in Bild und Text entgegenkommen, warum sollte sie diese nicht für ihre Zwecke nützen? Daß sie es mit Klugheit und Feingefühl, ja auch nicht ohne gewisse Rücksicht tut, dafür gibt es Beispiele die Fülle.

Explosivstoff Farbe

In der Bundesrepublik hat man den Vorsprung, der während des Zweiten Weltkriegs und in den darauffolgenden Jahren von manchen Ländern mit farbiger Werbung erreicht wurde, inzwischen ziemlich eingeholt. Farbe bleibt jedoch ein gefährlicher Explosivstoff, vor allem auch bei der Gestaltung des Sex-Appeals, der dem einen mit ihr sehr kunstvoll, dem anderen jedoch nur noch kitschig gelingt.

Erstaunlich und erfreulich, wie sich die Werbung für einen populären und gar nicht teuren Markenschuh – für einen guten Schuh, «der mit der Mode geht» – bisweilen dem Stil des jeweiligen Anzeigenträgers und damit dem Geschmack seines Publikums anzupassen weiß. Mit wirklich exquisiter Note, mit einem farbigen Sex-Appeal, der schon ein kleines Meer fein abgestimmter Farben ist, versucht man, mit jenem populären Schuh stärker in Kreisen Fuß zu fassen, die gerade keine besondere Schwäche für allzu populäre Dinge haben.

Die ganze Anzeige ein einziger Sex-Appeal, schwelgerisches Gewoge zartesten Bunts, unter dessen faszinierendem Gesamteindruck gewisse Einzelheiten, etwa zwei lang behandschuhte Hände, völlig zurücktreten, vielleicht auch gar nicht wahrgenommen werden. Reizvolles Gemälde eines in Rosa gebetteten Frauenkopfes. Schon wieder, immer wieder ein Frauenkopf, aber jetzt gewiß einer, der sich sehen lassen kann und nicht übersehen wird. Blickfang: der rote Mund. «Eine Farbe, so sagen die Maler, gewinnt erst ihren Wert durch die benachbarten Farben.» Erinnerte einmal Morand. Und jene rote Farbe gewann.

In aller Unschuld?

Appelle mit Tiefenwirkung

PRÜDE SOLLTEN DIESES KAPITEL ÜBERSCHLAGEN. AUCH LESER, DIE ES ABLEHNEN, mit einer ihnen unangenehmen Wahrheit konfrontiert zu werden oder mit einem Versuch dazu.

Zu viele wünschen gerade in wesentlichen Fragen ihre eigenen, vielleicht noch unausgesprochenen Meinungen bestätigt zu finden – völlig entgegengesetzte Meinungen haben, zumal wenn sie «allgemeiner Überzeugung» widersprechen, leicht etwas Schockierendes für sie. Goethe hatte Grund zur Klage: «Willst du nur hören, was du schon gehört?»

Wer es ernst meint, muß sich an das bisher noch nicht Gehörte wagen, und sei dies noch so un-er-hört. Amerikanische Autoren tun das; jedenfalls nehmen sie kein Blatt vor den Mund, wenn sie sich mit der Schürfarbeit der Motivforscher oder mit dem befassen, was die Forschung zutage gefördert hat.

Eins der ersten Bücher, die solcherart in die Bundesrepublik kamen, war das von George H. Smith «Warum Kunden kaufen». Aus diesem Buch wird bei uns gern die Stelle mit den Makkaroni zitiert. Und tatsächlich hat die Frage, wie man die röhrenförmigen Gebilde am besten der Hausfrau empfiehlt, die Motivforschung drüben sehr beschäftigt. Natürlich gehört es zu ihrer Aufgabe, einer Sache jeweils auf den Grund zu gehen – mag sich dabei auch mancher Abgrund auftun, und mag das Ergebnis den einen oder anderen, der es *so* gar nicht erwartet hatte, in Bestürzung versetzen.

Jenseits von Gut und Böse

Zugegeben, die Geschichte mit den Makkaroni ging ein bißchen weit. Allerdings weniger die der konsequenten Erkenntnisforschung, denn die kann gar nicht zu weit gehen, als die der Auswertung, bei der man eine nicht gerade zimperliche Nutzanwendung zog. Aber ... warum sollte man Tausende für eine Zweckforschung ausgeben, wenn man sich scheut, sie ihren Zweck erfüllen zu lassen?

Bei dem von George H. Smith herangezogenen Test hatte man erkannt, «daß Makkaroni, die fest bleiben und nicht sehr kleben, Männlichkeit und männliche Eigenschaften ausdrücken». Eine weitere Erkenntnis war, daß Frauen aus sexuellen Gründen solche Makkaroni bevorzugen. Ist das ungeheuerlich? Doch wohl nur für den, der die Macht des Trieblebens aus Vorurteilen oder infolge persönlicher, z. B. religiöser, Bindungen leugnet. Aber wer sich von derartigen Vorurteilen und Bindungen nicht, auch nicht vorübergehend, lösen kann, sollte hier nicht mitreden, und vielleicht sollte er auch nicht mithandeln, wenigstens nicht bei der Anwendung bestimmter und – wie die Praxis erweist – recht nützlicher Methoden.

Daß Frauen sind, wie sie sind: wer wollte ihnen daraus einen Vorwurf machen? Männer sind keineswegs besser. Und dann muß man sich überall da, wo es um die Feststellung wissenschaftlicher Wahrheiten geht, vor so fragwürdigen Begriffen wie «gut» und «böse» hüten. Die Wissenschaft arbeitet jenseits solcher Begriffe. Und was für die *Wirtschaft* gut ist, muß nicht immer, nicht ab ovo und in jedem Punkt, einer Moral entsprechen, die auf ganz andere Lebenserscheinungen – als die der Wirtschaft – abgestimmt ist.

War die Geschichte unmoralisch?

Das Verhalten der getesteten Frauen gegenüber Makkaroni war ein völlig unwillkürliches; es ergab sich ohne ihr Wissen und ohne jede Selbstkontrolle. «Ungeheuerlich», wenn man diesen Ausdruck des Entsetzens beibehalten will, mag manchem Unerfahrenen die Bedenkenlosigkeit erscheinen, mit der man solche durch Tests gewonnene Erkenntnis für die Werbung nützt. Werden doch die Anhaltspunkte, die man mit dem Eindringen in die Intimsphäre der Konsumenten bekam, auf Grund sachverständiger Prüfung in *Verkaufspunkte* verwandelt.

In der Praxis sieht das etwa so aus: Die übereinstimmenden «Geständnisse» der Frauen, daß feste Makkaroni als Ausdruck von Männlichkeit empfunden und daher bevorzugt werden, wirken infolge ihrer Eindeutigkeit und Stärke tatsächlich als Ergebnispunkte, an die man sich halten und aus denen man allerlei Brauchbares entnehmen kann. So wird empfohlen, jenen maskulinen Symbolismus in Werbeappellen, in Anzeigen, auf Packungen und Plakaten, zu verwerten, indem man hier z. B. eine junge Frau «mit gebieterischem Lächeln und einer Handvoll aufrecht – nicht horizontal – gehaltener Makkaroni» zeigt. Denn schon auf diese Weise, meint Smith, «wird im weiblichen Unterbewußtsein eine tief verwurzelte Tendenz befriedigt, die von nun an für uns arbeitet, die weiter wirkt und sich auf *unsere* Makkaroni überträgt».

Nun habe ich die in Gesprächen so häufig zitierte, auch in der Literatur kommentierte Stelle ebenfalls angeführt, doch nicht, weil ich sie irgendwie sensationell, sondern weil ich sie aufschlußreich und sehr beachtlich finde. Daß in jenem Beispiel das Bild einer jungen Frau mit gebieterischem Lächeln nahegelegt und gefordert wird, diese müsse die Makkaroni aufrecht und nicht waagerecht halten, verrät die Mitarbeit eines Psychoanalytikers, der auch Sexualwissenschaftler ist – was fast alle Psychoanalytiker werden. Hier schlägt er die Nützung einer im Sexualleben bedeutsamen spielerischen Urgewalt vor, die sich in sadistischen wie masochistischen Eigenschaften äußert, die jedoch meist verkannt oder unterschätzt werden. Es handelt sich um das *gebieterische* Lächeln. Die Wissenschaft hat erwiesen, daß sadistische und masochistische Neigungen keine Regelwidrigkeiten sind, sondern begrenzt und in verschiedenen Formen bei fast jedem Menschen vorkommen.

Was sonst noch, bei Smith wie bei anderen, als «aufrechtes» Sexualsymbol und damit zur Belebung der Kauflust empfohlen wird, ist meist zu eindeutig, um eines Kommentars zu bedürfen. Frage: Ist es nicht auch zu primitiv? Ist es nicht geschmacklos? Wirkt jeder derartige Sex-Appeal nicht zu grob, so daß man ihn schon zur Holzhammermethode rechnen muß, und ... darf man an Sex mit dem Holzhammer appellieren?

Im Stand der Unschuld

Bei solchen Fragen sollte man nicht vergessen, daß alle, die je einen Blick hinter die Kulissen taten, also «im Bilde» sind, eben dadurch den Stand der Unschuld aufgegeben haben. Ihnen wird es, auch nach dem hier Gesagten, in Zukunft kaum noch möglich sein, irgendeine Anzeige oder Packung, die auf ähnliche Art für Makkaroni wirbt – aber vielleicht auf ganz andere Art entstanden ist –, völlig unbefangen, nämlich ohne Erinnerungen und Assoziationen, zu betrachten. Das ist der Fluch der allzu Aufgeklärten.

Im Gegensatz zu diesen denken sich die meisten Umworbenen bei derartigen Bildappellen nichts. Möglicherweise empfinden sie auch nichts, jedenfalls nichts, was ihnen besonders bewußt oder gar als Resonanz des Geschlechtlichen erscheinen würde. Haben sie doch solche oder ähnliche Empfindungen und Vorstellungen, dann dürften sie sich ihrer schämen und sie so schnell als möglich zu verdrängen suchen – werden sie es doch kaum für möglich halten, daß die Werbung diese Wirkung beabsichtigt hat.

Tatsächlich ist eine *solche* Wirkung nicht beabsichtigt. Dies wird nur von Gegnern eines so entwickelten Appeals unterstellt. Beabsichtigt ist lediglich die Erregung von Sympathiegefühlen. Worin die Gefühle dann begründet oder mit welchen anderen Gefühlen sie vergesellschaftet sind, darüber denken die Umworbenen nicht nach, und es ist auch nicht Aufgabe der Werbungtreibenden, dies zu offenbaren. Daß die Analyse der getesteten Frauen so eindeutige und vielsagende Reaktionen ergab, ist wahrhaftig eine Sache für sich – gewiß hätte man gut daran getan, sie mehr als Geheimsache zu behandeln. Jedenfalls ist es nicht Zweck der darauf aufgebauten oder daraus entwickelten Werbung, die Wirkung oder Wirkungsart des gefundenen Sex-Appeals bewußt zu machen.

Eine andere Frage ist, ob man nicht ohne Tiefenanalysen zu ganz ähnlichen Einsichten hätte gelangen können, ob diese nicht nur eine Bestätigung dessen bedeuten, was erfahrene Menschenkenner ohnedies wissen. Aber abgesehen davon, daß es immer seinen Vorteil hat, läßt sich eine persönliche Auffassung, zumal wenn sie anderen abwegig oder übertrieben scheint, wissenschaftlich vertreten und sachlich belegen, ist hier vor allem die systematische Punkt-für-Punkt-Auswertung wichtig. Jene Wirkung des Sex-Appeals für Makkaroni ergab sich nicht nur aus einem einzigen Punkt (– mögen Zyniker auch anderes behaupten). Ferner war die Erkenntnis wesentlich, daß gerade ein solcher Appell unterschwellig bleibt und bleiben muß.

Bei einiger Aufmerksamkeit stellt man wirklich fest, daß sehr oft mit einem Sex-Appeal geworben wird, den man als einen hinter- oder untergründigen, ja auch als getarnten bezeichnen kann, obwohl nicht wenige, die mit solchem Sex-Appeal werben, gar nicht wissen, wes Geistes Kind er ist. Da werden also in aller Unschuld, völlig arglos und selbstverständlich ohne besondere Kenntnisse der Tiefenforschung, Appelle entwickelt, deren womöglich ausgezeichneter Erfolg auf gar nicht beabsichtigter Tiefenwirkung beruht. Es ist durchaus denkbar, daß die Werbungtreibenden dies nie erfahren und daß selbst die Werbegestalter, die eigentlichen Schöpfer der Appelle, der Meinung sind und auch bei der Meinung bleiben, ihr Appell habe nicht das geringste mit Sex zu tun.

Dies muß man nicht zuletzt deswegen erwähnen, um Proteste derer zu verhüten, die aus einem sechsten Sinn handeln – aus einem «magischen», den es gibt – und daher der Motivforschung nicht oder nur bedingt bedürfen. Fühlen sie sich doch leicht angegriffen und zu Unrecht verdächtigt, wenn man nach der eigentlichen Ursache ihres Verhaltens forscht oder die Ergebnisse ihres Handelns auf Ursprung und Bedeutung prüft. Auch weiß man, wie der Volksmund plappert. Nach ihm ist dem einen alles rein, dem anderen «alles Schwein».

Dabei hat der Volksmund gar nicht so unrecht. Denn zwei, die dasselbe sehen, empfinden nicht dasselbe. Aber man irrt, sofern man glaubt, daß derjenige, der in einer Sache weniger und womöglich nur das Feinere sieht, auch die feinere Empfindung habe, hingegen der, dem sich zugleich etwas Sinnliches offenbart, dies lediglich der eigenen Sinnlichkeit verdankt. So *kann* es sein. Aber es muß nicht so sein.

Phallusgeschwätz der Wissenschaft?

Beginnen wir beim Sinnfälligsten: Die Kosmetikindustrie bringt in ihren Anzeigen eine Fülle von Bildappellen, bei denen die von ihr hergestellten Lippenstifte die naheliegende Rolle des Blickfangs spielen. Der Lippenstift als Blickfang drängt sich hier geradezu auf – aber ebenso, wenn auch keineswegs überall und immer, eine bestimmte sexuelle Assoziation.

Literarische und praktische Gegner der Psychoanalyse und der Motivforschung haben «die Wissenschaft von den Phallus-Symbolen» inzwischen als Geschwätz erklärt. Nun, eine solche Wissenschaft gibt es auch nur bedingt. Aber es gibt sie. Und solange jene Erklärungen stichhaltiger Begründung ermangeln, sind sie ihrerseits Geschwätz.

Daß der Lippenstift, zu dessen Aufgaben es gehört, stärkeren Sex-Appeal zu bewirken, von vielen Männern – weniger von Frauen – als Phallus-Symbol empfunden wird, daß er jedenfalls entsprechende Assoziationen auszulösen vermag, ist hinreichend durch Tests und freimütige Zeugnisse erwiesen. Die Fabrikanten von Lippenstiften braucht dies nicht zu kümmern. Sie können das Bild des Lippenstiftes durchaus als *Fact-Appeal*, als sachliche Darstellung ihres Erzeugnisses, betrachten. Und es ist trotz eben Gesagtem sehr wohl möglich, daß auch die Umworbenen in jenem Bild vor allem das Erzeugnis sehen.

Aber es kommt eben darauf an, *wie* man das Erzeugnis zeigt. Zeigt man es im Gebrauch, kann der Gesichtsausdruck des Modells, das sich die Lippen bemalt, auch bei einem Betrachter, der weniger zu sexuellen Vorstellungen neigt, durchaus unbeabsichtigte Vorstellungen bewirken. Schließlich ist der Lippenstift nicht lediglich ein Verschönerungsmittel, oder er zählt zu denen, die am deutlichsten Mittel der Verführungskunst sind. Läßt man Männer aufschreiben, was ihnen zum Wort «Lippenstift» einfällt, geraten sie immer auf Wörter aus dem Vokabular des Liebeslebens.

Doch je mehr sich jemand mit dem Lippenstift als *Ware* beschäftigt, sei es als Hersteller, sei es als Konsument, desto weniger wird er (noch) an dergleichen denken. Es gibt Kosmetikanzeigen, bei denen der Sex-Appeal des Blickfangs unverkennbar scheint – dennoch muß man Gestaltern glauben, wenn sie sagen, daß sie solche Wirkung weder vorausgesehen noch beabsichtigt haben. Und es gibt Schlagzeilen, deren Zweideutigkeit von nicht wenigen Umworbenen entdeckt wird und zu Kopfschütteln und Schmunzeln veranlaßt – im Berliner Sexualwissenschaftlichen Institut gab es eine ganze Sammlung davon –, aber die Autoren schrieben die Zeilen ohne Arg, durchaus überzeugt, völlig sachlich zu sein. («Wie oft am Tag?» – «Fragen Sie den, der einen hat!» – «Gespritzt-geschützt» – «Glas verbirgt nichts» – «Papier müßte man haben!»)

Im übrigen könnte man einwenden, der Anblick einer sich die Lippen nachziehenden Frau sei inzwischen zu alltäglich, um noch besondere Wirkungen auszuüben. Allein ... es kommt darauf an, nämlich auf die Person wie auf die Situation. Ist es doch entscheidend, wo und in welcher Umgebung dergleichen geschieht und ob es sich um eine Frau mit Koketterie und Sex-Appeal oder um ein geschlechtlich reizloses Wesen handelt, das natürlich durch derartige Gesten keine Aufmerksamkeit erregt. Und dann verbietet der gute Ton den Männern, sich von so diskreten Vorgängen, die im Grunde etwas Indiskretes haben, allzu beeindruckt zu zeigen. Hingegen können dieselben Männer sich, ohne Furcht, Gesicht oder Würde zu verlieren, völlig der Wirkung eines entsprechenden Anzeigenappells überlassen.

Das nebenbei. Hauptsächlich gehen uns hier Appelle an, deren Tiefenwirkung weniger offenbar und naheliegend ist, und das sind keineswegs nur jene unmittelbaren Werbeappelle, wie wir sie von Anzeigen, Plakaten und Packungen kennen. Oft geht der stärkste Appell – es muß keiner an das Geschlechtliche sein – vom angebotenen Erzeugnis selber, von der Art seines Materials, von dessen Form oder Farbe oder irgendeiner Nuance der Ausstattung aus.

Das Märchen von den Schuldgefühlen

Doch bevor ich auf solche Appelle eingehe, eine Feststellung zu dem weitverbreiteten Märchen von den Schuldgefühlen: In der Literatur zur Motivforschung wird immer wieder behauptet, daß fast alle Erzeugnisse, die den Menschen Arbeit und Zeit ersparen, zunächst einmal «eine Wand von Schuldgefühlen» durchbrechen müssen. Als klassisches Beispiel wird gern der Pulverkaffee angeführt. Aber gerade dieses Beispiel überzeugt nicht.

Grundsätzlich dürfte jedes neue Erzeugnis, das Zeit und Kraft erspart, willkommen sein. Doch die Empfänglichkeit verringert sich, wenn der Konsument den Eindruck hat, daß der Gebrauch des neuen Artikels mit dem Verlust alter und lieber Gewohnheiten, demnach mit dem Verlust eines gewissen Genusses verbunden ist. Infolge der Amerikanisierung – sie ist zweifellos eine wesentliche Ursache – hat der Europäer zwar mehr Sinn für eine möglichst praktische Lebensweise bekommen, aber er hat damit den Sinn für eine möglichst genußvolle Lebensweise nicht verloren. Und hinsichtlich seiner Genüsse ist der Mensch (überall) eigensinnig, was auch heißt, daß er eine eigene Auffassung von der Bedeutung eines Genusses hat.

Der Pulverkaffee wurde bei uns vor allem mit einem Appell an die Bequemlichkeit eingeführt, mit dem Hinweis, daß er in Sekundenschnelle zu bereiten sei. Doch über die Bequemlichkeit stellt der wahre, der begeisterte Kaffeetrinker hierzulande den Genuß. Und dieser beginnt traditionsgemäß mit einer gewiß umständlichen und zeitraubenden, aber nach wie vor als reizvoll empfundenen Zubereitung. Ganz gleich, ob man Kaffee brüht, gar dreimal aufbrüht oder gemächlich filtert – es ist jeweils eine vertraute und verheißungsvolle Zeremonie, die als solche empfunden und bewußt oder auch unbewußt genossen wird. Leidenschaftliche Kaffeetrinker mahlen ihren Kaffee selbst, noch leidenschaftlichere rösten ihn selbst. Dabei ist das Vorausaroma einer der stärksten Appelle, die ein Genußmittel haben kann. Aus gefühlsmäßigen Gründen, die mit alldem im Zusammenhang stehen, werden im Bundesgebiet noch viele mit der Hand zu bedienende Kaffeemühlen verkauft.

So war jener Hinweis auf die Fixigkeit der Zubereitung ein zwittriges Argument. Und wenn es die Hersteller von Pulverkaffee auch kaum wahrhaben wollen: Es ist ihnen selbst mit großzügiger Werbung nicht gelungen, dem Pulverkaffee jenen Anschein – oder sagen wir: jenes «Image» – zu nehmen, das er durch die Art der Einführung bekommen hat. Ein völlig unromantisches Getränk, das man, wie den italienischen Espresso, wenn man ihn schnell in einer der vielen Espresso-Bars trinkt, vor allem als Stimulans und Lebenswecker, zur Überwindung toter Punkte zu sich nimmt. Aber mit dem «kulturellen» Genuß, der von der Kunst, Kaffee richtig zu bereiten, aber auch richtig zu trinken, abhängig ist, läßt sich so etwas nicht vergleichen.

Der Pulverkaffee ist bei uns besonders in den Büros, bei überanstrengten Managern und deren Sekretärinnen, jedoch nicht in der Gesellschaft (der eigentlichen Kaffeetrinker) beliebt geworden. «Auf die Schnelle» kann man den Hokuspokus-Kaffee jederzeit trinken, aber Gästen, die meist einen rituelleren Genuß erwarten, bietet man ihn weniger an. Doch Schuldkomplexe haben damit nichts zu tun ... Die glaubt man des weiteren namentlich bei Hausfrauen zu finden, wo sie – in den USA – auch von denen entdeckt wurden, die als Schriftsteller der Motivforschung den Vorwurf machen, viel zu tiefgründig und zu kompliziert zu sein. Aber ohne Motivforschung kein Schuldkomplex.

Ich frage mich vergeblich, worin die Schuldkomplexe bei den Hausfrauen im Bundesgebiet – auch hier wurden sie angeblich festgestellt – bestehen sollen. In den USA sind die Hausfrauen immerhin in einer anderen Situation, vor allem geschichtlich und seelisch. Denn das Geschichtliche, die Vergangenheit, spielt bei dergleichen eine große Rolle.

Trugschluß der Verallgemeinerung

Man sagt, die bedenkenlose Verwendung koch- und tafelfertiger Gerichte erwecke bei nicht wenigen Frauen das Gefühl, sich die Arbeit zu leicht zu machen. Schließlich haben die Mütter dieser Frauen und auch deren Mütter einst stundenlang zum Wohle der Familie am rauchenden Herd gestanden. Wer rupft heute noch sein Hühnchen und nimmt es selber aus?

So begründet die Frage ist – an die Antwort sollte man keine pompösen Schlußfolgerungen knüpfen. Warum glaubt man, daß gerade die Frauen und *nur* die Frauen jene phantastischen Komplexe haben? Läge nicht die Vermutung nahe, daß die Männer bei ihrer weitgehend automatisierten, jedenfalls ungleich einfacher gewordenen Berufsarbeit noch eher derartige Komplexe entwickelten? Doch hat man je gehört, daß einem Bauern auf seinem Traktor unbehaglich wurde, weil seine Vorfahren so viel größere Mühen hatten? Oder empfindet es ein Baggerführer auch nur einen Augenblick als Unrecht, daß er mit der Betätigung eines Hebels mehr leistet, als der fleißigste Arbeiter vollbringen kann? Oder verschreibt ein Arzt die fertigen

Markenartikel der pharmazeutischen Industrie nur mit gemischten Gefühlen, da doch der bedauernswerte Kollege vor fünfzig Jahren weit mehr auf eigenes und sehr umständliches Rezeptieren angewiesen war? Nichts oder so gut wie nichts von alledem! Aber die Frauen sollten in ihrem Beruf, der oft gar nicht mehr ihr Beruf ist, sondern nur noch ganz nebenbei ausgeübt wird, den Fortschritt seelisch nicht verkraften und angesichts der geschaffenen Erleichterungen von Schuldgefühlen geplagt werden? Das ist schon deswegen unwahrscheinlich, weil es nur solche Erleichterungen möglich machen, Haus- und Küchenarbeit als Nebenbeschäftigung anzusehen, was im Bundesgebiet sicher über dreißig Prozent aller Frauen tun.

Fortschrittsbewußtsein und Fortschrittsfreude wird man am ehesten in den Zentren des zivilisatorischen Lebens, in den großen Städten finden – gewiß ebenfalls eine naheliegende Vermutung, die aber in der Verallgemeinerung ein Irrtum ist. Die Appelle der Gebrauchsgüter, besonders der Elektroindustrie, haben auch bei unseren Landfrauen – wie bei den Farmersfrauen in den USA – ihre Wirkung nicht verfehlt. Auf manchem Einödshof sind gerade die Haus- und Küchenarbeiten soweit als möglich mechanisiert und motorisiert, so daß viele Großstadtwohnungen vergleichsweise rückständig erscheinen.

Fast jede Frau, die sich mitten im Leben und noch nicht zur Resignation verurteilt fühlt, wird mit der jungen Generation, mit der Teenager-Tochter alle Erleichterungen der Hausarbeit «frohen Herzens genießen». Ich habe das Gefühl, jenes Gerede und Geschreibe vom angeblichen Schuldkomplex der Frauen ist nur aus einer gewissen Voreiligkeit in der Psychologie und wieder aus einer unzulässigen Verallgemeinerung zu erklären. Und es mag denen willkommen sein, die sonst keine Erklärung für gewisse Absatzwiderstände, z. B. gegenüber tischfertigen Mahlzeiten, finden. Eine wäre, daß die mundfertigen Speisen nicht jedermann munden, weil sie zu stark oder zu originell gewürzt oder nicht für die schlanke Linie brauchbar sind. Ferner: Besonders Frauen, die selten kochen, behaupten häufig, nur «richtiges» Kochen mache Spaß – sie benützen jede Gelegenheit, den Spaß zu steigern oder zu wiederholen. Und daß man Gästen, denen man gern etwas Besonderes bieten möchte, keine Schnellgerichte vorsetzt, ist verständlich; sie sind nichts Besonderes, weil sie jede Frau an jeder Ecke kaufen kann.

Die Gäste sollen sehen, daß man sich ihretwegen Mühe gab. Sobald das Ergebnis individueller Zubereitung – eine schöpferische, keine mechanische Leistung – gebührende Anerkennung findet, hat sich die Mühe gelohnt. Das ist kein ausgesprochen europäischer Standpunkt, er ist auch nicht in irgendwelchen Schuldgefühlen, sondern in einem in aller Welt verbreiteten Geltungs- und Spieltrieb begründet.

Kellergelüste Heranwachsender

In ihrer Kindheit haben ehrenwerte Männer, die nunmehr eine würdige Position in der Gesellschaft einnehmen, gewisse Symbole an Wände, besonders an Toilettenwände, geschmiert. «Ich nicht, ich nicht!» Nun, wer das nicht tat, in dessen Leben gab es bestimmt einen Abschnitt, da er die von anderen geschmierten Symbole mit verstohlener Aufmerksamkeit und nicht ohne Beklemmung betrachtet hat. Das geschah in der Zeit eines ersten, noch unbegriffenen Sexualhungers, die man poetisch «Frühlingserwachen» nannte.

Zwischen jenen unbändigen Schmierern und den heimlichen Studierern bestand kein großer Charakterunterschied. Es ist eine Frage nach Temperament und Erziehung, wie sich das Kellergelüst Heranwachsender äußert. Aber es ist keine Frage, daß die Sumpfblüte, die seit je im Verborgenen gedeiht und über die man sich schon im Altertum beklagte, unausrottbar ist. 1963 widert sie den Empfindsamen ebenso an wie 1900, da ein ganzer Lehrkörper voll Empörung die strengsten Strafen «für die Verunreinigung von Straßen und Plätzen mit unsittlichen Zeichen» forderte – gewiß kein Zeichen pädagogischer Einsicht und Begabung.

Infolge einer verständnisvolleren Erziehung und geschlechtlicher Aufklärung haben die exhibitionistischen Schmierereien Jugendlicher beträchtlich nachgelassen, doch waren sie das Symptom einer inneren Situation, die von manchem zeit seines Lebens, also auch als Erwachsener, nie ganz überwunden wird. Dann bildet sich der sattsam bekannte, überaus penetrante Typ des Verfolgers, der auch im Reich der Wirtschaft geistert und hier an mißverstandenen und zu Unrecht verdächtigten Erscheinungen Anstoß nimmt.

Sexualwissenschaftler sagen, Verfolger seien «Verdrängte», und jene innere Situation gleiche im Grunde der Zwangslage, die besonders Häftlingen hinter Stacheldraht und Kerkermauern vertraut ist. (Hans Otto Henel hat die mißliche Lage schon nach dem Ersten Weltkrieg in seinem Buch «Eros hinter Stacheldraht» geschildert, Jakob Wassermann ging ihr in seinem Roman «Der Fall Maurizius», der psychologischen Durchleuchtung eines Zuchthäuslers, nach.)

Naheliegender Einwand: Sind wir Gefangene? Oder leiden wir wie diese an einer Psychose, die uns durch Entartung der Assoziationszentren zwingt, im Übermaß und völlig zügellos geschlechtlichen Vorstellungen nachzugeben?

Natürlich sind wir Gefangene, nämlich unserer – sehr unterschiedlichen – Konstitution, die dies einmal gar nicht oder kaum, ein andermal sehr bitter empfinden läßt, auch Gefangene einer Umgebung, mit der die Konstitution nicht immer harmonieren will. Im übrigen lassen sich nur Vorstellungen entwickeln, für die eine besondere Neigung und eine stete Substanz gewissermaßen als Keim vorhanden ist. Nicht nur der «Kinsey-Report» mit seinen (zugegeben) im einzelnen fragwürdigen Ergebnissen hat bestätigt, daß erstaunlich viele Menschen beiderlei Geschlechts die Wachträume der Pubertät fortzusetzen und auch immer «fortschrittlicher» zu entwickeln pflegen. Solche Menschen sind natürlich für jede Art von Sex-Appeal empfänglich und haben für die unterschwelligen ein besonderes Gespür. Daß sie jene Gewohnheit, die man wohl als ein Laster bezeichnen darf, im allgemeinen verleugnen, ist wohl verständlich, da schließlich niemand in den Verruf der Zügellosigkeit oder – anscheinend schlimmer – in den eines geschlechtlich Unbefriedigten gelangen möchte.

Macht der Symbole

Üblicher oder «normaler» Weise reagiert der Erwachsene natürlich nicht mehr auf in der Kindheit vertraut gewesene Primitivsymbole; er sieht sie nicht mehr, übersieht sie geflissentlich – was allerdings heißt, daß er sie mit Fleiß übersieht. Dies heißt aber *nicht*, daß für ihn keine derartigen Symbole mehr bestehen; er nimmt sie nur weniger bewußt auf und nimmt sich ihrer weniger an. Auch sind sie nicht mehr so überdeutlich.

Die Macht solcher Symbole und damit auch die Macht aller Appelle, die solche Symbole enthalten oder irgendwie mit ihnen verbunden sind, hängt zweifellos weitgehend davon ab, wie sehr der Mensch durch andere und ihm wichtigere Dinge beansprucht wird. Ist er dieser Dinge vorübergehend müde, wird die Empfänglichkeit für jene Symbole und Appelle wach, aber er kann dann natürlich im ganzen derart müde sein, daß sie keine eigentliche Lust, auch keine Kauflust in ihm erregen.

Der «Kinsey-Report» ließ übrigens erkennen, daß ein Traumrest, der seinerseits immer neue Träume bildet oder doch deren Entstehung begünstigt, bei den amerikanischen Frauen ungewöhnlich groß ist. Die Soziologen und die Frauen selbst führen das zumeist auf die Überforderung der Männer durch das Erwerbsleben zurück, sagen wir: auf den steten Kampf um einen höheren Lebensstandard.

Aber auch überbeanspruchte Männer, die «keine Zeit für Liebe» haben, sind für Liebes- und Geschlechtssymbole empfänglich. Erfahrene Werbeleute wissen das; sie wissen sogar, daß es oft nur eines ganz geringfügigen Appells bedarf, eines Appells, der in seinem Ursprung und Wesen überhaupt nicht erkannt wird, um gerade in solchen Männern «die wohligsten Empfindungen» hervorzurufen.

Daß die Empfindungen geschlechtlicher Natur sind, geht die Empfindungsträger, die Umworbenen, wiederum nichts an. Ist doch der Zweck für die Werbeleute und ihre Auftraggeber völlig erfüllt, sobald der Appell genügend anspricht und der Angesprochene – das ist natürlich wichtig – der Einladung über die Gefühlsbrücke folgt. Es ist die Brücke zum Verkauf.

Es ist nicht einzusehen, warum bei uns derartige Brücken nicht tragbar sein, warum sie aus grundsätzlichen Erwägungen nicht errichtet werden sollten. Wie namhafte Werbeleute versichern, existieren sie nicht. Man hält die Werbung für eine viel zu solide, im Grunde viel zu offene Sache, um die Notwendigkeit von «Kellertreppen und Schleichwegen» einzusehen. Auch ist man der Ansicht, den Wissenschaften, die ihre Dienste als Helfershelfer leisten, seien Grenzen zu ziehen, die ein Gefühl für das eben noch Mögliche und für das schließlich Unmögliche nahelegt. Fehlt nur noch, daß man vom erforderlichen Respekt für das «gesunde Volksempfinden» spricht ... In Wahrheit bedient sich die Werbung im Bundesgebiet ebenfalls der raffiniertesten Symbole – man muß «raffiniert» ja nicht mit «abgefeimt» übersetzen – und der untergründigsten Appelle, die man rein instinktiv oder mit Hilfe der Motivforschung und nach amerikanischem Vorbild entwickelt hat.

Verkannte Motivforschung

Der Amerikaner Rosser Reeves hat in seinem (bei Alfred A. Knopf, New York, verlegten) Buch «Reality in Advertising» überraschend grob mit der Motivforschung abgerechnet. Reeves hält von ihr nicht viel, vor allem nicht, solange den Verfahren die Zuverlässigkeit anderer wissenschaftlicher Verfahren fehlt – nur exakte Messungen (im weitesten Sinne des Wortes) können nach seiner Meinung für die Erforschung von Bevölkerungsgruppen und für deren spätere Umwerbung nützlich sein.

Aber da sich Seelisches nur seelisch verstehen und kaum, jedenfalls nicht in üblicher Weise, mathematisch auswerten läßt, wird es eine derartige Methode niemals geben. Es sei denn, es gäbe jenen durch und durch mechanisierten und berechenbaren Menschen, den Aldous Huxley in seinem Zukunftsroman «Brave New World» ebenso wirkungsvoll wie abschreckend geschildert hat.

Die Einstellung von Rosser Reeves wirkt typisch amerikanisch, was besagt, daß sie, sofern überhaupt wissenschaftlich, vor allem naturwissenschaftlich ist. Und natürlich ist sie allen Europäern willkommen, denen die Motivforschung – aus welchem Grund auch immer – Sorge und Verdruß bereitet. Aber so einfach, wie Reeves es versucht, läßt sich die Motivforschung nicht abfertigen.

«Zu viele Agenturen», sagt er, «haben die Motivforschung als ein mysteriöses neues Werkzeug, als eine neue Geheimwaffe hingestellt. Sie haben sie mit allerhand Zauber umgeben. Ohne sie zu definieren, verwechseln Schreiber sie mit der Freudschen Tiefenforschung, und auch hier hören wir wieder das alte Geschwätz von versteckten Überzeugern, geheimen Manipulatoren, vom Eintauchen in die Tiefe und unwiderstehlichen, unbewußten Motivierungen.»

Nun, solche Werbeagenturen versuchen ihrerseits die nicht billige Motivforschung zu *verkaufen*. Als Reklamemacher, die sie einmal waren und im Grunde noch sind, drücken sie dabei auf die Tube. Gewiß tun sie das der Sache nach zu sehr, aber man sollte meinen, daß gerade sie wissen, wie sie eine Ware aufzumachen und ihre Kunden anzusprechen haben ... Auch Werbungtreibende sind Umworbene.

Unmöglich kann man die Wissenschaft der Motivforschung entgelten lassen, was ihr von Marktschreiern und literarischen Schrittmachern mit übertriebenen und fehlerhaften Darstellungen angetan wurde. In der Bundesrepublik haben junge, vielleicht allzu junge Wissenschaftler – zum Teil nach einem Studium in den USA – die Motivforschung in einer Weise kommentiert, die viel zu aufwendig und akademisch ist, um Praktikern in der Wirtschaft plausibel und nützlich zu sein.

Vor allen die Deutschen sind bei dergleichen gründlich. Über dem Studium des Mittels vergessen sie den Zweck. Wie man weiß, haben einige der jungen Wissenschaftler den ratlosen und nicht gerade unterbeschäftigten Praktikern empfohlen, noch einmal eine Schulbank aufzusuchen («Es hilft alles nichts!») oder sich jeweils eine Erläuterung jener Erläuterungen geben zu lassen. Das erinnert an Hofmanns immer noch aktuelles Buch «Wie lese ich den Wirtschaftsteil einer Tageszeitung?». Denn viele, die auf die Lektüre des Wirtschaftsteils begierig waren, konnten auch – in Ermangelung ähnlicher Voraussetzungen – den Kommentar nicht lesen.

Die Amerikaner jedoch stellen an die Motivforschung Forderungen, die man allenfalls an die Naturwissenschaften stellen kann. «Gute Werbeleute», meint Reeves, «wollen wie Wissenschaftler eine Forschung, die vervielfältigt werden kann.» Da denkt er an Ölbohrungen, und danach wollen die guten Werbeleute eben des Guten zuviel, zumindest bei der Durchbohrung des Verbrauchers. Und sagt Reeves, die Motivforschung sei im Grunde nichts anderes als ein alter Freund, «der inzwischen zu einem besseren Schneider ging, sich einen Bart wachsen ließ und sowohl seinen Namen wie seine Herkunft zu verschleiern sucht», dann mag er mit solchem Vergleich ebenfalls Zustimmung finden, ja, es mag auch «etwas dran» sein an dem Vergleich – aber um die Motivforschung zu charakterisieren oder um sie ironisch abzutun, ist es zuwenig.

Die Meinung ist weit verbreitet – und Reeves hat sie auch –, daß eigentlich schon der erste Werbemann, der einen wirkungsvollen Anzeigentext schrieb, die dazu notwendigen Kenntnisse aus der Motivforschung bezog. Nahm er sie doch aus der eigenen Menschenkenntnis. Aber was hat das mit Motivforschung zu tun, mit der *Wissenschaft*, die diesen Namen trägt? Und was wäre sie, wollte sie lediglich bieten, was im Grunde jeder mit einiger Mühe, mit einiger Konsequenz und Hemmungslosigkeit entdecken kann?

Steht sich doch jeder, auch bei dem Versuch, andere zu erkennen, selbst im Weg. Hätte man jenen ersten Werbemann beim Texten wenigstens einen tiefen Blick oder einen «Tiefenblick» in das eigene Innere tun und ihn dabei die Primitivperson, also das Massen-Ich oder irgend etwas Archetypisches entdecken lassen!

Und jetzt eine Zigarette

Ich habe mich genügend an der Werbung für Zigaretten beteiligt, um zu wissen, wie groß auch hier die Bedeutung unterschwelliger Appelle ist. «Und jetzt eine Zigarette!» Warum? Weil die Zigarette der anerkannte Nachkömmling der Friedenspfeife ist und, abgesehen von der persönlichen Befriedigung, die sie gewährt, den vielleicht beliebtesten, da verbindlichsten Ausdruck gemeinschaftlicher Atmosphäre darstellt. Das populäre Kommunikationsmittel ist – wie die Zigarre, doch diese auf andere Weise – zugleich etwas, an das man sich halten kann. Weiß man vor Nervosität nicht, was man tun soll, beginnt man zu rauchen. Dann tut man wenigstens etwas, und dann hat man außer mit dem Mund zumindest mit einer Hand zu tun. Mit einer Zigarette ist man nie allein.

Daß die Zigarette in der Hand geradezu sinnliche Befriedigung bietet oder bieten kann, wird nach einiger Selbstprüfung von fast allen Rauchern und besonders von Raucherinnen bestätigt, auch daß die Zigarette im Mund eine Art Schnuller für Erwachsene ist. Manche saugen ja daran, wie andere an ihrer Zigarre kauen.

Aber was nützt es eigentlich den Zigarettenfabrikanten, wenn sie wissen, daß ihre aufgeklärten Werbeleute den Genuß des Rauchens als zutiefst oralen Genuß erkannten und daß sich die Liebe zu den begehrten Erzeugnissen als Ersatz für die Liebe zur verlorenen Mutterbrust erweist?

Eine tiefere Erkenntnis besagt, daß viele Erwachsene gar nicht gern, vor allem nicht durch Reklame, an einstige Säuglingsfreuden erinnert werden. Sie wollen nicht hören, daß sie immer noch gleichen oder sehr ähnlichen Freuden frönen. So läßt sich die Erkenntnis der Zigarette als Schnuller nur mit Zurückhaltung in Appellen verwerten.

Das Thema ist keineswegs unerschöpflich. Bemerkenswert scheint, daß – in der Epoche der Filterzigarette – die Werbung für ausgesprochen männliche Zigaretten auch bei Frauen Erfolg, bisweilen sogar großen Erfolg hat.

Ein starker Appell jeder Packung, vor allem jeder Zigarettenpackung, ist nachgewiesenermaßen ihre Jungfräulichkeit. Nur bin ich nicht sicher, woran diese Jungfräulichkeit appelliert. Lediglich an die Neugier oder wiederum ans Geschlechtliche? In einem Roman las ich: «Sie wollte unbedingt die Packung öffnen; sie sagte, das habe einen ganz eigenartigen, beinahe wollüstigen Reiz. Und ich fand, daß sie nicht übertrieb. Denn während ihre Finger, zunächst vergeblich, den Beginn des Reißbandes suchten, bezeugte sie eine Hingabe, die zu leidenschaftlich war, um im üblichen Verhältnis zu einer derartigen Beschäftigung zu stehen. Mein Gott, eine Zigarettenpackung! Das Merkwürdigste freilich war, daß auch ich von ihrem Verhalten angesteckt wurde und schließlich das Gefühl hatte, Zeuge einer eigentlich unerlaubten, jedenfalls stark erotischen Handlung zu sein. Und das Reizvollste war, daß man sich so in aller Öffentlichkeit, ohne daß jemand das geringste davon bemerkte, derart intimen Genüssen ausliefern konnte.»

Ob nur Romanfiguren so etwas erleben, oder ob diese Erlebnisse weiter verbreitet sind? Die Motivforscher haben inzwischen Beweise dafür, daß es für viele Raucher, aber auch für Nichtraucher mit einem Lustgefühl verbunden ist, eine Zigarettenpackung zu entjungfern. Man ist der erste ... Aber das ist man gegenüber *jeder* verschlossenen Warenpackung. Ich kenne Männer, die darüber fluchen, daß sie eine Zigarettenpackung nicht während des Autofahrens oder im Dunkeln öffnen können, doch wenn ich sie beobachte, habe ich den Eindruck, daß auch ihnen jene Entjungferung Spaß macht.

Die Seele der Dinge

Appelle aus der Gemütskiste

Wissen Sie, was ein Schrank mit Sex-Appeal ist? Er wurde im Fachblatt «Die Möbel-Kultur» angezeigt, übrigens auch bildlich vorgeführt. Aber ich kann mich nicht erinnern, daß er mich besonders beeindruckt hätte oder daß ich sogleich erkannte, worin der Sex-Appeal des Schrankes bestand.

Vielleicht wußte das der Hersteller auch nicht, und er benützte das Wort Sex-Appeal in der Werbung nur, weil es ein in der Wirkung bewährtes Schlagwort ist. Und hier mußte es ja besonders wirken, ist es doch (bisher) ungewöhnlich, bei Möbeln von Sex-Appeal zu reden und seine Vorzüge zu betonen. Das besagt aber nicht, daß jener Schrank überhaupt keinen Sex-Appeal besaß, und noch weniger, daß gar kein Schrank Sex-Appeal besitzen könne. Es mag an mir liegen, daß ich ihn damals nicht empfunden habe.

Sex-Appeal hin, Sex-Appeal her. Es handelt sich um mehr. In gelegentlichen Arbeiten für die Möbelwirtschaft, übrigens auch für das erwähnte Fachblatt, habe ich mich eingehend mit dem befassen müssen, was man die Seele der Möbel nennt. «Seele» ist bekanntlich ein mißbrauchtes Wort – der mißbrauchtesten eins – und ein schwer zu definierender Begriff.

Zunächst gilt das Wort als Kollektiv- und Inbegriff des «inneren Menschen», für alles, was sein Empfindungsleben enthält. Aber im Grunde neigt man von je zu der Auffassung, daß auch die Dinge eine Seele haben, womit man gewiß kein Gefühlsleben meint, sondern einfach das, was von der Materie an immaterieller Wirkung ausgeht, was die Materie von innen durchstrahlt.

Ganz einfach ist der Tatbestand freilich nicht. Immerhin wird auch ein vorwiegend sachlich eingestellter Zeitgenosse keinen Augenblick verwundert sein, wenn z. B. im Loblied auf einen neuen Wagen von der Seele des Autos die Rede ist. Des Menschen Beziehung zu den Dingen seiner nächsten Umgebung, namentlich zu solchen, denen er sich auf Gedeih und Verderb verbunden fühlt, ist doppelter Art, ist rational, aber auch emotional. Der Abschied von einem alten Wagen kann einen recht unsentimentalen Menschen wie der Abschied von einem guten Freund berühren.

Der Nesttrieb des Menschen

In der Beziehung zu Möbeln, überhaupt zur Dingwelt des eigenen Heims, ist die gefühlsbetonte Einstellung, zumal bei Frauen, ebenfalls da, wenn vielleicht auch weniger stark oder weniger bewußt. Möbelhersteller sind gut beraten, wenn sie schon bei der Produktion und nicht erst bei der Werbung an diesen Umstand denken. Die Leute wollen – im allgemeinen – nicht Möbel schlechthin, sie wollen vielmehr Möbel, die ihrem Heim das Wesentliche eines Heims, nämlich eine ihnen gemäße Atmosphäre geben, Ansehen, Gemütlichkeit und ästhetische Befriedigung. Dies setzt den Glauben voraus, daß Möbel imstande sind, jeweils einen bestimmten Geist zu verkörpern, daß sie Stimmungen erzeugen, wie Stimulantien wirken, aber auch Stimmungen behindern können.

Und das ist kein Aberglaube. Ärzte und Architekten gingen – etwas spät – dazu über, wenigstens den Sanatorien eine möglichst stimmungfördernde und tröstliche Einrichtung zu geben, während die meisten von Behörden unterhaltenen Krankenhäuser immer noch Stätten der Beklemmung und geradezu aufdringlicher Trostlosigkeit sind. (« Sie litt an einem Magengeschwür und neigte zu Koliken, und sie wurde nicht gesund, weil sie zugleich, und zwar im höchsten Grade, an der niederdrückenden und entmutigenden Einrichtung des Zimmers litt.») Man sollte sich diese Bedeutung der Dinge viel mehr bewußt machen und nicht erst, wenn man als Insasse einer Klinik dazu verurteilt ist.

Carl G. Jung, Begründer der Züricher psychoanalytischen Schule, war der Überzeugung, daß sich das oft tiefe Unbehagen des modernen, ewig rastlosen, aber auch ewig ruhebedürftigen Menschen nicht zuletzt aus seinem Mangel an Heim- und Heimatgefühl erklärt. Wo dieses wesentliche Gefühl, das selten ganz erstorben ist, noch nicht verdrängt oder verschüttet wurde, leidet der Mensch an der Unmöglichkeit oder Unfähigkeit, es wirklich zu befriedigen.

Ein solches Gefühl kann sich gewiß nur dort entwickeln – und bei Befriedigung zu innerer Ausgeglichenheit beitragen –, wo eine entsprechend starke Wunschvorstellung nach einem heimatlichen Heim besteht, nach einer friedlichen Insel oder dem viel zitierten, auf die Dauer meist unentbehrlichen ruhenden Pol. Der alte Nesttrieb des Menschen jedoch ist stärker und schöpferischer, ist vor allem verbreiteter, als man glaubt.

Je stürmischer die Welt und je unsicherer die Zukunft, desto mehr verlangt es auch den zeitbewußten Fortschrittler nach festem Boden – es muß kein eigener Boden sein, aber ein Zuhause, wo er sich entspannen und neue Kräfte sammeln kann. Jung ging freilich noch einen Schritt weiter. So betrachtete er jenen Eifer, mit dem sich heute zahlreiche, namentlich erfolgreiche Menschen um häusliche Eigentumsbildung bemühen, als Streben nach einer Ersatzbefriedigung. Die Menschen suchen irdischen Ersatz für ihren verlorenen Jenseitsglauben – «Religion ist Heimatgefühl im Weltall».

Und es kann nicht wundern, wenn amerikanische Motivforscher, die mittel- oder unmittelbar bei Jung in die Schule gingen, das heißt von diesem übernahmen, was ihnen für ihre praktische Arbeit nützlich schien, nunmehr zu der Auffassung gelangten, daß die Perspektive für die Möbelwirtschaft nach allem ungewöhnlich günstig sei. *Jetzt* kommt es darauf an, auch die Möbelfabrikanten mit den eigentlichen Motiven des Wohn- und Heimbedürfnisses vertraut zu machen. Die Fabrikanten müssen zu Appellen, aber eben nicht allein zu denen der üblichen Werbemittel, veranlaßt werden, die jenem vorhandenen Bedürfnis entsprechen und es zu ausgesprochenem Begehren steigern.

Die dabei notwendige Unterscheidung zwischen einem reinen Sach- und Grundnutzen und einem durchweg emotionalen Zusatznutzen ist bei uns ebenfalls geläufig. Auch hier verkauft man weniger Möbel als Genuß, als Behaglichkeit und Augenfreude. Aber das geschieht vor allem mit Absatz- und nicht oder nicht genügend mit Produktionsbemühungen. Die Appelle müssen in den Erzeugnissen selbst enthalten sein und die wesentlichsten Verkaufspunkte offenbaren, was natürlich Sache der Formgeber ist. Die Form muß faszinieren, Betrachter und Benützer der Möbel verzaubern. Aber was heißt dies anderes, als daß die Form zunächst einmal sinnfällig *appellieren*, daß sie die Menschen anrufen und einladen muß?

Probleme der Formgebung

Es ist schon viel und auch Kluges über Formgebung und Formappelle geschrieben worden. Sehen wir von Autos ab, befassen sich die gründlicheren Untersuchungen jedoch zumeist mit verhältnismäßig geringwertigeren Gegenständen, so weniger mit Möbeln als mit deren Zubehör, mit Haus- und Küchengeräten – vom Toaster und Bügeleisen bis zum Staubsauger, zum Kühlschrank und zur Waschmaschine. Selbstverständlich hat man die Wichtigkeit zeitgemäßer Formen auch bei Kirchen, Lokomotiven und Bürohäusern erkannt. Aber hierbei handelt es sich um andere, wenn auch verwandte Erkenntnisse und um die Gestaltung von Appellen, die sich jeweils an eine Menge und nicht oder nicht sosehr an einzelne (innerhalb einer Menge) und deren besondere Bedürfnisse richten.

Wir hatten schon einmal – lang ist es her – einen Wohnstil «neuer Sachlichkeit», der mit Bildern und Teppichen einen Teil der Seele, und zweifellos einen sehr wichtigen Teil, aus den Räumen verbannte. Damals wurden rein rationale Nutzgeräte, also Geräte ohne Gefühlsappelle, für die technisch immer vollkommenere «Wohn-Apparatur» empfohlen. Eine Hauptschwierigkeit für die gegenwärtige und wohl auch künftige Formgebung, die wieder mehr oder gar mehr als je Gefühle berücksichtigt, besteht darin, den emotionalen Nutzen zugleich, und zwar in seiner ganzen Bedeutung, mit dem weiterhin wachsenden Sachnutzen spürbar zu machen, den einen nicht durch die Wirkung des anderen zu beeinträchtigen, vielmehr beider Wirkung aufs glücklichste zu vereinen.

Schon vor dreißig Jahren meinte Friedrich Markus Huebner, wenn man den Dingen nicht allein praktische, sondern ebenfalls gemütsmäßige Geltung zubillige und mit dem Komfort seelisch in Kontakt zu kommen suche, dann wäre es an der Zeit, «den so zweckbetonten modernen Räumen, darin man sich aufhält, menschlich-seelische Bindekraft zu verleihen».

Und es ist noch immer an der Zeit.

Nur . . . wie macht man das? Wie erzielt man jene menschlich-seelische Bindekraft?

Nach Ansicht eines bekannten Designers ist es hierzulande, aber auch anderwärts – anderwärts jedoch mit anderen Mitteln – das Einfachste und Zweckmäßigste, die Gemütskiste aufzumachen und darin nach zuverlässigen Formen und Formappellen zu kramen. Demnach scheint die Gemütskiste eine Art Mottenkiste.

Auch tut sich die Frage auf, wie und woran man Formen und Formappelle erkennt, deren Wirkung auf das Gemüt als zuverlässig anzusehen ist. Handelt es sich doch um das Gemüt des Menschen unserer Tage. Aber das ist eine wahrhaft ungemütliche Frage, solange nicht Klarheit darüber herrscht, was man unter «Gemüt» zu verstehen hat.

Verkannte Gemütlichkeit

Für uns Deutsche gibt es vom Wort «Gemüt» eine ebenso bedeutsame wie aufschlußreiche Ableitung: das noch gebräuchlichere Wort «Gemütlichkeit». Sowie wir uns mit dem Begriff der Häuslichkeit, des Nesttriebs und des Nestgefühls befassen, fällt uns auch der sehr strapazierte, auch schon verpönte, jedoch immer noch lebendige Begriff der Gemütlichkeit ein. Man muß ja nicht gerade an jene bier- oder weinselige Gemütlichkeit denken, der die Deutschen so gern ein Prosit bringen. Schon Görres, der Polemiker vom «Rheinischen Merkur», meinte, die Gemütlichkeit sei ein Teil des deutschen Wesens und nicht der schlechteste, und solange jenes bestehe, sei auch die Gemütlichkeit unsterblich. Das sagte er um 1814.

Ich glaube nicht, daß es in irgendeiner anderen Sprache einen Ausdruck gibt, dessen Bedeutung sich wirklich mit der des Wortes Gemütlichkeit (althochdeutsch «giumati») deckt. In den angelsächsischen Sprachen gibt es einen solchen Ausdruck nicht. Dies ist um so bemerkenswerter, als Sinn und Wert der Gemütlichkeit gerade von angelsächsischen Völkern sehr geschätzt, wenn auch oft im wesentlichen verkannt und dementsprechend nachgeahmt wird, wobei man – deutscherseits ebenfalls – mit einer gewissen Pseudogemütlichkeit und deren fragwürdigen Appellen Geschäfte macht.

Rein sprachlich bedeutet «gemütlich» zunächst soviel wie «wohltuend». (Doch das ist für eine Definition zuwenig.) Was Gemütlichkeit ausstrahlt, geht dem Gemüt in angenehmer Weise ein und damit womöglich, dies sei zugegeben, am herrschenden, ja vielleicht sogar am guten Geschmack vorbei. Aber über dergleichen mögen sich die Ästhetiker die Haare raufen.

Es scheint absurd, innerhalb einer Gefühlswelt nach dem einzig Richtigen zu suchen, da hier alles seine Berechtigung und somit auch seine Richtigkeit hat. Sofern die großen Rationalisten (unter den Philosophen) nicht ausgesprochen gemütsfeindlich waren, hatten sie zumindest Verdacht gegen das Gemüt. «Seinem Gemüt vertrauen heißt seinem Großvater und seiner Großmutter vertrauen.» So oder so ähnlich spottete Nietzsche. Aber wäre es nicht möglich, daß einmal die Großeltern Vertrauen, die Enkel hingegen Mißtrauen verdienen?

Unser Gemüt mag der Erkenntnis so mancher objektiven Wahrheit hinderlich sein. Eine gewiß zutreffende Wahrheit ist, daß sich die deutsche Gemütlichkeit nach wie vor am liebsten hemdsärmelig und in einer Art Gartenlaube präsentiert. Und das im Atomzeitalter und unter den Klängen des Jazz.

Ersatzbefriedigung durch Nippes

Wäre es nicht so, würde es in der Literatur vielleicht keine Renaissance für Raabe und Fontane geben – was nichts über oder gar gegen die Bedeutung dieser Dichter besagt –, würde in Andenken-,

Brauchtums- und Kunstgewerbeläden nicht alles Mögliche und zum Teil Unmögliche an Nippes verkauft, und zwar namentlich an Leute, die daheim, unter ihrer modernen oder supermodernen Einrichtung, bereits einen ganz anderen, nämlich den *heutigen* Nippes haben.

Es scheint, daß Menschen, die repräsentativ und nach ihrer oder ihres Architekten Meinung besonders stilvoll wohnen, nicht selten jener Wärme entbehren, die durch keine Ölheizung vermittelt wird. Daher ihr Verlangen nach Zutaten, die ihnen als Ausdruck ihres Geschmacks und ihrer Sentimentalität ein stärkeres Nestgefühl verleihen – ein Verlangen, das sich in der positiven Reaktion auf völlig antiquierte Appelle, in der Neigung zu kostspieligen, aber im Grunde primitiven Symbolen offenbart – zu allerlei Kinkerlitzchen, die nicht unbedingt kitschig sein müssen, es jedoch größtenteils sind.

Was könnte dem Begriff des Kitsches mehr entsprechen als eine Nichtigkeit, die man unter irgendeiner kunstgewerblichen oder pseudokünstlerischen Aufmachung verborgen hat? Nur . . . wie muß der innere Zustand von Menschen sein, die ein sie bedrängendes Gefühl der Kälte oder Leere ausgerechnet mit derartigen Nichtigkeiten verdrängen wollen?

Es ist der uns schon vertraute Zustand des innerlich steuerlosen, (mehr oder minder) schizoiden Menschen, der dem immer heftigeren Ansturm der Appelle, die ihn von allen Seiten bedrängen, nicht die nötige Festigkeit entgegenzusetzen vermag. Aus Mangel an Selbstvertrauen und aus Bequemlichkeit überläßt er wesentliche Gebiete des Lebens, auf denen er eigentlich allein bestimmen müßte, der Fürsorge des Spezialisten: die Einrichtung der Wohnung dem Architekten, die Gestaltung des Urlaubs einem Reisebüro, die Pflege der Gesundheit einem Medizinmann und die Ordnung des Inneren einem Psychotherapeuten oder einem Manne, der behauptet, einer zu sein.

Verständlich, daß die Unsicherheit und damit die Möglichkeit von Stilmängeln und Stilfehlern immer größer wird. Doch kein Grund, darüber die Nase zu rümpfen. Bricht die wohlhabend gewordene Metzgersfrau, die womöglich über SL und Swimmingpool verfügt, an der Schwelle einer «original oberbayerischen Bauernstube» oder eines «original niedersächsischen Fletts» in Ausdrücke des Entzückens aus, dann ist das Entzücken ehrlich – wie bei der Gattin des erfolgreichen Industriellen, die sogar ein surrealistisches Traum- und Schlafzimmer hat. Beide erliegen gleich Millionen anderen einem von der Zeit unabhängigen Gemütsappell, dem auch der Werkmeister erliegt, der zwar eine komfortable Drei- oder Vierzimmerwohnung besitzt, aber nach wie vor bei Muttern in der Küche ist, nämlich nicht nur *ißt*.

Sieht die Küche auch einem Laboratorium immer ähnlicher, wurde das offene Feuer oder der Sesselofen auch längst durch einen vollautomatischen Breitwandherd ersetzt, so wirkt doch weiterhin nach, daß die Vorfahren den Aufenthalt in der Küche als besonders wohltuend, als ausgesprochen gemütlich empfanden – alle haben sie einmal mit unvergessener Hingabe an Muttis Küchenschürze gehangen und, bis heute spürbar, sich womöglich nie von ihr getrennt. Forscht man noch weiter, kommt man auf die Idee, den im tiefsten Sinne heimatlos Gewordenen als letzten Schrei, den man aber auch als einen Verzweiflungsschrei deuten könnte, die Rückkehr zu jener Sitzgrube zu empfehlen, in der sich die noch älteren Vorfahren, damaligen Verhältnissen entsprechend, tatsächlich am wohlsten fühlten. Einer der fortschrittlichsten Raumgestalter hat sie in der Überzeugung empfohlen, damit an ein Urgefühl des modernen Menschen zu appellieren. Derartige Sitzgruben lassen sich in jedem neuzeitlichen Bungalow, doch auch in Hochhäusern errichten – neben jedem Sitz ein angemessenes, also formgerechtes Telefon.

Das ist kein Witz. Diese Sitzgruben gibt es. Dennoch: lassen wir Scherze, denen so bitterer Ernst zugrunde liegt. Sagen wir, daß der kleine Mann, auch wenn sein Bankkonto groß geworden ist, noch lange der kleine Mann bleibt und daß wir inmitten wachsenden Reichtums von lauter kleinen Leuten, darum von Großtuern umgeben sind. Unter so verwirrenden Umständen ist es schwer, einen einigermaßen klaren Stil in der Produktion und der zugehörigen Werbung zu entwickeln, gleich, ob es sich um Schränke oder Ober hemden handelt.

Schränke . . . der Leser erinnert sich jenes Schranks mit Sex-Appeal. Und er weiß inzwischen, wie sehr es die meisten Zeitgenossen nach einer beseelten Dingwelt – beseelt wodurch auch immer –, z. B. nach Möbeln mit Seele verlangt. Es ist gar nicht auszudenken, was der Konsument in solcher Hinsicht von den Dingen erwartet. Da es aber Menschen gibt, die von Berufs oder Geschäfts wegen unablässig darüber nachdenken, kamen sie schließlich zu Ergebnissen, die dem Sachverhalt grundsätzlich zu entsprechen scheinen. «Wir stellen sprechende Möbel her, und unsere Möbel sprechen nicht nur eine Sprache. Schon wenn Sie unsere reichhaltige Druckschrift erhalten, werden Sie entdecken, daß wir auch Möbel haben, die *Sie* ansprechen – mit denen Sie sich gern länger unterhalten möchten. Dabei rechnen wir durchaus damit, daß Sie einen besonderen Geschmack haben und daher nach ungewöhnlichen und originellen Dingen Ausschau halten.» Aus einem Versandhaus-Katalog.

Lotet man tief in die Seele des Konsumenten, erspürt man auch die Rolle des Sex in seiner Beziehung zur Möbelwelt. Das geschieht unvermeidlich. Denn wenn die Sexualität in beinahe allen Beziehungen eine – allerdings unterschiedliche – Bedeutung hat, dann ist es nicht vorstellbar, daß sie in den Beziehungen zum Inhalt der eigenen vier Wände keine Bedeutung besitzt. Und diese beschränkt sich nicht auf das Schlafzimmer, wo sie zu naheliegt, als daß man sie suchen und nachweisen müßte.

Einfluß des Milieus

Bericht eines Reporters, der eine jener Schauspielerinnen besuchte, die mit Hilfe von Skandalen Karriere machen: «Schon im Empfangszimmer hatte ich das Gefühl, daß alle Gegenstände, obwohl sie eigentlich gar nicht so ungewöhnliche, jedenfalls im Grunde ganz zweckmäßige Gegenstände waren, vor Erotik knisterten. Tisch und Sessel hatten im Lauf der Zeit so viel vom Fluidum ihrer scharmanten Bewohnerin übernommen, daß sie nun ihrerseits dasselbe Fluidum verströmten. Es schien, als sei jedes Stück, das man berührte, mit Elektrizität geladen. Selbst der Teppich knisterte. Gibt es Teppiche, die solcher Art mit besonderer Elektrizität geladen sind?»

Es gibt sie. Jedenfalls ein aufgeschlossener und recht sensibler Reporter kann sie spüren. Möglicherweise wird man sagen, er habe phantasiert und auf Grund des Bildes, das er im voraus von der amourösen Schauspielerin besaß, seiner Einbildung die Zügel schießen lassen. Das kann sein. Aber damit würde er nur einer Gepflogenheit folgen, die nicht ohne Grund unter Schriftstellern verbreitet ist. In der Literatur sind jene detaillierten, oft recht gefühlvollen Milieuschilderungen zahlreich, mit denen Personen eingeführt oder verlebendigt werden, die in dem beschriebenen Milieu handeln und leben. Man denke an Erzähler wie Storm, der den Leser über die Einrichtung eines Raumes unterrichtet, bevor sich jemand in diesem Raum befindet. Tritt dann eine Figur auf, weiß der Leser bereits so viel von ihr, wie der Autor von jener Einrichtung mitgeteilt hat. Und das kann sehr viel sein. (Sage mir, wie du wohnst, und ich will dir sagen, wer du bist.) Moderne Autoren handeln ähnlich. Und ähnlich ist es auch bei manchem Fernsehspiel, wenn die Kamera eine noch unbelebte Szene zeigt und der Zuschauer dadurch auf das Erscheinen von Personen neugierig wird, die irgendwie, jedenfalls rein äußerlich zu dem Szenenbild passen sollen. Stimmt die Architektur und haben es Autor und Regisseur nicht auf eine besondere Überraschung abgesehen, werden die Auftretenden dem Rahmen und auch der Erwartung des Publikums entsprechen, wodurch dieses sogleich einen stärkeren Kontakt zur Vorstellung gewinnt.

Das Verfahren war schon im Altertum bekannt. In der römischen Philosophie findet sich die Erkenntnis, daß sich das Verhalten der Menschen im allgemeinen weitgehend nach der Art der Gegenstände richtet, von denen sie umgeben sind. Freilich läßt sich solcher Einfluß dadurch unwirksam oder unwirksamer machen, daß man sich zugleich der Vorstellung von ganz anderen Gegenständen überläßt. Auch das ist eine römische Erkenntnis. Und jeder, der einmal gezwungen war, sich länger in unbehaglichen Räumen, z. B. in Kasernen, aufzuhalten, weiß wohl, wie sehr sie stimmt.

Und beinahe jeder weiß ebenfalls, daß es ebenso kokette wie solide Möbel gibt – die einen werden von lebenslustigen Frauen, die anderen von weniger lebenslustigen Beamten, jedenfalls von Menschen mit strengeren Grundsätzen bevorzugt. Auf der Suche nach einem besonders kapriziösen Damensessel wurde ich von einem Berliner Einrichtungshaus abgewiesen: «Mein Herr, wir führen nur bürgerliche Möbel!»

Bürgerliche Möbel . . . lassen die Vorstellung «unbürgerliche Möbel» zu, vor allem jedoch den Gedanken an die Möglichkeit, Möbel so zu konstruieren, daß sich der Bürger – der Bürger schlechthin – im

Innersten angesprochen fühlt? Gewissermaßen: Liebe auf den ersten Bürgerblick?

Aber das schreibt sich so hin. Das Innerste des Bürgers, den jedermann kennt oder zu kennen glaubt – der Nachbar von nebenan –, scheint sich zwar schon in seinem Äußeren und in seinen Äußerungen zu offenbaren, birgt hingegen fast immer Überraschungen, die man motivforschend zutage fördern sowie produktionsmäßig nützen sollte.

Nur Lieschen Müller fragen? Warum eigentlich gerade Lieschen, da es doch auch einen Otto und Ernst Müller gibt? Etwa, weil das Volkseinkommen zu drei Vierteln durch die Hände der Hausfrauen geht? Das stimmt. Nicht weniger stimmt jedoch, daß viele Otto und Ernst Müller der Überzeugung sind, den Geschmack der Frauen, zumindest den *ihrer* Frauen, geprägt zu haben. In einer Anzeige gibt es das zunächst verblüffende, aber vielleicht nicht unberechtigte Argument: «... weil der Mann bestimmt, was gekauft wird!» Tut er das, wenn es sich um kostspieligere Käufe handelt, in bürgerlichen (und auch anderen) Kreisen *nicht?*

Einen Schrank mit spürbarem Sex-Appeal wird der Bürger allenfalls im Schlafzimmer und hier womöglich nur im Auftakt seiner Ehe wollen. Doch auch eine weniger bürgerliche Natur, die sich den Kopf ebenfalls für vernünftige Dinge freihalten muß, könnte durch einen solchen Schrank allzusehr beunruhigt werden. Neigen wir uns also zu dem Sessel oder vor dem Sessel, dessen Gesicht von Biederkeit strahlt und der uns, ohne Ohrensessel und Schaukelstuhl zu sein, Stunden tiefster Beschaulichkeit und Entspannung verspricht. Aber deswegen müssen wir das eigene Gesicht noch nicht, gar mit Entrüstung, von einer Couch wenden, die – man weiß nicht, wieso – auch brave Leute auf abwegige Gedanken bringt. Offenbar ein unbürgerliches Möbel. Weiß der Teufel, ob es gut ist, eine solche Couch in das Zimmer eines Teenagers zu stellen.

Die köstlichste Erfindung

Man weiß nicht, wieso ... weiß man es wahrhaftig nicht? Man braucht doch nur ein wenig nachzudenken. Seit geraumer Zeit pflegen sich die Menschen mit Hilfe des Bettes oder irgendeiner «Liege» fortzupflanzen. Zum Lob des Bettes wurden bereits Bücher geschrieben. Es spielt nicht nur darum eine bedeutsame Rolle, weil wir ein Drittel unseres Lebens darin verbringen, es ist auch zutiefst mit unseren Vorstellungen vom Geschlechtsleben und mit entsprechenden Erinnerungen verbunden. Zur Vorstellung des Bettes gesellt sich, bewußt oder unbewußt, die des Hochzeitslagers, und es gehört nicht viel dazu, dies durch einladende und animierende oder sagen wir lieber: durch ermunternde Formen zu bekräftigen.

Mit dem unerschöpflichen Alphabet der Formen, hat van de Velde, bedeutendster Anreger eines sinnvollen Kunstgewerbes, in Erweiterung seines «Amo» überschriebenen Bekenntnisses erklärt, läßt sich am Ende ebensoviel oder noch mehr ausdrücken, als der Mensch mit dem Alphabet der Sprache zu sagen vermag. Es gibt Formen, bei denen das sonst Unsagbare in einer einzigen Nuance enthalten ist. Seitdem wir eine Kultur haben, gibt es auch so etwas wie eine Kultur des Bettes. Die reine Zweckform war hier nie beliebt.

Das ist verständlich, besonders in der Gegenwart, durch deren Ansprüche die Aufgabe der Schlaf- und Ruhestätte immer wichtiger wird. «Ich möchte ein Bett gestalten», sagt ein amerikanischer Designer, «bei dessen Anblick jeder Ruhebedürftige von der Lust zu schlafen überwältigt wird – in einem so einladenden und erquickenden

Bett würden gewiß auch die sonst Schlaflosen schlafen.» Aber so viel vermag vielleicht das vollkommenste Traumbett nicht. Immerhin ist die Hoffnung nicht unbegründet, die Gestaltung jedoch davon abhängig, daß sie genügend tief an das Entspannungsbedürfnis appelliert, daß sie die heute mehr als je wache Begierde nach dem Genuß der «köstlichsten Erfindung» steigert. Und es gibt, laut Heine, keine köstlichere als den Schlaf.

Die meist nicht sehr tiefen amerikanischen Lebensphilosophen, die man nach europäischen Begriffen kaum als Philosophen bezeichnen kann, haben die erstaunliche Fähigkeit, mit einer Überfülle von Beispielen die Wahrheit eines einzigen Gemeinplatzes zu belegen. Und es läßt sich auch nicht bestreiten, auch von «richtigen» Philosophen nicht, daß die ganze Weisheit unserer Welt in etlichen Gemeinplätzen oder Sprichwörtern beschlossen liegt. Jene amerikanischen Lebensphilosophen, von denen drüben auch so mancher Formgestalter gelernt hat, stimmen fast alle darin überein, daß die Qualität des Schlafes nicht allein von der Qualität der Ruhestätte, sondern von allem bestimmt wird, was den Ruhebedürftigen umgibt. Auch das geht auf die alten Römer, auf Aurel oder Seneca zurück, nach denen außer dem wirklichen Leben ebenfalls der Traum, dieses «von der Wirklichkeit abgezogene freie Spiel der Vorstellungen», in höchstem Maße von der Art der Gegenstände beeinflußt wird, die zu unserer nächsten, in diesem Fall zu unserer nächtlichen Umgebung gehören.

Gelangt man da nicht zu der Überzeugung, daß viele Möbel, besonders auch Schlafzimmermöbel, allzu unbedenklich hergestellt werden? Kennt man nicht genügend Schlafzimmer, die jedem einigermaßen sensiblen Menschen Alpdrücken verursachen? Und ist es somit nicht das Recht, ja geradezu die Pflicht der Hersteller, mit allen, selbst mit vielleicht noch nicht ganz ausgereiften Mitteln die Voraussetzungen zu einer optimalen Produktion zu erforschen – was ja zunächst den Konsumenten, den Mitmenschen, erforschen heißt sowie auch die Voraussetzungen optimaler Appelle?

Auch der Mißtrauische, denk' ich, bejaht es. Hingegen mag er den Appell sinnlicher oder geschlechtlicher Formen überflüssig finden. «Alles Einbildung», sagt der Zweifler, der seinen gesunden Menschenverstand walten läßt, «Hirn- oder Gefühlsgespinste krankhaft eingestellter Formgestalter. Solchen Leuten wird der aus seiner Hülse ragende Lippenstift ebenso zum Symbol wie die völlig bedeutungslose Arabeske eines modernen Sessels. Solche Leute gehören in eine Heilanstalt, weil sie Zwangsvorstellungen haben, jedenfalls nicht in ein Atelier, um sinnträchtige Appelle zu finden.» Stimme eines deutschen Herstellers, der am laufenden Band biedere Möbel produziert.

Will man jedoch wirklich wissen, worin jene sinnlichen oder geschlechtlichen Formen bestehen, so lautet die ungeschminkte und vielleicht enttäuschende Antwort: in allerlei Rundungen und Erhebungen, aber auch in Vertiefungen, in drei- und viereckigen Gebilden sowie in Überschneidungen, in Gittern, Löchern, Keilen, Pfosten. Man «sieht» sie ja nicht. Und das Geheimnis? Gewußt, wo, gewußt, wie ...

Warum eckige Schreibtische?

Daß Möbel und Haushaltgeräte keine scharfen Ecken, Kanten oder Spitzen haben sollten, liegt nah. Um es zu begründen, braucht man nicht auf etwaige Kindheitserlebnisse zurückzugehen. Auch Erwachsene leben in der Furcht, sich irgendwie, und zwar «überflüssiger

Weise», zu verletzen. Viele Männer haben mit eckigen Schreibtischen unliebsame Erfahrungen gemacht. Nirgends ist man so unachtsam wie gegenüber vertrauten Dingen. Fühlt man sich in seinem Vertrauen enttäuscht – was besagt, daß man unverständig und unbesonnen war –, gebärdet man sich womöglich wie ein Kind; es fehlt nicht viel, daß man dem unschuldigen Tisch einen Fußtritt versetzt.

Nicht übertrieben: Das Trauma, das ein im Grunde harmloser Zusammenstoß mit dem eigenen Schreibtisch hinterläßt, kann bedeutend nachhaltiger wirken als eine durchaus ernst zu nehmende, beim Sport erlittene Wunde. Hat doch der Unfall am Schreibtisch etwas Lächerliches – wodurch er die Würde verletzt –; so etwas sollte nicht vorkommen. Und aus Ärger darüber, daß es dennoch vorgekommen ist, entwickelt sich schließlich ein übertriebener Haß gegen alle eckigen Schreibtische. *Frage:* Warum werden überhaupt eckige Schreibtische hergestellt?

Einige Motivforscher sagen: weil Möbel mit Ecken und rechtwinkligen Kanten etwas Männliches haben. Das kann man glauben. Aber vielleicht ergibt sich das Männliche besonders aus der Einstellung der Frau. Denn wenn die Männer Ecken und Kanten übelnehmen, daß sie Ecken und Kanten sind? Ein deutscher Psychologe hat die Feststellung gemacht, daß beinahe alle Menschen, die irgendwann einmal – es muß wiederum nicht schon in der Kindheit sein – eine unangenehme Begegnung mit scharfen Kanten hatten, unwillkürlich zurückzucken oder die Augen schließen, wenn ein scharfkantiger Gegenstand in ihr Gesichtsfeld kommt.

Der alte Satz, daß gute Werbung mit der Produktion beginnt, findet besonders im Gedanken an den Appeal – gleich welcher Art – seine Bestätigung. Jeder Produzent wird daran denken, möglichst handliche Gebrauchsgegenstände herzustellen. So soll ein Staubsauger auf den ersten Blick und mehr als kommentierende Worte von seiner bequemen Handhabung überzeugen. Ein Stück Seife soll einladend und griffig wirken. Nicht erst Dichter kam auf die Idee, von «koketten» und von «konservativen» Seifen zu sprechen. Und nicht nur Seifen kokettieren. Fast jede Ware kokettiert, und sei es mit betont konservativer Note.

Daß dem so ist, gehört zum Talent der Packungsgestalter. Jede verpackte Ware ist, zumal in Selbstbedienungsläden, auf Augenfang aus; ihr Appell an den Verbraucher besteht in Schöntuerei und allerlei unhörbarem visuellem Geklappere – was ist es anderes als Koketterie? «Nimm mich! Ich sehe nicht nur gut aus, ich bin auch gut. Ich erfülle alle Ansprüche, die man an eine Packung und deren Inhalt stellen kann.»

Die Seele der Stoffe

Appelle des Materials

War zuvor von der Seele der Dinge die Rede, dann noch etwas von der kaum minder bedeutsamen, jedoch weit verborgeneren Seele des Materials, aus dem die Fertigwaren hergestellt werden. Sie ist in ihrer Art für den Verbraucher nicht weniger wichtig als z. B. die Seele der Feuerwaffen für den Schützen oder die Seele der Streichinstrumente für den Musiker. Sie ist insofern wichtiger, als die Seele der Stoffe zusätzlich die oft verkannte oder gar nicht erkannte Macht des Appells besitzt.

Die meisten Menschen haben keine Ahnung von der Seele der Stoffe, von den Grund- und Tiefenwirkungen eines Materials – was kurzsichtige Hersteller, die womöglich bisher ungewohntes oder völlig neues Material verarbeiten, zu dem gefährlichen Irrtum veranlaßt, daß jene auch für die in der Seele begründeten und von ihr ausgehenden, recht verschiedenartigen Wirkungen oder «Strahlen» unempfänglich seien. Dabei gilt eigentlich all das, was von den Formen gesagt wurde, fast ebenso von der Substanz und ohne Zweifel von deren natürlichen oder künstlichen Farben.

Daß der Appell der Materie in der Praxis (von Herstellung und Vertrieb) noch so wenig gewürdigt und nur selten im vollen Umfang für die Gestaltung weiterer und anderer Appelle genützt wird, hat nicht nur den erwähnten Grund. Aber damit sind wir beim hauptsächlich als Begriff populär gewordenen «Image», bei jenem angeblichen «psychologischen Phänomen», das vor allem die Markt- und Meinungsforscher sosehr beschäftigt.

Schlagwort Image

Das Schlagwort «Image» ist ein Sammelbegriff, ist der Inbegriff *aller* Vorstellungen, die von irgendeinem Gegenstand – nicht nur einem «Meinungsgegenstand» – ausgelöst werden. Wieviel oder was alles enthalten die Vorstellungen des Verbrauchers hinsichtlich einer Ware? Und welche Rolle spielt in diesen das Material dieser Ware? Sind Beschaffenheit und Qualität des Materials für die Art und den Grad der Gesamtvorstellungen entscheidend? Oder inwieweit sind sie es und wieso?

Schwer zu beantwortende Fragen. Es erweist sich immer wieder und immer mehr, wie groß die Differenz zwischen dem Bild, das man von einem bestimmten Gegenstand hat, und dem Gegenstand selber sein kann – auch oder gerade wenn es ein durchaus vertrauter, vielleicht ganz alltäglicher Gegenstand ist.

Im Juni 1961 las ich in einer führenden Fachzeitschrift der Bundesrepublik: «Die praktische Bedeutung des Image besteht nun darin, daß die Menschen sich in ihrem Verhalten und in ihrer Einstellung gegenüber anderen Personen, Personengruppen, ganzen Völkern, Firmen und Parteien, Waren und Marken weniger von objektiven Maßstäben als von rein subjektiven Vorstellungen beeinflussen lassen.»

Parbleu! möchte man dazu nach Altväterweise ausrufen. Ist das wirklich alles, was bei dem Gerede und Geschreibe vom Image herausgekommen ist? Und ist das nicht zuwenig? Und ähnelt es nicht der schon lange bestehenden Erkenntnis, daß jeder Gegenstand zweimal existiert – *einmal, wie wir ihn sehen, und einmal, wie er ist?*

Aus alt mach neu, und wenn es noch so großen Aufwand kostet. Fast geniere ich mich, schon wieder den alten Seneca zu zitieren, der in seiner «Weisheit des Mannhaften» zumindest dem Sinn nach sagte: «Und dann sei dir darüber klar, daß Menschen wie Dinge in deiner Vorstellung eine andere Farbe annehmen, als sie in Wirklichkeit haben.»

Doch gehen wir einen Schritt weiter. Muß man doch auch bedenken, daß die Vorstellung von Dingen, die wir lediglich in der Erinnerung haben, durch mancherlei Einflüsse einer – wohl fortgesetzten – Wandlung unterworfen sind. Und ferner, und dies ist vielleicht das Wichtigere: Wir wissen, daß zwei Menschen, die dasselbe sehen, im Grunde nicht dasselbe, sondern nur das gleiche sehen, da ja jeder mit *seinen* Augen, also etwas anders und damit auch etwas *anderes* sieht. Wenn das bei zwei Menschen so ist – welche Bedeutung hat das dann bei Millionen? Zumal von der unterschiedlichen Art des Sehens (und des Gesehenen) auch die unterschiedliche Art der Empfindungen bestimmt wird? Sprichwort: «Zwei Menschen, die dasselbe sehen, empfinden nicht dasselbe.»

Und wie mag, frage ich, bei derartiger Verschiedenheit der Empfindungen z. B. das Image des Holzes oder das Image irgendeines neuen Werkstoffes sein? Was könnte ein Werbungtreibender, dessen Erzeugnisse aus Holz oder aus einem dieser neuen Werkstoffe bestehen, denn tun, um ein vorhandenes Image zu stärken oder um es zu korrigieren?

Ich denke, auch das müßte die Motivforschung ergeben. Denn so verwickelt, wie es hier zunächst aus Grundsatz, um der Gründlichkeit und der Konsequenz willen, dargelegt wurde, sind die Erscheinungen oder jene Vorkommnisse und damit ihre Probleme nicht.

Rosser Reeves erklärt zwar in dem schon erwähnten Buch «Reality in Advertising», daß er von der «Erschreibung eines Markenbildes» mit Hilfe aus der Motivforschung gewonnener Erkenntnisse nicht allzuviel halte. Er meint sogar, eine Werbeagentur müsse ihre schöpferischen Kräfte geradezu daran hindern, sich an der Bildung neuer oder weiterer Images zu versuchen; solche Kräfte sollten sich konkreteren und erfolgversprechenderen Aufgaben widmen.

Irrationale Eigenschaften der Stoffe

Glas wirkt anders als Pergament, Blech anders als Cellophan. Natürlich. Aber hat schon jemand etwas oder gar viel – *nicht* vieles – über die *Tiefen*wirkungen dieser Stoffe geschrieben? Oder über die des Zellglases, der verschiedenen Folien, der nicht minder verschiedenen Fasern? Selbstverständlich sind Tiefenwirkungen nicht auch hier Wirkungen auf das Geschlechtliche, wenngleich solche Wirkungen ebenfalls vorkommen. Selbst von der Wirkungsart und den Wirkungsmöglichkeiten der ältesten Stoffe wissen wir nur verhältnismäßig wenig, von den Steinen, den Hölzern, den Metallen.

Die klassische Materialprüfung kennt hauptsächlich Verfahren zur Feststellung der *physikalischen* Eigenschaften eines Stoffes, Verfahren zur Ergründung des technologischen Verhaltens. Aber bei Gebrauchsgegenständen sowie beim Verpackungsmaterial sind, wenn man so sagen darf, auch die abstrakten oder metaphysischen Eigenschaften der Stoffe wichtig. Für das Gefühl des Verbrauchers existieren nicht nur tote und lebendige, kalte und warme Stoffe. Pergament z. B. löst eine Reihe ganz verschiedenartiger, sich zum Teil widersprechender Empfindungen aus. Doch wie mannigfaltig sind die Empfindungen gegenüber Stoffen, die ihrerseits so unterschiedlich sind wie zahlreiche Metalle und deren Legierungen, wie Glas, das als Hohl-, Tafel- oder Spiegelglas, als Kristall-, Edelstein- oder Irisglas zwar immer lediglich Glas, aber auch immer ein anderes Glas mit anderen Wirkungen ist.

Schon der Physiker Georg Christoph Lichtenberg dachte über dergleichen nach, ist dabei jedoch kaum zu praktisch verwertbaren Erkenntnissen gelangt, hat solche jedenfalls nicht niedergelegt. Aber er bemerkte einmal, er habe noch nie einen Menschen getroffen, dem die Berührung mit Stanniol nicht «ein ganz spezifisches Gefühl» bereite. Worauf dieses spezifische Gefühl beruht, hat er anscheinend nicht in Erfahrung gebracht, und absolut sicher ist man dessen wohl immer noch nicht. Die Zinnfolie ist, legiert oder nicht, eine der ältesten Packungsfolien. Doch was für spezifische oder nicht spezifische Gefühle verursachen *die Folien von heute?*

Ich habe schon früher und andernorts darauf hingewiesen, daß einzelne Folien starke Indiosynkrasien, bewußte und unbewußte Abneigungen bewirken *können*, aber sogleich hinzugefügt, daß es sich dabei um vereinzelte Erscheinungen Überempfindlicher handelt – sie behindern die Verwendung solcher Folien in der Praxis nicht. Etwas anders mag es sich mit von der Textilindustrie verarbeiteten Fasern verhalten, da es hier mitunter zu durchaus nachweisbaren allergischen Reaktionen kommt, die gelegentlich so weit gehen, daß der Allergiker womöglich schon beim Anblick des gefaserten Stoffes oder gar beim Hören des Namens die gefürchteten Symptome bekommt, eine Wirkung, wie man sie auch von Erdbeeren kennt.

Mangel an Materialpsychologie

Aber all das sind Ausnahmefälle, für die sich hauptsächlich die Betroffenen und die Ärzte interessieren, zwar objektiv feststellbar, aber allzusehr an subjektive Voraussetzungen gebunden. Für die Wirtschaft wäre ein Studium der weit häufigeren und bisher nur indirekt nachweisbaren *seelischen* Allergien interessant. Darüber hinaus eine umfassende Stoffkunde überhaupt, die sich auch mit den tieferen Reizen oder Tiefenreizen *aller* zur Verarbeitung gelangenden Stoffe befaßt. Das wäre wahrhaftig, zumal ständig neue Stoffe hinzukommen, ein dankbares Gebiet.

Bevor ein völlig neuer Stoff verarbeitet wird, sollte er mit aller Gründlichkeit daraufhin geprüft werden, ob er zur Genüge, nämlich genügend positiv, anspricht. Das erfährt man natürlich nicht, wenn man danach fragt. Kann doch eine solche Frage, die sich dem Konsumenten im Alltag nicht, jedenfalls nicht so unmittelbar stellt, kaum befriedigend beantwortet werden. Es ist das alte Lied. *Frage:* Gefällt Ihnen dieses Material? *Antwort:* Es gefällt mir ausgezeichnet. *Frage:* Würden Sie einen aus diesem Material gefertigten Artikel kaufen? *Antwort:* Das kommt auf die übrigen Eigenschaften des Artikels an – wenn diese befriedigen, würde ich ihn sicher kaufen.

Und obwohl die übrigen Eigenschaften tadellos waren und nicht im geringsten beanstandet wurden, ließ sich der Artikel *nicht* verkaufen. Die Hemmung, die das noch ungewohnte Material bereitete, war auch mit eindringlichster Aufklärung nicht zu überwinden. Die Leute fanden plötzlich etwas, das ihnen nicht gefiel. Vielleicht hatten sie es schon früher gefunden, aber es wurde ihnen nicht oder nicht stark genug bewußt. Der Stoff – es war Kunstharz –, sagten sie, fühle sich «irgendwie befremdend» an; er sehe zwar gut aus, aber in der Hand und im Gebrauch würde man seiner nicht froh. Schließlich entwickelte sich auch noch ein zunehmendes Mißtrauen gegenüber der Haltbarkeit.

So also geht es nicht. Man muß die Ursachen jeweils in analytischen Verfahren ergründen. Wir haben Institute für Farbpsychologie (zumindest eins), aber Institute für Materialpsychologie haben wir nicht. Was man im besonderen über Tiefenwirkungen von Stoffen weiß oder zu wissen glaubt – in günstigen Fällen möchte man auch wissen, wie sie sich steigern ließen –, geht kaum über gemeinplätzige Erkenntnisse hinaus, die allerdings nicht selten in wissenschaftlicher Form oder mit wissenschaftlichem Aufwand verbreitet werden. Aber gerade der Gemeinplatz, ob getarnt oder nicht, birgt manches irreführende Vorurteil.

Was haben die Leute eigentlich gegen Blech? Nun, ein Wort, das im übertragenen Sinne soviel oder sowenig wie «dummes Zeug» bedeutet oder der Bezeichnung «leeres Stroh» gleichgesetzt wird, ist zweifellos mit einem Odium belastet. Dieses Odium ist weitgehend unberechtigt, aber seit langem da. Verzinntes Feinblech z. B. ist eine gute Sache. Doch alles, was blechern klingt, hat für das Volksohr – das es wie den Volksmund gibt – einen fatalen Klang. Auch war schon abfällig von einer «Blechkultur» die Rede. Kommt hinzu, daß die Älteren von uns mit Blechdosen, als diese noch weniger entwickelt waren, womöglich schlechte Erfahrungen machten. Vielleicht schnitten sie sich an einer scharfen und rostigen Kante oder sie erinnern sich, wie Schwarzblechdosen dem Druck ihres Inhalts nachgaben und häßliche Beulen bekamen. Schwarz ist keine Farbe, die man gern mit dem Gedanken an Nahrungsmittel in Verbindung bringt.

Bier in Dosen stößt nicht nur in Bayern auf Antipathie, wo es geradezu als «Geschmacklosigkeit» oder gar als Sakrileg empfunden wird. Nach landläufiger Vorstellung gehört der edle Gerstensaft nicht in einen Behälter aus Blech, der Zorn hierüber läßt sich nur mit einem gut gefüllten *irdenen* Maßkrug beschwichtigen. Vom Standpunkt der Vernunft ist das natürlich völlig unbegründet, aber man sagt: Bier in Dosen appelliert nicht oder nur an durstige Ausländer, die vom «zünftigen» Biertrinken nichts verstehen.

Bier in Dosen ist dennoch überall verbreitet, wenn auch keineswegs in imponierenden Mengen. «Deutsches Bier in aller Welt» ist ein Appell, der vor allem die Herzen der Touristen aus dem Bundesgebiet höher schlagen läßt. Jedenfalls ist seine Bedeutung nicht so, wie man glaubt oder glauben möchte. Mit Hilfe deutscher Braumeister erzeugt man auch auf fernen Kontinenten ein trinkbares Bier. So ist das Image unseres Biers, besonders unseres Exportbiers, im Ursprungsland weit eindrucksvoller als die Ziffer des Gesamtexports, der jährlich kaum 600000 hl umfaßt, was etwa einem Drittel der Jahresproduktion einer einzigen Großbrauerei (der Dortmunder Union-Brauerei) entspricht.

Man sieht, wie ein traditioneller Nimbus täuschen kann, aber auch, wie selten in der Beziehung zwischen Verbraucher und Ware, zwischen Verbraucher-Persönlichkeit und Waren-Persönlichkeit die Vernunft das entscheidende Wort spricht. Ich glaube, man kann ohne Übertreibung sagen, daß die Appelle an die «reine Vernunft» in sehr vielen Fällen ihr Ziel verfehlen. Je vernünftiger ein Appell ist, desto unvernünftiger, desto fragwürdiger oder zweckwidriger *kann* er wirken, was man gewiß nicht verallgemeinern darf.

Die in sich verschiedene Masse

Hat man es mit hoch aufgelegten Massenerzeugnissen zu tun, ist man natürlich auf Appelle bedacht, die tatsächlich auf die Masse schlechthin, nicht nur auf einzelne Gruppen innerhalb der Masse wirken. Aber die Masse ist nicht überall gleich, sie ist in England anders als in Italien, und daß sie in den einzelnen Ländern ebenfalls verschieden ist, wissen wir aus dem Bundesgebiet. Hier haben bestimmte Appelle in bestimmten Gebieten eine ausgezeichnete

Resonanz, während dieselben Appelle in anderen, womöglich schon in benachbarten Gebieten völlig versagen. Hersteller von Schokoladen und Zigaretten, von Kaffee und Kondensmilch wissen das.

Nicht nur sie.

Und der Sachverhalt ist fast immer derselbe. Der Artikel kommt nicht an – einst war Malzkaffee in Sachsen so gut wie unverkäuflich –, die Umworbenen scheinen aus geheimnisvollen Ursachen für die sonst so bewährten Appelle, einschließlich derer, die von der Substanz ausgehen, unempfänglich oder reagieren ausgesprochen negativ. Analysen können zwar das Geheimnis der Abneigung lüften, aber nicht diese selbst beseitigen. Und mitunter sitzt sie so tief, daß es fraglich ist, ob und inwieweit sich eine erfolgversprechende Nutzanwendung ziehen läßt.

Nebenbei sei bemerkt, daß eine derart verwurzelte Indifferenz z. B. auch gegenüber Zeitschriften bestehen kann. Ich habe beobachtet, wie man sich jahrelang mit Fleiß, aber ganz vergeblich bemühte, eine beinahe überall geschätzte Zeitschrift in einem bestimmten, ziemlich scharf umrissenen Gebiet einzuführen. «Eine sehr schöne Zeitschrift», erkannten die hier besuchten Leute an und fügten nicht selten von sich aus hinzu, daß sie «eigentlich schöner» als das von ihnen bezogene, übrigens tatsächlich schwächere Wettbewerbsblatt sei. Jedoch, sie blieben bei diesem, sie abonnierten die mehr gelobte Zeitschrift *nicht*.

Schon aus alten Lehrbüchern kann man erfahren, daß besonders die Reaktion auf Farben und Farbtöne regional verschieden ist. Inzwischen gewannen die Farbappelle durch die Selbstbedienungsläden immer größere Bedeutung. Aber nicht nur gebietsweise reagieren hier die Menschen verschieden, auch die Reaktionen der Geschlechter stimmen nicht überein. Will man z. B. Krawatten verkaufen, muß man natürlich wissen, wie sich die umworbenen Männer gegenüber Seide und Wolle, gegenüber Farben und Farbtönen verhalten. Man spricht von betont männlichen und betont weiblichen Farben, aber es kommt doch sehr auf die Umstände an, ob jene Farben entsprechend empfunden werden oder inwieweit solche Empfindungen zum Bewußtsein kommen.

So kann man nicht ohne weiteres behaupten, Frauen reagierten am ehesten und stärksten auf Rot, Männer hingegen auf Blau. Das mag in den USA so sein, scheint auch, zumindest gebietsweise, auf die romanischen Länder Europas zuzutreffen, aber man soll derartige Feststellungen nicht einfach verallgemeinern – schon für die USA ist das, glaube ich, falsch. In Deutschland ist Rot lange Zeit nur beim Proletariat beliebt gewesen, für die Frauen des Bürgertums war Rot daher zu vulgär, für sie war es eine abscheuliche Farbe, die der « Sozis » und des Schreckens.

Das sei lange her ? Gewiß, aber dergleichen wirkt auch lange nach. Wie lange ist es her, daß wir unsere ja noch immer fortwirkenden Gefühle und die damit verbundenen Urteile und Vorurteile gegenüber dem lebendigen atmenden Holz, gegenüber dem kälteren, bei aller Durchsichtigkeit immer irgendwie geheimnisvollen Glas oder gegenüber dem alten, doch ständig modernen Kupfer entwickelten ?

Ich schätze die Forschungsarbeit der Farbpsychologen sehr hoch und meine, es sollte ihnen gelingen, schließlich Farbappelle zu finden oder für deren Gestaltung den Weg zu weisen, die fast überall, wenn auch nicht überall im selben Maße, wirksam werden. Im Hinblick auf den Gemeinsamen Markt wäre das zweifellos ein großer Gewinn. Ob man dabei zu Lösungen käme, die auch die Farbästheten, gar in jedem Land, befriedigen könnten, ist freilich eine andere Frage – und man wird sie wohl verneinen müssen.

Natürlich gibt es Werbungtreibende, die der Ansicht sind, daß die

Farbpsychologen ebenfalls zu sehr in die Tiefe gehen; diese Werbungtreibenden sind überzeugt, daß die Verbraucherwünsche mehr an der Oberfläche liegen und die Appelle entsprechend und nicht auf irgendwelche Urgefühle abzustimmen seien.

Ein Mißverständnis, wenigstens zumeist. Einem Zigarettenfabrikanten ist es als Werbungtreibendem gewiß nur bedingt interessant, aus welchen Motiven die Menschen rauchen, ob das aus ursprünglicher Leidenschaft, etwa aus dem erwähnten Schnullertrieb, oder einem oberflächlicheren Nachahmungs- und Gewohnheitstrieb geschieht. Mit Offenbarungen von Motivforschern, die versichern und womöglich in allen Details belegen, wie das Rauchbedürfnis in Wahrheit zustande kommt und worin sich das vieler Frauen, insbesondere lesbischer Frauen, von dem der Männer unterscheidet, vermag der Werbungtreibende praktisch tatsächlich wenig anzufangen.

Hingegen interessiert es ihn sehr, wie und mit welchen Mitteln er Raucher und Raucherinnen, ob Lesbierinnen oder nicht, dazu bringen könnte, die von ihm hergestellten Zigaretten zu bevorzugen. Das ist im Grunde sein einziges Interesse. Aber auch dieses könnte von der Motivforschung befriedigt werden, wenn sie dem Werbungtreibenden im Verfolg ihrer Erkenntnisse nahelegt, doch mehr auf das Urgefühl oder die Urgefühle der Konsumenten einzugehen, indem er z. B. den Ton, nicht nur den Farbton, der Appelle ändert. Hat die Änderung das gewünschte Ergebnis, wird es dem Werbungtreibenden am Ende allerdings gleichgültig sein, ob und inwieweit das mit den Prinzipien der Motivforschung übereinstimmt oder nicht.

«Aus gutem Grund ist Juno rund.» Und aus welchem Grund werden runde Zigaretten *abgelehnt?* Warum will man kein Goldmundstück mehr, und warum mag man es vereinzelt und bei bestimmten Zigaretten so sehr? Warum verursachte das rote Mundstück (einer Zigarette der Vorkriegszeit) manchen Rauchern «geradezu physische Übelkeit»? Das alles sind Fragen, die sich nicht mit oberflächlichen Kenntnissen beantworten lassen.

Aber wie immer man sie und andere zu beantworten sucht: wichtig ist, daß man die «Verführung» nicht aus ihrem Geheimnis läßt, daß der Verbraucher nicht erfährt, warum die Werbung gerade so und nicht anders appelliert. Sie appelliert so, weil sie damit einen klaren Zweck verfolgt – es ist unzweckmäßig, darüber mit Laien zu sprechen.

Durch die Blume

Kehraus in der Parfümindustrie

EINES TAGES, SO SAGTE ICH, WURDEN DIE WERBELEUTE DER KLEINEN WIE DER großen, der groß aufgemachten Mädchen müde. Sie konnten und wollten diese nicht mehr sehen, weder in Anzeigen noch auf Packungen oder Plakaten. Da sie aber eine eigene, wohl begreifliche Situation des Überdrusses mit der ganz anderen Situation der Umworbenen verwechselten – die nämlich ihrerseits mit erotischen Reizbildern noch keineswegs übersättigt waren und, wie es scheint, überhaupt nicht zu übersättigen sind –, blieben jene Mädchen mit den Vergißmeinnicht- und Bitteschönaugen im Vordergrund. Die Auftraggeber bestanden darauf. (Selbstverständlich gab es Auftraggeber, die mit ihren Werbeleuten einig waren, wie es immer Werbeleute gibt, die sich zwar in die Lage ihres Publikums versetzen, dieser aber mit Erfolg trotzen können.)

Nur in der Werbung für Parfüms, wo man es am wenigsten hätte erwarten sollen, wurde es auf einmal anders, zunächst in den USA, dann in Europa und ebenfalls im Bundesgebiet. Den Auftakt machte eine Firma mit Stammsitz in London, die schon lange in den Vereinigten Staaten Fuß faßte, wo vor allem zwei aus Frankreich, der Heimat des modernen Parfüms, gekommene Firmen den Markt beherrschen. Hier suchte sich Yardley mit einer gänzlich neuen Methode einen größeren Marktanteil zu erschmeicheln. Der Ausdruck «erschmeicheln», den die Zeitschrift Printer's Ink in diesem Zusammenhang zuerst verwendet hat, ist durchaus richtig. Schmeichlerischeres als jene Yardley-Methode gibt es kaum.

Sie kam auf, als die Firma ihre Werbung einer anderen Agentur übertrug. Der gelang es offensichtlich, den Auftraggeber davon zu überzeugen, daß man, um mehr Parfüm abzusetzen, dem Publikum in anderer als der bisherigen Weise entgegengehen muß. Das Publikum, hieß es gewiß, sei den üblichen Sex-Appeal inzwischen derart gewöhnt, daß dieser vom Übel werde – die Umworbenen ließen, gestaltete man den Appell wie auch immer, die erstrebte Resonanz vermissen.

Tatsächlich gab es zu jenem Zeitpunkt kaum eine Industrie, in deren Werbung das Thema Sex so sehr genützt und auf alle mögliche Weise variiert wurde wie von der Parfümindustrie. Aber das war schließlich nicht überraschend. Parfüm ist von je für das Geschlechtsleben von Bedeutung. Es ist ein Appell, der nicht nur an die Geruchsnerven geht.

Sexualwissenschaftler versichern, daß wir in Liebesdingen, verglichen mit den Orientalen, ahnungslose Dilettanten sind und noch viel vom Fernen Osten und aus dessen (Sexual-)Literatur lernen können. «Orient und Wohlgeruch» ist eins, sagt man. Aber das stimmt nur bedingt. Nicht alles, was man im Orient als Wohlgeruch empfindet, ist europäischen Nasen angenehm oder auch nur erträglich.

Die Düfte Arabiens

Immerhin ... die Düfte Arabiens z. B. haben Weltruf, und sie haben ihn nicht nur infolge ihrer Tradition; ihr Image ist stärker als das der bedeutendsten Marke der modernen Parfümindustrie. In einem altägyptischen Liebeslied wird eine «Brust von Parfüm» verehrt. Und ein Granatapfelbaum singt, seine Frucht gleiche dem Munde seiner Herrin, «der süß ist wie ihr Geschmack». Doch die arabische Poesie übertrumpft sogar noch den singenden Granatapfelbaum, versichert sie doch, daß die Lippen einer Geliebten so süßen Trank spenden, «als ob ein ganzer Würzladen sei in der Schönen Mund».

Die Atmosphäre reizvoller Frauen ist «verfänglicher als die der dufteschweren Sommerluft», aber – die Kunst muß ersetzen, was die

Natur versagt. So entströmt einem Hyazinthenhaar geradezu bezaubernder Geruch, «hinreißender noch als skytischer Moschus», und manches kleine Ohr und mancher kleine Fuß duften, wenn eben auch keineswegs von selbst, «zart wie die Blüte einer Rosenknospe». Darauf, besonders auf die Rosenknospe, komme ich zurück.

Demnach ist Parfüm nicht lediglich einer der zahlreichen Appelle, die sich an das Geschlechtliche richten, vielmehr ist der geschlechtliche Appell im umfassendsten Sinne vielleicht das sinnlichste Lockmittel, das es gibt – ein Köder, der ausgelegt wird, um die in seinen Bannkreis Geratenen vollends zu fangen.

Der in Liebesdingen zweifellos sehr erfahrene d'Annunzio war ein verschwenderischer Freund aller möglichen Parfüms. Tom Antongini, sein ebenso indiskreter wie geschwätziger Sekretär, für den der italienische Dichter der Unsterblichen einer war, versichert: «D'Annunzio verbraucht für sein Bad und für sich selbst eine kaum vorstellbare Menge Parfüm. Täglich geht ein halbes Liter Toilettewasser drauf. Eine normale Flasche Parfüm reicht höchstens fünf bis sechs Tage.» Besonders vor jedem Schäferstündchen – «kurz vor jeder ‚Tat'», wie Antongini sich ausdrückt – «wird im Zimmer reichlich das Parfüm gespritzt, das der Dichter gerade vorzieht».

Lag und liegt es nicht nah, daß die Parfümindustrie, die sich mit der Massenherstellung derart ätherischer Köder befaßt, in ihrer Werbung auf jener vorteilhaften Linie blieb, die ihr zufolge des Sachverhalts von selber angeboten wird? *Werbung für Sex-Appeal durch Sex-Appeal?*

Den weitaus stärksten Appeal unter all den aus pflanzlichen, tierischen und synthetischen Ingredienzen gewonnenen Nebeln und Düften hat zweifellos Moschus. «Eine Moschus-Essenz», schrieb der wohlunterrichtete Paul Reboux, «verleiht dem Mann oder der Frau eine Anziehung, der das Faunische nicht fremd ist.» (Motivforscher wird die Bemerkung lächeln lassen.) Moschus ist bei dezenten Damen im allgemeinen verpönt, aber er wird längst künstlich hergestellt und ist häufig in den teuersten Parfüms enthalten – in natura entstammt er der Genitalgegend männlicher Tiere, eben der Moschustiere, einer Hirschart, die in Mittelasien lebt. In natura stinkt er.

Hier wird das delikate Thema überhaupt etwas undelikat. Geht doch die angenehme Gewohnheit, sich zu parfümieren, nicht zuletzt auf die Tatsache zurück, daß nicht jeder menschliche Körper einen willkommenen Eigengeruch hat. Sagt man. In Wahrheit verhält es sich mit diesem Eigengeruch so, daß er recht unterschiedlich empfunden wird. Wenn einer einen anderen «nicht riechen» kann, besagt das ja keineswegs, daß dieser andere überall in schlechtem Geruch steht – es ist durchaus möglich, daß sein Geruch für andere sehr sympathisch, wenn nicht verführerisch ist. Nicht nur im Liebesleben der Tiere spielt der Körpergeruch eine Rolle, auch in dem der Menschen ist die gegenseitige Witterung von Bedeutung, was den meisten allerdings erst im Verlauf einer Beziehung zum Bewußtsein kommt. Auf ländlichen Festen geschah es früher – und in gewissen Gegenden geschieht es heute noch –, daß sich ein Tänzer sein Taschentuch unter den Arm klemmte, um das schweißdurchtränkte später einer Partnerin unter die Nase zu halten. Auf manche Schöne soll das die beabsichtigte Wirkung haben.

Rothaarige Frauen

Zumindest den Sexualwissenschaftlern ist bekannt, daß der spezifische, in seiner Art beißende Geruch rothaariger Frauen nicht wenigen Männern zum Verhängnis wird. Dieser Geruch ist eine der Ursachen sexueller Hörigkeit. Doch nicht einmal allen Sexualwissenschaftlern ist bekannt, daß es in der Parfümindustrie von jeher Fabrikanten gibt, die sich bemühen, einen Duft herzustellen, der in Substanz und Wirkung dem Duft rothaariger Frauen ähnlich ist. Natürlich versucht man, dessen Intensität durch Beimischungen zu mildern und ihm möglichst eine noch apartere Note zu geben.

Lavendelduft, dieser vielgepriesene Duft «nach Sauberkeit und Frische», soll wie der Geruch des Kampfers und der Veilchenwurzel die nicht immer bestrickende Wirkung der Hautatmung neutralisieren. Solche Düfte werden – unter anderen – von älteren Damen bevorzugt, die bewußt oder unbewußt ihre geschlechtliche Neutralität betonen wollen, und von älteren Herren, die das müssen. Wer sehr zum Schwitzen und zu geschlechtlicher Betätigung neigt, was häufig miteinander verbunden ist, oder wer gern solche Aktivität bewirken möchte, bevorzugt statt der neutralisierenden Wässerchen geschickt komponierte Parfüms, die neben pflanzlichen Stoffen auch tierische enthalten – es muß nicht gerade Moschus sein, aber vielleicht ein Geruch, der mit dem eigenen Körperduft Verwandtschaft hat.

Für zahlreiche Frauen hat Zigaretten-, mehr noch Zigarrenduft etwas Anregendes, mitunter sogar etwas Erregendes. Tabakparfüm – im Angebot wird das Wort Tabak meist mit einem «c» geschrieben – ist ein gefragter Artikel. Sogenannte gefühlskalte oder frigide Frauen – das sind Frauen, deren Gefühlswärme unentdeckt blieb –, können vor allem Zigarren nicht ausstehen. Die Vorliebe für Juchtenparfüm läßt nach der Behauptung von Sachverständigen fast immer auf Gefühlsstärke sowie auf masochistische (oder sadistische) Neigungen schließen.

Die Parfümindustrie bemüht sich in einem für Außenstehende fast unvorstellbaren Maß um die Herstellung der «richtigen» Duftappelle. Einer geglückten Komposition gehen womöglich hundert mißglückte oder nur teils geglückte voraus, diese jedoch nicht nur als Laboratoriumsexperimente, vielmehr auch als kostspielige Marktversuche. Bei einem so subtilen und fein nuancierten Erzeugnis wie Parfüm ist es besonders schwer, die Marktreife im voraus zu bestimmen.

Warum alldem soviel Worte? Weil sich die internationale Parfümindustrie mit immer größerem Aufwand bemüht, einen neuen Anstieg der eine Zeitlang (eine lange Zeit lang!) recht gesunkenen Duftwelle zu bewirken. Und weil dieses Bemühen, das Parfüm – auch durch Appelle an die Teenager und mit Hilfe von Spritzflaschen – tatsächlich populär und zu einem immer größeren Massenartikel zu machen, bereits in absehbarer Zeit Erfolg haben könnte. Und schließlich, um darzulegen, wie erstaunlich der Kehraus des Sex in der Werbung einer Industrie ist, deren Erzeugnisse dem Sex oder doch als erotische Stimulanzien dienen.

Der Geist der Rose

Die Yardleyleute – eigentlich waren es die Werbeleute der New Yorker Agentur Bernbach – werden sich, bevor sie Sex in der Werbung verabschiedeten, gewiß lange überlegt haben, was sie statt dessen nehmen und womit sie am besten appellieren könnten. Schließlich mußte dies irgendeine Beziehung zum angebotenen Erzeugnis haben, oder eine solche Beziehung mußte sich unschwer herstellen lassen. Vor allem aber mußte das Thema genügend variationsfähig sein, um die Gestaltung immer weiterer Appelle, gewissermaßen als eine organische Entwicklung, zu ermöglichen. Und so kam man auf die Idee, nunmehr alles, was man sagen wollte, durch die Blume zu sagen, nicht durch irgendeine Blume schlechthin oder durch immer andere Blumen, sondern – poetisch ausgedrückt – *durch den Geist der Rose.*

Nun ist die Verwendung der Rose als appellierendes Sinnbild in der Werbung keineswegs unbekannt, besonders in der Genußmittelindustrie ist sie ziemlich beliebt. Aber diesmal handelt es sich tatsächlich um etwas ganz anderes, was nicht allein aus der Konsequenz, mit der man das neue Stilmittel benützt, hervorgeht. Der Geist der Rose gibt der Werbung ein völlig neues Gesicht. Und es ist gar nicht auszudenken, was alles aus dem Geist der Rose kommen kann – doch was es auch ist, es hat stets den Vorzug, außerordentlich zart und geschmackvoll zu wirken.

Die Werbeleute jedenfalls sind offensichtlich um Beispiele nicht verlegen; sie sagen, daß nunmehr die Epoche der kultivierten Appelle begonnen hat. Tatsächlich führte der Bruch mit der bisherigen Parfümwerbung zu einem höheren Niveau, als man es zuvor mit Bildern duft- und traumversunkener Weiblichkeit oder distinguierter, im Kerzenlicht tanzender Paare erreichen konnte.

Jedoch: Ob dies wirklich der richtige Weg ist, um aus einem notorischen Luxusartikel einen immer begehrteren Massenartikel zu machen?

Er ist es, zumindest vorübergehend, wenn man es auch nicht sofort einsieht. Besonders bemerkenswert ist, daß mit dem sublimen Geist der Rose, der im Anzeigenteil exklusiver Blätter sosehr am Platze scheint, weniger in anspruchsvollen Anzeigenträgern als in zahlreichen Allerweltszeitschriften und vor allem beim Fernsehen geworben wird. Jedenfalls in den USA, wo man bei der Werbeagentur für Lentheric, bei Altmann-Stoller, der Meinung ist: Der Mißerfolg eines guten Parfüms ist fast immer der Beweis schlechter Reklame.

Die ganze Aktion würde bei weitem nicht so revolutionär wirken, hätte die Parfümindustrie in ihrer Werbung nicht immer eine im ganzen konservative und bei aller Eleganz ziemlich simple Note gezeigt und wäre dem Vorgehen einer Firma nicht beinahe die ganze Branche gefolgt. Laut Printer's Ink ist die Umstellung der Werbeleute jedoch kein Beweis für eine moralische Wandlung. Sie glauben, mit der feineren Note besser ins Geschäft zu kommen. Und da das Geschäft insgesamt, gemessen an seinen Möglichkeiten, recht zu wünschen übrigließ, war es durchaus an der Zeit, etwas zu seiner Verlebendigung zu tun.

Es ist doch gar nicht einzusehen, warum sich nur wohlhabende Frauen parfümieren sollen – sie können es nach wie vor, indem sie sich z. B. mit einem Parfüm abheben, von dem noch nicht 30 Gramm etwa 250 Mark kosten, mit Cotys «l'Or», gegenwärtig vermutlich dem teuersten Parfüm der Welt.

Parfüm soll (wieder) für jede Frau, die etwas oder noch etwas auf sich hält, lebenswichtig werden. Sie wird sich demnächst vor jedem Einkauf, zumindest vor jedem gesellschaftlichen Vorhaben mit ihrem Lieblingsparfüm bespritzen, was sie bisher allenfalls mit Lavendel oder Kölnisch Wasser zu tun pflegte. Ich denke vor allem an die Frauen des Bürgertums, an weibliche Gewerbetreibende und Angestellte, an Beamtenfrauen, Studentinnen und Teenager des Mittelstands. In den USA ist es soweit. Hier wird über die Hälfte aller Parfüms *versprüht.* Ein namhafter Teil des Betrages, der alljährlich für Kölnisch Wasser und ähnliche Wässer ausgegeben wird – er umfaßt immerhin etwa 84 Millionen Dollar –, wird nunmehr in derselben Zeit auch für Parfüms bewilligt.

Ich weiß nicht, inwieweit dies schon eine Folge der zarteren Appelle ist. Recht einleuchtend erscheint mir folgender Gedankengang: Als die Parfümindustrie noch überaus elegante Damen und Liebespaare der besonders begüterten Gesellschaft als Leitbilder brachte, dazu Wiedergaben recht kostspieliger Flakons, mochten Frauen aus weniger bemittelten Schichten häufig den Eindruck gewinnen, derart prunkvoll gebotene Köstlichkeiten – «ein paar Tropfen hinter das Ohr genügen» – seien offensichtlich nicht für sie, vielmehr ausschließlich für jene. Um diesen unerwünschten Eindruck zu vermeiden, ließen sich die Figuren aus der Welt des Überflusses nicht einfach durch solche aus der Welt der Arbeit, des Haushalts, des Büros oder des Fließbandes ersetzen. Diese als erfolgreiche Parfümbenützerinnen vorzustellen, hätte man in der Öffentlichkeit zweifellos als abwegig und unpassend empfunden – ganz abgesehen davon, daß es namentlich jene nicht gerade unempfindlichen Damen verübelt hätten, die nach wie vor wichtige Kundinnen der Parfümindustrie sind.

Will man einen Artikel *populär* machen, muß man darauf achten, daß man ihn nicht *vulgär* macht. Zwischen populär und vulgär besteht der Unterschied oft nur in einer Nuance, die das allgemein Beliebte auf besondere, zunächst gar nicht wahrnehmbare Weise vom Gewöhnlichen trennt. Doch verfolgen wir den Gedankengang weiter: In Schichten, wo Pralinen verhältnismäßig selten und meist nur zu festlichen Anlässen gekauft werden, wird erfahrungsgemäß viel Wert auf die Art der Verpackung gelegt. Hier soll es fast immer «etwas Besseres», dem nicht Verwöhnten Imponierendes sein. «Unsere Renommierpackungen», versichert ein Pralinenhersteller, «gehen zu einem nicht geringen Teil an kleine Leute, die auf Renommage, sei es vor anderen, sei es vor sich selbst, angewiesen sind.»

Halten wir das fest und stellen wir uns vor, die Parfümindustrie hätte für ihre neue Werbung eine weniger feine und weniger ätherische Note gewählt. Dann hätte diese auch kaum dem ätherischen Gegenstand des Angebots entsprochen, dann wären die Umworbenen möglicherweise auf den Gedanken gekommen, es handele sich gar nicht mehr um das kostbare Parfüm von einst. Grundsätzlich muß das Parfüm also sein ausgeprägtes Image behalten, es muß die Vorstellung von etwas außerordentlich Zartem und Erlesenem bewirken. Und diese Aufgabe scheint die Werbung im Geist der Rose zu erfüllen.

«Spectre de la rose» hieß das russische Ballett von Fokin, einst von Tamara Karsawina, ehemaliger Primaballerina am Petersburger Marientheater, zur Musik von Carl Maria von Weber aufs bezauberndste getanzt. «Geist der Rose» – wahrhaftig, welch ein Name für ein subtiles, an hauchhafter Sinnlichkeit nicht zu übertreffendes Erzeugnis! Und so ist es nicht abwegig, die Werbung der Parfümindustrie ganz auf diesen Geist des Beschwingten und Beschwingenden abzustellen.

Nur ... von einer Verabschiedung des Sex kann dabei keine Rede sein. Hat man doch lediglich den Sex-Appeal vornehmer Weiblichkeit durch ein noch vornehmeres Symbol ersetzt, das schließlich ebenfalls ein wenn auch indirekter Ausdruck des Geschlechtlichen ist. Einst war die Rose der Aphrodite geweiht, der Göttin der Schönheit, aber zugleich Dionysos, dem Gott der Fruchtbarkeit und des Weins. Und wie die alten Griechen, so empfanden auch die ihnen sonst so unähnlichen Germanen, auch für sie war der Geist der Rose aufs innigste dem Geist der Liebe verwandt. Ich weiß nicht, welche besondere Bedeutung die Rose in der Blumensprache der «höheren Töchter» hatte – es gibt so viele Rosen, aber soweit sie in jener Sprache berücksichtigt wurden, dürfte jede einzelne ein bekennendes Sinnbild der Sehnsucht gewesen sein.

Es ist nicht erwiesen, daß die Erfinder und Wegbereiter des Rosen-Appells in der Parfümwerbung dies alles bedachten. Aber es ist wahrscheinlich. Schon weil die Motivforscher, die man drüben wie einst die Götter vor jeder großen Entscheidung um Rat fragt, an der Schöpfung des überraschenden Symbolismus beteiligt sind.

Wahrscheinlich ist jedoch auch, daß auf Anzeigenbildern eines Tages die tief dekolletierten Damen aus der Sphäre des Luxus wiederkehren. Denn eines Tages wird man feststellen, daß die Rose Dornen hat. Und dann wird man wie ehedem die Realität dem Geist, das Sinnliche dem Sinnbild vorziehen. Korallenfarbige Lippen wirken schließlich doch eindringlicher als die Blüten einer offenen Rosenknospe. (Ich versprach, hierauf zurückzukommen.) In der Werbung kommt man immer auf das Unmittelbare zurück, auch wenn das Mittelbare treffliche Dienste tat. «Sex on the way out?» fragte eine amerikanische Fachzeitschrift. Aber da könnte man auch fragen: Stirbt die Menschheit aus?

Süß sind die Wünsche

Appelle an den Besitz- und Geltungstrieb

Man hat sich daran gewöhnt, die wirtschaftliche Entwicklung in Westdeutschland nach 1945 als eine Art «Wunder» anzusehen. Daß es zu dem zweifellos erstaunlichen Wiederaufstieg kommen konnte, hat verschiedene, hat materielle und immaterielle Gründe.

Dabei muß man den Deutschen zugestehen, daß sie mit dem ihnen verliehenen Pfunde, mit den ihnen geliehenen Geldern, hervorragend gewuchert haben. Und das wäre ohne ein entsprechendes immaterielles Vermögen, ohne förderliche Entwicklung geistiger und seelischer Kräfte nie möglich gewesen.

Allein – verwenden wir das soeben benützte Wort in einem anderen Sinne noch einmal: beginnt doch, nachdem man so erfolgreich mit seinem Pfunde gewuchert hat, das Erreichte, das allen Augen offenbare «Wirtschaftswunder», nunmehr seinerseits zu wuchern. Es ist, als ob sich ein mit viel Mühe und Talent entfesselter Prozeß geradezu automatisch fortsetze, wobei gewiß auch manches ins Kraut schießt, das man zunächst gar nicht, jedenfalls nicht so, erwartet hat und dem man gern Einhalt gebieten möchte.

Sumpfblüten pflegen jedoch in Zeiten großer Wirtschaftsblüten mitzugedeihen. Das ist ein unvermeidlicher Schönheitsfehler jeder wirtschaftlichen Hochkonjunktur. Die kulturellen Mächte haben hier selten oder nie die dem materiellen Lebensstandard gemäße Bedeutung; ein dem wirtschaftlichen Wunder ebenbürtiges kulturelles Wunder gibt es nicht.

Und fast alles, was man in Geschichtsbüchern über angeblich glückliche Epochen des Reichtums lesen kann, in denen die Künste und kulturellen Einrichtungen im selben Ansehen standen wie wirtschaftliche und politische Institutionen, erweist sich bei näherer

Prüfung als ein Märchen frommen Selbstbetrugs, als ein gar nicht verwirklichter Wunschtraum, der von sonst recht wachen Forschern mitgeträumt wird. Ist der Mensch doch, vor allem rückblickend, zu großen Übertreibungen fähig. In dem verständlichen Bedürfnis, sich wenigstens von Zeit zu Zeit im ungetrübten Glanz seiner Errungenschaften sonnen zu können, ist er sogar fähig, seine eigenen Übertreibungen als bare Münze und «objektive Wahrheiten» zu nehmen und sie guten Glaubens zu verteidigen.

Konflikt mit dem künstlerischen Gewissen

Daß die Künste im Zeichen des Wirtschaftswunders nicht so recht, jedenfalls nicht nach Wunsch gedeihen, liegt nicht zuletzt an der Tatsache, daß auch die Künstler Kinder ihrer Zeit und durchaus nicht ohne jene Schwächen sind, die wir als allzu menschliche bezeichnen und die paradoxerweise von je zur Stärkung wirtschaftlicher und politischer Mächte beitragen. Sobald die Künstler aufhören, ihre Schätze im Himmel zu sammeln – was gewiß nicht wörtlich, nicht einmal im übertragenen Sinne wörtlich zu verstehen ist –, sobald sie Geschmack am Erwerb und Genuß irdischer Güter finden, besteht immer die Gefahr, daß ihr Werk darunter leidet, ja, daß es am Ende völlig verwaist, weil es weder in seiner ursprünglichen Bedeutung noch in seinen beispiellosen Forderungen gewürdigt wird.

Natürlich gibt es Ausnahmen. Und diese Ausnahmen nennt man Genies. Man weiß aber auch, daß die Genies nicht in jeder Zeit vorkommen, und besonders, daß sie zwar Günstlinge der Natur – wie Kant sie nannte –, doch keineswegs Günstlinge der Massen sind. Ist die Originalität, ist die Fähigkeit, fast unbewußt wirklich Einzigartiges zu schaffen, in der Kunst das Charakteristikum des Genies, dann ist es kaum vorstellbar, daß ein so eigengearteter Mensch im üblichen Sinne mit der Zeit, gar mit dieser schnellebigen Zeit geht, und auch nicht, daß ihn seine schnellebigen Zeitgenossen besonders gut verstehen.

Eigentlich müßte schon ein *re*produzierender Künstler, sofern er als gefeierter Schauspieler, Regisseur oder Dirigent von einem Flugzeug ins andere steigt, infolge der ihn erfüllenden und umgebenden Turbulenz heute mit seinem künstlerischen Gewissen in Konflikt geraten. Aber die Masse ist zu sehr geneigt, auch in ihm ein vorangehendes *Leitbild* zu sehen und dabei übrigens die Tatsache zu übersehen, daß mit dieser übertriebenen Wertung reproduzierender Kräfte die wirklich schöpferische Leistung beträchtlich in den Hintergrund gerät.

Wenn jedoch auch produktive Künstler durch für sie tätige Manager oder Organisationen den Anspruch erheben, mehr an den greifbaren Vorzügen der Epoche beteiligt zu werden, droht ihnen gewiß das Schicksal *aller* daran Beteiligten, und weil sie von Natur naschhaft, labil und hemmungslos sind, droht es ihnen besonders. Auch sie werden merken, daß der Appetit beim Essen kommt. Möglich, daß sie sich durch ein Zuviel den Appetit verderben und verhältnismäßig schnell die ihnen gemäßeren Bahnen finden. Aber solange sie stolz auf einen schnittigen Wagen sind, sind sie stolzer darauf, als es ein anderer sein könnte – darf es sie dann wundern, daß die anderen die schöpferische Kraft vor allem durch die finanzielle und durch die Zahl der PS repräsentiert sehen?

Ach, all das ist in der Frage ausgedrückt, die ein Broadway-Star, der alle Abende volle Kassen macht, einem europäischen Kollegen stellte: «Na, wieviel Dollars macht er denn, euer Karajan?»

Die Verbürgerlichung des Proletariats

Doch das Interessanteste und Auffallendste ist nicht der schrankenlose Materialismus, ist nicht der nüchterne Geschäftssinn so mancher Künstler. Weitaus interessanter und im ganzen wichtiger ist zweifellos die unaufhörliche, inzwischen schon weit fortgeschrittene Verbürgerlichung des Proletariats. Sie gehört gewissermaßen zur Ausgangsbasis des Wirtschaftswunders, aber bestimmt zur Sicherung seines Fundaments.

Diese Verbürgerlichung des Proletariats ist eine der unblutigsten Revolutionen, die je stattgefunden haben. Wurden doch aus erbitterten Gegnern des kapitalistischen Systems der «Besitzenden» ebenfalls besitzende, ihren Besitz verteidigende Anhänger desselben Systems. Man zog den einst so klassenbewußten Kämpfern den eigentlichen Kampfboden weg. Mit dem nebelhaften Fernziel einer klassenlosen Gesellschaft gab man ihnen – nicht nur in der Form von Volks- und Kleinaktien – Anteile an einem fruchtbareren Boden. Es blieb ihnen nur die Aufgabe, diese Anteile zu vermehren. Eine überraschende Perspektive, die den einstigen Klassenkämpfern völlig unvertraut war.

Den werktätigen Schichten die kapitalistische Welt in immer höherem Maße zu erschließen, war gewiß das Klügste, was führende Wirtschaftler empfehlen konnten. Aber selbst die Klügsten der Klugen haben wohl kaum geahnt, wie sehr und vor allem wie schnell sich der folgenschwere Schritt zur «Verteilung der Reichtümer dieser Welt» auch zu ihrem eigenen Wohle, zur Steigerung schon vorhandenen Reichtums auswirken würde.

Jede Eigentumsbildung ist der Wirtschaft förderlich, jeder Schritt zu einem höheren Lebensstandard ist zugleich ein Schritt, der die

Produktion beflügelt. Nur wenn immer weitere Schritte in dieser Richtung, das heißt immer höhere Ansprüche in *jeder* Richtung, ermöglicht werden, finden Erzeuger und Verteiler die Absatzmärkte, die sie brauchen.

Nichts ist für die Existenz, ist für die Sicherheit des Gesamtgefüges so notwendig wie: den Verbraucher in seiner Konsumfähigkeit, aber auch in seiner Konsumfreude zu erhalten. *Das* ist die Situation, in der wir leben.

Konsumfähigkeit und Konsumfreude erhalten? Das ist zuwenig. Unablässig *gesteigert* müssen sie werden. Und fast jedes Mittel, das eine weitere Steigerung bewirkt, ist in einer solchen Lage – die man nach allem natürlich auch als Zwangslage bezeichnen kann – durchaus willkommen; vorausgesetzt, daß es ein probates und nicht etwa ein zweischneidiges Mittel ist. Denn die Zahl der Mittel, bei denen sich ein offensichtlicher Nutzen mit gar nicht so offensichtlichen Gefahren verbindet, ist groß.

Doch hat auch die Eroberung des Verbrauchers durch die Wahl geeigneter Mittel inzwischen gewaltige Fortschritte gemacht. Als eins der wirksamsten hat sich die anregende Darstellung und «Ausmalung» jener *Leitbilder* erwiesen, die schon früher in der Werbung, besonders zur Empfehlung gewisser Luxuswaren, verwendet wurden. Aber früher waren derartige Bildappelle meist auf die speziellen Bedürfnisse, damit auch auf den speziellen Geschmack ganz bestimmter und nicht sehr großer Schichten abgestimmt.

Das ist mit der außerordentlichen Erweiterung kaufkräftiger Schichten anders geworden, was zunächst jedoch nur besagt, daß die *Bedeutung* der Leitbilder zugenommen hat. Denn dem *Wesen* nach sind die Bilder – und das ist gewiß etwas Überraschendes – dieselben geblieben.

Unverwüstliche Leitbilder

Bilder eines bestimmten gesellschaftlichen Milieus, das ehedem für die Mehrzahl der Menschen noch etwas Irreales oder geradezu Phantastisches hatte, haben früher eigentlich nur *die* angesprochen, die schon selbst in einem solchen oder in einem ähnlichen Milieu lebten. Heute hingegen finden diese Bilder die besondere Aufmerksamkeit derer, die erst oder stärker in das Milieu hineinzukommen suchen. Und das sind viele. Sind auch viele von denen, die nie hineinkommen werden. Haben sie doch den Glauben, daß es ihnen irgendwie gelingen wird. Und jedesmal, wenn sie die Leitbilder auch nur ein wenig nachahmen, wenn sie auch nur einen winzigen Teil der verlockenden Traumwelt verwirklichen können, werden sie in ihrem Glauben bestärkt.

Da es sich im Grunde «nur» um eine Geldfrage zu handeln scheint, die allerdings für die meisten fatalerweise mit einer Zeitfrage verkoppelt ist, verbreitet sich die Auffassung, daß eigentlich alles eine Frage des guten Willens und der entsprechenden Zähigkeit sei. Und tatsächlich sind manche energisch und zäh genug, um sich das Leitbild insgesamt Schritt für Schritt und Stück für Stück anzueignen, zumindest jedoch den äußeren Glanz. So weit hatte Richard Dehmel nicht gedacht, als er seinen damals noch sehr klassenbewußten Arbeitsmann das Lied vom Zeitmangel singen ließ. («Uns fehlt nur eines, mein Weib, nur Zeit!») Jener Arbeitsmann hatte andere Sorgen, namentlich die um eine befriedigende Freizeitgestaltung war völlig unbekannt.

Inzwischen hat sich das Weltbild für alle geändert. Und auch der Werbungtreibende, der lediglich Pfennigware anzubieten hat, kann es unbedenklich mit Hilfe von Leitbildern tun, deren Figuren den

Eindruck erwecken, daß Pfennige keine Rolle spielen. Der Anblick der großen Welt beleidigt die kleine nicht mehr, und die in der großen Welt leben, zeigen sich, zumindest bildlich, von der gewinnendsten Seite. Sie laden ein, es ihnen gleichzutun. Und wer könnte solcher Einladung widerstehen oder sie gar in einer Zeit übelnehmen, da jeder Fortschrittler den Zauberstab zum wachsenden Wohlstand besitzt?

Wo man auch hinsieht – auf den Anzeigenseiten der Illustrierten, auf den Fernsehschirmen, auf Packungen und Plakaten, überall trifft das Auge Bilder, die jene überaus glücklichen und überaus sympathischen Menschen zeigen, denen es gelungen ist, dem Dasein vermöge eines neuen Fußbodenbelags oder eines bequemen Polstersessels die schönsten Seiten abzugewinnen.

So viel zur Schau gestelltes Wohlbefinden muß allmählich, auch infolge seiner Penetranz, an Wirkung verlieren und schließlich selbst die Aufnahmefähigkeit derer übersteigen, die sich nicht satt sehen und nicht satt *sehnen* können. Die Monotonie der Appelle, seien diese im einzelnen noch so lebendig, muß auf die Dauer ermüden.

Sollte man glauben. Und viele Fachleute glauben es. Aber während diese das Maß des Erträglichen erreicht, gar schon überschritten sehen, ist es für die anderen, für die Umworbenen, die keine Fachleute sind, bei weitem nicht voll.

Die Vorstellung von der menschlichen Dummheit mag eine ganz gute Vorstellung von der Größe der Unendlichkeit geben, aber vergessen wir nicht: Schier unendlich ist auch der Geltungshunger der Menschen und in dieser Dingwelt unlösbar mit dem Besitzwunsch nach zahllosen Dingen verknüpft. Wie eine Mühle, um zu mahlen, des Wassers, des Windes oder eines sonstigen Antriebs bedarf, so bedürfen die Menschen, um wirken zu können, irgendeiner Bestätigung oder Anerkennung. Besitz kommt dann zu Besitz, weil durch Besitz das Ansehen steigt, was wiederum Energie auslöst.

Geld, das sich darstellt

Nun hängt das Wort Geld mit dem Wort Geltung zusammen. In einer Zeit, da ein Wirtschaftswunder das größte, jedenfalls das am meisten zitierte Wunder ist, muß das Geld, das die Pulskraft der Wirtschaft bestimmt, eine wunderbare und auch Wunder verheißende Rolle spielen. Man kann sich darüber beunruhigen oder darüber mokieren, aber man kann es in einem vorwiegend ökonomischen Zeitalter kaum anders erwarten.

Sagt man, was man immer wieder sagt, nämlich, in unserer Epoche sei es nun so weit, daß an die Stelle der Muskelkraft die Geldkraft getreten ist, dann sagt man eigentlich nicht das, was man meint. Ist doch die Muskelkraft weit mehr rohe Zufallskraft und nicht wie Geldkraft an Voraussetzungen gebunden, die oft gar nicht einfach zu bewirken sind. Zudem ist es etwas ganz anderes, ob man Muskelkraft oder Geldkraft spielen läßt: Geld, das sich darstellt, kann sich auch in *immateriellen und kulturellen* Leistungen darstellen.

Es ist demnach abwegig, geringschätzig von der Geldkraft zu sprechen, nur weil ihr direkt wie indirekt und mitunter, zugegeben, in sehr übertriebener Weise gehuldigt wird. Dem Geiz, der Wurzel alles Übels, huldigt man nicht. Und man sollte sein Bedauern wohl auch mehr darüber aussprechen, daß die *Geisteskraft* nicht in dem Ansehen steht, das ihr zweifellos zukommt, aber solches Ansehen genoß, von einigen schon fast sagenhaften Epochen abgesehen, die Geisteskraft nie. Denn der Geist kann sich nur geistig darstellen, und in dieser ihm einzig gemäßen Form wird er lediglich von Geistigen verstanden, so daß ihm jede weitere Anerkennung versagt bleibt.

So ist es für die gesellschaftliche Position, für das Ansehen fast jedes einzelnen entscheidend, über wieviel Konsumkraft und Besitz er verfügt. Doch das interessiert die noch nicht so Konsumkräftigen und noch weniger Besitzenden am meisten, jedenfalls mehr als die Saturierten. Aber selbst bei diesen haben die Wünsche Junge, so daß es am Ende überall und immer darauf ankommt, das Begehren wachzuhalten und unaufhörlich an den damit verbundenen Geltungstrieb zu appellieren.

Daß die alten Leitbilder ihre Zugkraft – im wesentlichen – behielten, entspricht einer Grundeigenschaft des Menschen, an die von jeher in gewissen Heldengeschichten, in Indianer- und anderen Geschichten mit großem Erfolg appelliert wird. Auch die Märchen vom Glück sowie die Romane für Backfische und für solche, die im fortgeschritteneren Alter Backfische blieben, gehören hierher.

In der Kindheit entwickelt beinahe jeder Mensch, gleich welchen Geschlechts, einen Hang zu jenen Träumereien, in denen er selbst die Rolle des Helden oder der Heldin spielt. Und er ist voller Hoffnung, die anspruchsvolle Rolle auch einmal in Wirklichkeit übernehmen zu können. Sieht er, daß die Hoffnungen nicht oder nur zu einem geringen Teil in Erfüllung gehen, macht ihm die Tatsache, daß dies das Schicksal fast aller Hoffnungen ist, die Enttäuschung leicht. Es gelingt ihm, das Leitbild seiner Jugend, das einmal so viel Begeisterung erweckte, als Schwärmerei eines noch Unerfahrenen abzutun, um es schließlich in den prosaischen Aufgaben des Alltags zu vergessen.

Das ist der übliche Vorgang, der die Menschen reifen und «vernünftig» werden, der sie Illusionen verabschieden und den Blick immer mehr auf das Nächstliegende und Zweckmäßigste richten läßt. Allein ... obwohl kaum jemand es zugibt, scheint doch fast jeder Erwachsene bei einiger Selbsterkenntnis festzustellen, daß die ursprüngliche Begeisterungsfähigkeit keineswegs völlig erloschen, vielmehr noch im Inneren als ständig schwelende und wohl leicht zu entfachende Flamme da ist. (Nur der ganze Mensch ist nicht mehr so leicht zu entflammen.) Auch die ehedem sosehr verehrten Idealfiguren sind noch da – obwohl sie inzwischen statt eines indianerhaften Kopfschmucks vielleicht einen etwas in den Nacken gerückten Homburg tragen. Die Vorbilder der Weiblichkeit befinden sich nach wie vor meist unter jenen Filmstars, die gerade Karriere machen.

Überhaupt der Film. Man erinnert sich, mit welchem Welterfolg die gelästerte Traumfabrik Hollywoods auf vollen Touren lief. Das Geheimnis ihrer Wirkung bestand vor allem darin, die ständig schwelende Flamme für eine Stunde oder länger zu entfachen. Es gelang durch ziemlich simple Appelle, durch Reizbilder, die einem vom Leben enttäuschten Publikum Gelegenheit gaben, sich mit irgendwelchen Helden und Heldinnen zu identifizieren. Das war jedenfalls eine der großen Maschen Hollywoods, wie sie auch von der deutschen Ufa einst mit beachtlichem Geschick gemeistert wurde. Und sie hätte sich gewiß weiterhin bewährt, wäre man mit dem Salz der Einfälle sparsamer und einfallsreicher in den Variationen eines unerschöpflichen Themas gewesen.

Denn der Mensch *will weiterträumen*. Und er hat es gar nicht gern, wird ihm in aller Öffentlichkeit und mit aller Offenheit versichert, daß er damit einem Laster nachgeht, welches er mit seiner Jugend überwunden haben sollte. Wenigstens zur Unterhaltung möchte er das Dasein anders, als es ist, schöner und sorgloser, voll verlockender Möglichkeiten, die auch ihm eine Chance des Erlebens durch Miterleben bieten.

Also kommt es tatsächlich darauf an, daß er sich jeweils zur Genüge, bis zur absoluten Selbstbefriedigung, in die Person ihm vorgeführter Figuren, Film- oder Romanfiguren, versetzen, daß er fremde Situationen als eigene Situationen empfinden kann. Es darf ihm dabei sehr wohl fast an den Kragen gehen, aber eben nur *fast*.

In dem Maße, wie aus der passiven Rolle des Zuschauers (oder Lesers) die aktive, in ihrer Art schöpferische des Mithandelnden wird, wächst auch das Bedürfnis nach einem Happy-End. Es ist der Wunsch, nicht nur mit heiler Haut, vielmehr *glücklicher* als zuvor, daseins- und unternehmungslustiger in das alltägliche, weit weniger spannende Leben entlassen zu werden.

Diese kindliche und verlangende Einstellung des Durchschnittsmenschen, des Menschen schlechthin, erklärt seine Abneigung gegen jede Art von Elendsstücken, überhaupt gegen jede Kunst, bei der er nicht mitgehen, bei der er seine Person nicht mit einer agierenden Person identifizieren, sein Ichgefühl nicht steigern kann.

Das also wissen wir. Und jeder Werbungtreibende, der mit Leitbildern zu wirken sucht, weiß oder ahnt es ebenfalls. Er zeigt *nicht* «Menschen wie du und ich», er zeigt Menschen, die so sind, wie du und ich sein möchten. Auf den Höhen des Lebens. Durch einen Rasierer. Durch eine Waschmaschine. Das ist egal.

Das ist insofern egal, als die Menge der Umworbenen weder die Übertreibung im Bild noch die offensichtliche Kluft zwischen Ursache und (angeblicher) Wirkung übel vermerkt; es kommt ihr nicht in den

Sinn, an dergleichen einen vernünftigen Maßstab anzulegen, es lächerlich oder absurd zu finden. Was ihr in den Sinn kommt, ist die Vorstellung von einem schöneren und bequemeren Leben, ist die Überzeugung: «Nur wer im Wohlstand lebt, lebt angenehm!»

Der große Vorzug der Reizbilder besteht darin, daß sie bei aller phantastischen Aufmachung durchaus reale Erlebensmöglichkeiten andeuten. Ist doch zumindest der abgebildete und mit dem Bild empfohlene Rasierer echt . . . Aber der Herr, der ihn so elegant und heiter handhabt, gibt es diesen Herrn etwa nicht?

Lauter glückliche Menschen

Weil man zutiefst möchte, daß er existiert und eine gewisse Ähnlichkeit mit ihm erreichbar, jedenfalls nicht außer Möglichkeit ist, darum glaubt man an ihn. Wie an die strahlende Mutter, die sich dank ihrer Waschmaschine, aber natürlich nicht allein dank ihr, so überaus jung erhalten hat, wie an den plattenspielenden Teenager, der sich beim Musikgenuß so kapriziös auf seiner Couch zu lümmeln weiß, wie an die bezaubernde Garten-Party, zu der die geladenen Freunde mit einer Begeisterung kommen, die ihren offensichtlichen Neid auf die neuen Schaukeln übersehen läßt. Lauter glückliche Menschen!

Alle diese Reizbilder haben, wem sie auch dienen, gegenüber Hollywoods Kintoppbildern einen außerordentlichen Vorzug, indem sie sich jeweils mit einer Anregung begnügen. Enthält der Anzeigenteil einer Illustrierten noch so viele Anregungen – es wird immer nur *eine* Tür aufgetan, und es ist dem Angesprochenen und Umworbenen überlassen, ob er durch diese Tür eintreten oder noch ein paar Schritte weiter ins Traumland gehen und träumen will. Aber es sind *seine*

Träume, die er dann träumt. Doch vielleicht zieht er es statt dessen vor, eine ganz andere Tür, z. B. eine sehr reale Ladentür, aufzumachen und damit einen entscheidenden Schritt zur Verwirklichung seines Wunschtraums, und das heißt wohl: zur Verschönerung und Vervollkommnung seines Lebens, zu tun.

Mancher läßt einen solchen Appell hundertmal auf sich wirken, ehe er gewahr wird, daß sich inzwischen ein Wunschtraum in ihm gebildet hat. Hundertmal sah er den eleganten Herrn mit dem flotten Mantel, aber erst, als er ebenfalls einen derart flotten Mantel besitzt, wird ihm klar, daß er eigentlich auch das Auftreten des eleganten Herrn kaufen wollte. Nun, es wurde ihm natürlich nicht mitgeliefert, doch jetzt versucht er sich auf seine Weise darin. Tausende und aber Tausende versuchen sich darin. Und die Welt wird nicht häßlicher dadurch, wenn auch keine Hoffnung besteht, daß sie am Ende von lauter eleganten Herren erfüllt ist.

Doch ebenso die Dame. Sie ist gewiß nicht unempfänglich für die zahllosen Appelle, die sich mit Leitbildern gleicher Intensität an ihren Schönheitssinn, an ihre Eitelkeit und an ihren Geltungstrieb wenden. Sie möchte das auch gar nicht sein. Schmeicheleien sind ihr ein Genuß. Träumereien nicht minder. Und sie möchte gern wissen, was man trägt, möchte es auch wohl selber tragen, doch ist der Einfluß von Reizbildern, die der Einführung einer neuen Mode dienen, bei weitem nicht so stark, wie man aus der Vielfalt solcher Bilder schließen könnte – worauf Georg Bergler als einer der ersten verwiesen hat.

Man sagte – und sagt es immer wieder –, daß die Möglichkeit, eine Mode überall gleichzeitig einzuführen und auch schon aufs billigste zu konfektionieren, eine bedauerliche Einförmigkeit der weiblichen Erscheinungen (denn um diese handelt es sich hauptsächlich) bewirken müsse. Aber die antreibenden Kräfte in der Textilindustrie, die nicht immer die schöpferischen sind, haben den Bogen anscheinend überspannt.

Grundsätzlich ist die Mode natürlich ein einzigartiges Mittel, den Absatz zu beleben und im Fluß zu halten; sie ist zweifellos nicht nur wirtschaftlich, sie ist auch kulturell willkommen. Je rascher sie wechselt, desto weniger kann der Eindruck des Uniformen entstehen. Während die einen, wenn vielleicht auch ungern, noch dem Stil von gestern die Treue wahren, sind andere schon bereit, dem Stil von morgen zu folgen.

Geht der Wechsel jedoch allzu rasch, folgen die Stile zu schnell aufeinander, dann läuft die Mode schließlich ihrem Publikum fort. Eine immer größere Zahl von Konsumentinnen geht nicht mehr mit, und aus Verärgerung darüber, daß sie nicht mehr mitgehen kann, geht sie womöglich in Protest.

Grenzen der Mode

Wenn Modeschriftstellerinnen, die nolens volens, mitunter aber durchaus bewußt, die Interessen der Textilwirtschaft – nicht die der Konsumentinnen – vertreten, allzu diktatorisch erklären, dieses oder jenes, das sie kurz zuvor begrüßt und äußerst gepriesen haben, könne man unmöglich noch tragen, dann werden sie aus Schrittmacherinnen zu Bremserinnen. Einfach weil sie eine Reaktion des Dennoch bewirken. Man trägt es eben dennoch. Und ist vielleicht noch stolz darauf.

Obwohl man es einst für völlig unmöglich hielt, wird die sogenannte Launenhaftigkeit der Mode nunmehr durch eine gewisse, wahrhaftig nicht kleinliche Ratio ihrer sonst so eifrigen Mitläuferinnen begrenzt –

eine Grenze, die sich auch mit Hilfe attraktivster Reizbilder nicht mehr überspielen läßt.

In einer für sie charakteristischen Neuerungssucht, die allerdings ein industriell gefördertes Merkmal der gesamten Zivilisation ist, sucht die moderne Konsumentin gewiß unaufhörlich nach den neuesten Leitbildern, und was sie findet, mag auch neu sein, dies heißt jedoch nicht, daß es wirklich lebensfähig ist. Und ein zu großes Risiko, gar eines nach dem anderen, möchte die Konsumentin natürlich nicht eingehen. Vielleicht wird sie durch das Papierkleid aus dem Dilemma befreit, aber heute ist es noch nicht soweit. Und wenn es je soweit kommen sollte, wird es wohl nur eine Zwischen- oder eine Art Verlegenheitslösung, kaum eine vollkommene Lösung sein.

So isoliert sich die Mode immer mehr. Sie gibt den Ton an, und auf den Ton wird gehört, aber ob der Einsatz eines ganzen Orchesters erfolgt, ist ungewiß. Zunächst erscheint eine bestimmte Mode als das Vorbehaltsgut einiger weniger, aber selbst diese sind ihrer Sache nicht mehr so sicher. Denn ihre Mode ist nicht allein. Die Tatsache, daß ihr andere Moden den Führungsanspruch streitig machen, ergibt eine ungewöhnliche, für alle Teile ungemütliche Situation.

Jedenfalls nehmen die vielfältigen Appelle der Mode, von deren Zuverlässigkeit man ehedem sosehr überzeugt war, nicht in dem Maße an Wirkung zu, wie die Zahl derer zunimmt, die solchen Appellen grundsätzlich folgen könnten. Die Teilnahme bleibt oft erstaunlich platonisch. Das «Ich-mache-nicht-mehr-mit» führt im übrigen zu einer Festigung jenes klassischen Stils, der von je, zumindest bei gewissen Kostümen und Mänteln, neben anderen Stilen lebensfähig blieb und der sich als Leitbild eigener Art bis heute den anscheinend unzerstörbaren Ruf des zeitlos Vornehmen erhalten hat.

Reizbilder oder Facts?

Nun aber kommt – mit einer schon seit Jahren zu hörenden Voraussage – der Einwand, daß alle derartigen Gefühlsappelle demnächst an Wirkung verlieren, weil der Konsument angeblich wieder eine rationalere Einstellung zur Umwelt, damit auch zu den Angeboten der Werbungtreibenden gewinnt. Diese Wandlung, heißt es, werde bewirken, daß die Mark – vom Pfennig nicht zu reden – weniger locker sitzt und daß die bisher so rapid gewachsene Neigung zu von Reizbildern ausgelösten Impulskäufen immer mehr zu schwinden beginnt.

Fragen: Hat der moderne Mensch je eine besonders rationale Einstellung zu seiner Umwelt besessen? Wer hat sich denn im Auftakt der Industriewirtschaft um die Grundeinstellung der Verbraucher gekümmert? Wer hat sie zu erforschen versucht?

Und warum sollte der Mensch gerade jetzt eine rationalere Einstellung zur Umwelt bekommen, und warum sollte ihn diese für die Appelle von Leitbildern unempfänglich machen?

Man kann doch nicht mit allen möglichen wissenschaftlichen Hilfsmitteln den Beweis dafür erbringen, daß der Verstand beim Kaufentschluß weit weniger entscheidend ist als das Gefühl und daß der Prozentsatz der reinen Impulskäufe ständig zunimmt, um an solche Feststellungen – *ohne* Angabe von überzeugenden Gründen – die Behauptung zu knüpfen, daß dies selbstverständlich nicht ewig so weitergehe, daß vielmehr mit einem *baldigen* Wechsel in den Verhaltensweisen zu rechnen sei.

Es gehört offenbar zu einem gewissen Prinzip, mit dergleichen zu rechnen, und einmal wird die Rechnung ja auch aufgehen. Denn wer spricht von «ewig»?

Doch gar nichts spricht dafür, daß der Wechsel, der natürlich auch über Nacht durch unvorherzusehende Ereignisse höherer Gewalt herbeigeführt werden könnte, *demnächst* bevorsteht. Gar deshalb bevorsteht, weil der Konsument seines bisherigen Verhaltens überdrüssig ist, ihm sozusagen die Augen über seine eigene Unvernünftigkeit aufgehen und er daher nicht mehr durch Reize animiert, sondern durch Facts unterrichtet werden will.

Die prophezeite Aufklärungsepoche bricht nicht an, um Werbeleuten, die zur Vernunft der Verbraucher Vertrauen haben, endlich den Start einer vernünftigeren Werbung zu ermöglichen. Zahlreiche Werbeleiter glauben tatsächlich, daß sich die Umworbenen als vernunftbegabte Wesen lieber Punkt für Punkt überzeugen als durch ewig gleiche Reizbilder verführen lassen. Doch die Konsumenten haben einen derartigen Wunsch bisher, wenn überhaupt, nur in einer Art geäußert, die deutlich zu erkennen gab, wie sehr sie sich über sich selber und damit auch über ihre Kaufmotive täuschen.

Die Werbeleiter dürften sich hingegen nicht oder nicht mehr darüber täuschen, wie sehr die technische Entwicklung die einzelnen Erzeugnisse einer besonderen Originalität und sachlich interessanter Verkaufspunkte beraubt. Es ist richtig, aber nicht notwendig, daß die Leit- und sonstigen Reizbilder einander allzusehr gleichen, aber es ist auch richtig und nicht vermeidbar, daß die Erzeugnisse hinsichtlich ihres Sachnutzens immer gleichwertiger werden. Aus *diesem* Grunde – und nicht nur, weil die Verbraucher emotional leichter verführbar sind – ist der gefühlsmäßige Zusatznutzen immer mehr zum Ausgangs- und Angelpunkt der Werbung geworden.

Wir sind hier rein verstandesmäßig an das Problem herangegangen. Ich habe den Kausalzusammenhang aufzuzeigen oder doch anzudeuten versucht, der zwischen dem Menschen als Menschen wie als

Kind seiner Zeit und seinem besonderen Verhalten als Homo oeconomicus besteht. Und ich vermag keine unerklärliche Lücke in dem Zusammenhang zu sehen.

Aus der Tatsache, daß selbst starke Kaufkraft durch Realisierung größerer Traumgüter, etwa durch Anschaffung eines Traumwagens oder durch Bau eines Traumhauses – beide durchweg eine Nummer zu groß!–, vorübergehend gebunden und daß der so überbeanspruchte Konsument zur Zähmung seines sonstigen Verhaltens gezwungen wird, darf man noch nicht den Trugschluß ziehen, eine neue Ära der Konsumwirtschaft, der Askese und der Sparsamkeit sei im Anbruch.

Erstens sind es, im ganzen gesehen, immer nur wenige, die sich zu *einer* Zeit derart ihren höchsten Traumzielen nähern, zweitens ermöglicht dies anderen, und zwar einer größeren Zahl von Konsumenten, sich ihrerseits die Erfüllung weniger kostspieliger Wünsche zu gestatten. Diese, die ihre Ziele, zumindest vorerst, weniger hoch gesteckt haben, daher auch weniger finanziell beansprucht sind, reagieren nach wie vor in gleicher Weise auf die an ihren *Geltungstrieb* gerichteten Appelle. Besagt das übrigens nicht, daß sie für viele Werbungtreibende interessantere Verbraucher sind als jene, deren Kaufkraft durch den Aufwand eines Superwagens oder eines Superhauses – den sie sich eigentlich gar nicht leisten können – allzusehr geschwächt ist?

Um so kurioser wirkt es, wenn Anzeigenträger ihre Bedeutung für Werbungtreibende besonders damit zu begründen suchen, daß ein hoher Prozentsatz ihrer Leser laut Analyse im Besitz eines großen oder doch eines mittleren Wagens sei. Man weiß ja, wie viele dieser Wagen unter Opfern und «auf Stottern» erworben und unter nicht geringeren Opfern gehalten werden. Entweder gut essen und gut kleiden oder gut, d. h. repräsentabel fahren. Alles zusammen ist seltener, als es den Anschein hat. Eine Analyse könnte ergeben, daß die Besitzer von Traumhäusern und Traumwagen wirklich weniger konsumfähig sind als Leute, die ohne derartige Belastungen konsumfreudiger leben.

Das Mißtrauen gegenüber der Konjunktur

Und dann das Gerede vom «zwangsläufigen Konjunktur-Zyklus mit seinen unvermeidlichen Krisen»! Erinnert man sich des einst berühmten Konjunkturbarometers vom Harvardinstitut und wie es nur bis 1927 seine Funktion erfüllte? Von diesem Jahr an entwickelten sich die wirtschaftlichen Ereignisse in einer Weise, die durch jenes Barometer «nicht mehr erklärbar» war.

Dennoch: Hut ab vor dem noch verhältnismäßig jungen Zweig der Wirtschaftswissenschaft! Es ist gut, daß es ihn gibt. Sind auch der absolut stichhaltigen Ergebnisse – im Verlauf von über 60 Jahren – nur verhältnismäßig wenige, so handelt es sich doch um Arbeit an einem aufschlußreichen Material. Und ist es nicht ein interessantes Ergebnis, daß der Rückblick auch hier lehrt: Aus einem Rückblick ist immer nur mit Vorbehalt zu lernen? Sobald eine Materie nicht exakt berechenbar ist, weil unberechenbare Wesen, sogenannte beseelte Wesen, mit im Spiele sind, wird der Ausgang des Spieles ungewiß.

Und erinnert man sich noch der verschiedenen Kaufwellen, der Freß-, der Kleidungs-, der Möbel- und der Reisewelle? Man muß sich wohl erinnern, denn diese Wellen sind nie völlig verebbt. Aber schon während der zweiten wurde prophezeit, der jeweils von einer solchen Welle erfaßte Markt müsse infolge der «Irrtumstheorie», nämlich infolge des Irrtums über die Kontinuierlichkeit des Bedarfs, in eine gefährliche Krise geraten? Zu schnell bemühe man sich, den Produktionsapparat der Nachfrage anzupassen . . .

Und bei der letzten Welle sagte man, nun müsse gemäß der «Unterkonsumtionstheorie» auf *allen* Märkten eine rückläufige Bewegung mit Geld- und Gründungsschwierigkeiten beginnen. Statt dessen bildete die Reisewelle mit der Campingbewegung einen zusätzlichen Markt, dessen Bedürfnisse sich noch fortgesetzt steigern, wobei der Anspruch auf Komfort in einem gewissen Gegensatz zur ursprünglichen Parole der Bewegung steht.

Primitivität mit Komfort

Einer, der fest an die Macht des Marketing glaubt, schrieb im Januar 1962: «Camping, das der Verpackungswirtschaft ungeheure Impulse gab, wurde nicht von Naturfreunden gewünscht und erfunden, sondern von erfahrenen Marketing-Leuten geschaffen und dem Publikum vorgesetzt. Damit wurde ein Bedürfnis geweckt, ein neuer Markt, ja eine neue Industrie geschaffen, die noch ungeheure Entwicklungsmöglichkeiten hat.»

Nun, so kann man die Entwicklung auch sehen, aber ich glaube nicht, daß sie so verlief. Der Anstoß zur Campingbewegung ging nicht von der Wirtschaft und den Marketing-Leuten aus – den eigentlichen Anstoß gab das, was man als «Malaise» bezeichnet, ein tiefes, weitverbreitetes Unbehagen am Fortschritt, an der Zivilisation, mitunter sogar: an der Kultur.

Wieder einmal regte sich die alte Sehnsucht nach Romantik, Abenteuer und Idylle, nach Wandervogel- oder Trappertum. Doch diesmal regte sie sich – als Reaktion auf die gesteigerte Mechanisierung und Automatisierung – besonders stark und auch, weil man den Weg ins Freie durch eigene PS-Stärken vereinfacht fand. Mit Rousseau oder schon früher hatte die sentimentale, inzwischen aufs beste organisierte Flucht an den Busen der Natur begonnen, wo es sich der moderne Mensch nunmehr seltsam eingerichtet hat.

Und dies ist zweifellos ein Verdienst der Marketing-Leute: Sie haben die wirtschaftliche Nutzbarkeit der Sehnsucht zum Primitiven erkannt und, weil sie auch die Psyche ihrer Mitmenschen kannten, daraus in großartiger Weise Kapital geschlagen.

Denn wieso schleppen die Städter gerade das, wovon sie sich ursprünglich befreien wollten, mit in die Landschaft? Und warum sucht ein Zelt das andere, eine Einrichtung die andere zu übertrumpfen? Hier Kühlschrank und Grill, dort Bar und Fernsehgerät. Rundfunk selbstverständlich.

Auch das ist die Folge von Appellen an den Geltungstrieb. Primitivität mit Komfort. Man könnte darüber lachen. Man könnte sagen, es sei Wasser auf Vance Packards Mühle und wieder ein Beweis für die List der geheimen Verführer.

Aber die Verführten fühlen sich *nicht* überlistet. Ohne einen gewissen Luxus, ohne die Abwechslung neuer Sports hätten sie das Dasein auf dem flachen Boden der Natur doch nicht ausgehalten. Und Imponieren macht gerade in der Freizeit froh; es ist ein modernes Gesellschaftsspiel, bei dem anscheinend alle Beteiligten auf ihre Kosten kommen.

Jene ebenso systematischen wie skeptischen Propheten stützten sich bei ihren Prognosen vor allem auf die Ergebnisse einer mathematischen Statistik – aus einer gewissen Regelmäßigkeit einstiger konjunktureller Ereignisse zog man seine Folgerungen hinsichtlich der künftigen Entwicklung. Aber die Wissenschaft vom lebendigen Menschen hat, so scheint's, die Wissenschaft von den Zahlen und Zahlenreihen überflügelt. Und die der Motivforschung gehört hier im besonderen Maße dazu.

Zunächst wußte man ja nicht, wie sich der Verbraucher unter dem Eindruck des Erfahrenen und des noch unerfahrenen Neuen, des Wirtschaftswunders eben, wandeln und wie er sich gegenüber kommenden Dingen, z. B. in der inzwischen gewonnenen Freizeit, verhalten würde. Da gab es allerlei offene Fragen, auf die sich mit Hilfe der Geschichte und der Mathematik keine Antwort finden ließ.

Und obwohl die Methode, mit dem Appell von Leitbildern zu werben, im Grunde ziemlich alt ist, hatte man sich nicht genügend mit ihr befaßt, um sie fortgesetzt *verjüngen* zu können. Schließlich hatte man zwei «Kleinigkeiten» vergessen, nämlich daß Wohlstand – wenigstens bis zu einem gewissen Grade – wohlstandshungrigen Nachwuchs garantiert *und* daß er zu seiner Erhaltung, nicht nur zu seinem Schutz, mit einer Rüstungswirtschaft verbunden ist, die eine gewisse Krisensicherheit gewährt. Freilich nur eine recht bedingte. Der kostspieligste Teil dieser Produktion wird nicht konsumiert, sondern, sofern nicht völlig unerwünschte Ereignisse eintreten, zum Ladenhüter. Keine Wirtschaft kann sich auf die Dauer solche Ladenhüter leisten. Das «ist nicht drin».

Warenpersönlichkeit und Verbraucherpersönlichkeit

Hingegen liegt es durchaus im Bereich der Möglichkeit, die bewährten Appelle an den Besitz- und Geltungstrieb noch mehr zu variieren, noch mehr zu intensivieren und auch bei ihnen die oft überraschende Bedeutung der Nuance zu erproben. Denn es besteht kein Zweifel, daß auch hier der Erfolg durch eine einzige Nuance hervorgerufen und gesteigert werden kann – durch eine andere Tönung der Farbe, durch einen anderen Tenor des Textes, durch irgendeine kleine, aber äußerst wirkungsvolle Änderung im *Persönlichkeitsbild der Ware.* Allerdings darf man bei solchem Bemühen nicht zu weit gehen und unter Nuancierung nicht einfach Verfeinerung im ästhetischen oder gar künstlerischen Sinne verstehen. Haben wir doch erkannt, daß sich das Persönlichkeitsbild der Ware im allgemeinen an Verbraucherpersönlichkeiten wendet, die jenem Persönlichkeitsbild nicht allzu viele Gedanken widmen, die vielmehr auf verhältnismäßig primitive Art reagieren und bewußt keine besonders hohen Ansprüche stellen.

Auch ist es ein weitverbreiteter Irrtum, daß Menschen, die in dem Ruf überdurchschnittlicher Intelligenz oder eines sehr guten Geschmacks stehen, sich in ihrem Verhalten als Verbraucher, also bei ihren alltäglichen Kaufentschlüssen, ebenfalls als intelligent oder geschmackssicher erweisen. Dies tun sie häufig *nicht.* Vielleicht berührt sie die Angelegenheit, um die es sich jeweils handelt, im Grunde zuwenig, so daß diese eigentlich gar nicht an sie herankommt. Vielleicht offenbaren sich Klugheit und Geschmack immer nur bei speziellen Gelegenheiten und auf ganz besonderen Gebieten, während derselbe Mensch auf allen anderen Gebieten und bei allen anderen Gelegenheiten geradezu ein Tor oder ein Banause ist oder eben ein völlig durchschnittlicher Verbraucher mit durchschnittlichen Gedanken und Empfindungen.

Dies ist übrigens das Wahrscheinlichere. Wie der Geschlechtstrieb einen überaus kultivierten Menschen zu recht unkultivierten Handlungen verleiten kann, so kann der Geltungstrieb einen sonst sehr kritisch eingestellten Intelligenzler in einen völlig unkritischen Narren verwandeln. Und das kann er heute, da Geltung sosehr mit Geld zusammenhängt und die Prestigesymbole eine immer größere Bedeutung bekommen, mehr denn je.

Dies wird jedoch nur den überraschen, der an das Märchen vom total klugen oder durch und durch kultivierten Menschen glaubt, der übersieht, daß der Begriff des modernen Massenmenschen, besonders zu bestimmten Zeiten und unter bestimmten Voraussetzungen, auch das höchstentwickelte Individuum umfaßt. Aus dem Wissen hierum erklärt sich die manchem völlig unerklärliche Konsequenz, mit der erfahrene und gewitzigte Werbungtreibende bei ihren angeblich sattsam bekannten und gewiß reichlich strapazierten Appellen an den Besitz- und Geltungstrieb des modernen Massenmenschen verharren.

Zwar machen sie Zugeständnisse, z. B. an das besondere Image eines Anzeigenträgers, auf den sie die Appelle rein äußerlich abstimmen, aber im wesentlichen bleiben ihre Appelle doch stets die gleichen, indem sie sich an jene Allerweltsgefühle richten, die nun einmal mit dem Geltungstrieb verbunden sind und sogar beträchtlich von ihm gefördert werden.

Beharrliche Superlativwerbung

So erklärt sich auch die Beharrlichkeit der Superlativwerbung. Was man auch immer gegen sie, besonders gegen ihre Verbindung mit Slogans, sagen mag – in der Epoche alles «Superen» hat sie ihre Chance. Und hier *behält* sie ihre Chance.

Die Tatsache, daß der Ausdruck «Größenordnung» immer häufiger angewandt wird – zudem auf Gebieten, wo er wirklich nicht hingehört –, unterstreicht zur Genüge, wie sehr man die Größenordnung als *Rangordnung* empfindet. Gegenüber dem Angebot der Werbungtreibenden hat das eine gewisse Berechtigung. Die Vermutung, daß der am meisten gefahrene Autoreifen auch der beste, zumindest einer der erprobtesten, also bestimmt ein guter Autoreifen sei, entbehrt weder der Sachlichkeit noch der Logik. Goodyears Slogan «Der meistgefahrene Reifen der Welt» hat durchaus etwas für sich.

Der Appell des Superlativs ist gewiß ein billiger Appell. Vom Standpunkt des Werbefachmanns und in Würdigung der sonst mit Appellen verbundenen Mühe könnte man gleichfalls in einem Superlativ sagen, er sei eigentlich der *bescheidenste* Appell. Aber ... besagt das etwas gegen ihn?

Will der Konsument weniger bescheiden, will er umwegiger und geistvoller angesprochen werden? Nichts davon! Auch der anspruchsvollste pflegt – ist er grundsätzlich Interessent – recht positiv auf den Hinweis zu reagieren, daß es sich um den Wagen mit dem schnellsten Anzugsvermögen, mit dem leisesten oder mit dem stärksten Motor handelt. «Die erfahrenste Fluggesellschaft der Welt.» Ich denke, daß ein solcher Appell (an das Vertrauen) Bände spricht.

Hier ist jedoch einzuschalten, daß die Prestigesymbole in Europa bisher nicht oder noch nicht, vor allem nicht bei älteren und traditionsbewußteren Menschen, eine derartige Allgemeingültigkeit besitzen wie in den USA. Der Wunsch nach dem größten Schreibtisch – als Prestigesymbol der Persönlichkeit – mag auch in der Hierarchie unserer leitenden Angestellten bestehen. Aber diesen Wunsch offen einzugestehen, wird hier meist ein gewisses Schamgefühl verhindern. Und kaum jemand wird den amerikanischen Satz «Die Größe eines Schreibtisches in einem Arbeitsraum ist eines der deutlichsten Prestigesymbole unserer modernen Kultur» ernsthaft anerkennen.

Die Amerikaner sind im allgemeinen sehr befriedigt, werden sie in ihrer Umgebung als «Menschen wie du und ich» empfunden. Sie haben geradezu Angst davor, andere Empfindungen hervorzurufen und infolge ungewöhnlichen Verhaltens als Außenseiter zu gelten.

Auch bei der Befriedigung ihrer persönlichsten Ansprüche möchten sie nicht aus dem Rahmen fallen. Diese Tatsache gestattet der Werbewissenschaft in den USA Verallgemeinerungen, die in Europa unmöglich sind. Sie gestattet Formulierungen, die hier den Eindruck lächerlicher Gemeinplätze machen, obwohl sie drüben durchaus ernst zu nehmen sind.

In Europa trifft man nach wie vor zahlreiche Menschen und – entgegen anderen Behauptungen – auch zahlreiche *junge* Menschen, deren Angst hauptsächlich darin besteht, mit der Mehrzahl oder dem Durchschnitt gleichgesetzt und nicht oder nicht genügend als Individuen erkannt und behandelt zu werden. Ob und inwieweit sie wirklich ausgeprägtere Individuen sind und als solche reagieren, steht völlig dahin. Aber sie haben den Wunsch, sich zumindest auf irgendeinem Gebiet, und sei es durch eine Marotte, abzuheben.

Daß eine Dame einen Pelzmantel, ab einer gewissen Einkommens- oder Vermögensstufe einen Nerzmantel haben muß, ja, daß sie ohne einen solchen Mantel keine Dame, jedenfalls keine von gesellschaftlichem Ansehen sei, das wird einem «echten Europäer» ebensowenig einleuchten wie die Behauptung, der Herr mit dem besseren Hut, mit dem Hut einer bestimmten Marke, sei eo ipso ein besserer Herr.

Die wahren Eliten

Es ist wahrhaftig kein abendländischer Hochmut: aber noch gibt es in europäischen Ländern eine bestimmte Gesellschaftsschicht, die nicht mit Hilfe käuflicher Attribute und Prestigesymbole zugänglich ist. In dieser Schicht erweist man ganz anderen Symbolen Reverenz. Aber es ist durchaus möglich, daß diese Symbole bald ihre Bedeutung verlieren, nämlich wenn die Schicht endgültig untergeht.

Vielen Amerikanern bleibt es versagt, in die «gute Gesellschaft» des alten Kontinents einzudringen; es bleibt ihnen sogar versagt, diese zu entdecken. Sie entdecken sie ebensowenig, wie sie – bisher – von den gewiß findigen Reportern der Illustrierten entdeckt worden ist. Aber sie ist irgendwie da. Auch für die Wirtschaft.

Es wäre kein Anlaß, hierüber Worte zu verlieren, gäbe es in Europa nicht ethisch und geistig begründete Eliten – wie die deutsche Jugendbewegung einmal eine war –, die sich einem industriell geförderten Konformismus widersetzen, was sie bei allzu Fortschrittstrunkenen womöglich in den Verdacht bringt, hoffnungslose Reaktionäre oder gar Kommunisten zu sein. Derart unorganisierte Eliten haben erstaunlicherweise einen gewissen, im einzelnen natürlich schwer kontrollierbaren Einfluß auf die Verhaltensweisen all derer, die sich noch etwelchen geisteswissenschaftlichen oder humanistischen Idealen verbunden fühlen, und das sind in europäischen Landen gar nicht so wenige.

Man erkennt es, wenn auch nur unzuverlässig, am Erfolg bestimmter Bücher und Zeitschriften, am vergleichsweisen Mißerfolg von Comic strips, an der Resonanz bestimmter Schriftsteller – einer Resonanz, die weit über das Literarische hinausgeht –, an den Themen einzelner Akademien und an den Neigungen und Abneigungen besonderer studentischer Gruppen.

Gibt es einerseits die gewiß gutgemeinte Schrift eines älteren Autors «Lehrt euere Kinder Geld verdienen!», so gibt es andrerseits Jugendliche, die sich gerade gegen solche Lehren wehren, überhaupt dagegen, daß so viel vom Geld und Geldverdienen gesprochen wird. Dies entspricht fast der Einstellung einer Gesellschaft, in der Beamte, Gelehrte und Offiziere den Ton angaben. Eine derartige Gesellschaft hat es in den USA nie, jedenfalls nie als führende gegeben, wie auch eine derart immaterielle Einstellung unter amerikanischer Jugend, zumindest in weiteren Kreisen, kaum vorstellbar ist.

Und nur ein amerikanischer Schriftsteller kann in einem – durchaus amerikanischen – Buch erklären, «daß in unserer Kultur Geld und Kraft weitgehend identifiziert werden». Wäre dem so, hätten wir keine Kultur. Wenn derselbe Amerikaner, ein konvertierter Europäer, ferner im selben Buch sagt: «Der Hedonismus – die Lehre, daß Freude und Genuß nicht Selbstzweck sind, sondern einer echten Persönlichkeitsentfaltung entspringen –, der schon in der Blütezeit Griechenlands galt, muß sich auch bei uns wieder durchsetzen», dann wird man das Förderliche dieser Auffassung für die industrielle Gesellschaft nicht in Zweifel ziehen, aber womöglich Angst vor etwaigen Auswirkungen auf kulturellen Gebieten bekommen – Auswirkungen, die eintreten könnten, aber nicht eintreten müssen.

Schon der Begründer jenes Hedonismus, schon Aristipp, hat, was leicht vergessen wird, die Tugend der Genußfähigkeit (Tugend war ihm Genußfähigkeit) weitgehend vom Grad der geistigen Bildung, von Einsicht und Weisheit abhängig gemacht. Und seine Schüler, von Theodoros über Annikeris bis Hegesias, erhoben immer mehr Vorbehalte, um die Philosophie des Hedonismus vor lebemännischer Auslegung zu schützen.

Verrat an der Alten Welt?

Das klassische Griechenland, von amerikanischen Wirtschaftlern und Werbeschriftstellern auffallend oft zitiert, war ein Stück «Alte Welt». Und gerade von dieser hat man in Europa seine eigenen, nicht leicht zu überwindenden Vorstellungen. Es fragt sich allerdings, ob man sich tatsächlich, gar gänzlich von diesen trennen muß, um den Forderungen einer modernen Konsumgesellschaft gerecht zu werden. In ihr will der «ideale Verbraucher» genau das, was alle anderen brauchen und was die Produktion jeweils in bester Ausführung und in immer neuer Aufmachung zu geben bereit ist. Es fragt sich, ob der Typ dieses idealen Verbrauchers überall in derselben Weise zu züchten ist – ob er überhaupt gezüchtet werden muß, sich nicht viel mehr und viel besser gemäß seiner Mentalität und in Anpassung an seine besonderen Verhältnisse entwickeln könnte.

Daß es zu einer solchen Entwicklung bereits zu spät, daß sie gewissermaßen schon übersprungen und die Frage somit gegenstandslos sei, steht vorerst lediglich in der Literatur. In der Praxis ist es so: Auch wo man bei uns die Hegemonie der Wirtschaft anerkennt – was man eifrig tut und nach Sachlage ja auch tun muß –, erlegen sich selbst dem «Hedoniker» gewisse Verbrauchshemmungen auf. Diese Hemmungen erklären sich aus einer Vergangenheit, die man drüben nicht kennt, und aus einer Art schlechten Gewissens, das man drüben nicht zu haben braucht. Der Pioniergeist der USA hat sich nie eines Verrates an der Alten Welt schuldig gemacht; er schuf eine völlig *Neue Welt*.

Ob es sich nun lediglich um einen vermeintlichen Verrat handelt oder nicht: Man sollte dieses alles wohl bedenken. Und schon ein erster Gedanke legt nahe, mit den Appellen an den Besitz- und Geltungstrieb nicht zu weit zu gehen und die Leitbilder nicht über einen fremden Leisten zu schlagen.

Um jedoch nicht mißverstanden zu werden: Die Europäer waren nie zu «fein», um die grundlegende und überragende Bedeutung des Geldes zu erkennen. Auch vor den Weltkriegen nicht. Geld ist hier schließlich ebenso lebensnotwendig wie anderwärts – «sobald man es hat, hat man vieles andere auch». Das sah schon Rousseau ein, und ein moderner alter Europäer wie Somerset Maugham erklärt, Geld gleiche einem sechsten Sinn, «ohne den man keinen vollkommenen Gebrauch von seinen übrigen Sinnen machen kann; ohne ein angemessenes Einkommen ist man der Hälfte seiner Lebensmöglichkeiten beraubt».

Nein, Geldverächter waren die Europäer nie. Und wären sie nicht so geltungsbedürftig, würde die Theorie von der Ursache und der Bedeutung der Minderwertigkeitsgefühle nicht derartige Popularität gewonnen und nicht so zahlreiche Mißverständnisse hervorgerufen haben.

Im Wohlstandstheater

Der Imponierstil des Snob-Appeals

Sobald eine Entwicklung einen gewissen Höhepunkt erreicht, neigt sie zu Kapriolen. Das liegt in der Natur der Sache. Es ist zwecklos, solche Neigungen zu unterdrücken. Es ist auch sinnlos, weil die Möglichkeit besteht, daß sich derartige Kapriolen aus kulturellen Bedürfnissen ergeben und daß sie Dinge, die im Grunde primitive Dinge sind, mit einer wohltuenden Gloriole versehen. Glanz, geradezu märchenhafter Glanz, dick, aber mit Geschmack und Fingerspitzengefühl aufgetragen – wofür man Kunst und Künstler in einem Ausmaß bemüht, das sich nur bei genügender Kenntnis der Voraussetzungen und Zusammenhänge rechtfertigen läßt.

Das ist zunächst einmal die Tatsache. Eine gewisse Kultur gehört zwar nicht zu den Lebensnotwendigkeiten, aber unbedingt zu den Lebensannehmlichkeiten. Und sie entsteht aus der unaufhörlichen Verfeinerung alles Notwendigen.

Man kann *essen* und man kann *speisen*. Für den Hellhörigen ist zwischen essen und speisen ein beträchtlicher Unterschied. Er besteht nicht nur darin, daß man beim Speisen im Luxusrestaurant zu jedem Gang einen Teller mehr oder einen besseren Teller als in einer Schnellgaststätte bekommt.

Der Vergleich ist nicht ohne Bedacht. Die Schnellgaststätte ist eine Errungenschaft der Zivilisation, Zeichen einer Zeit, in der man sich keine Zeit für das läßt, was nicht unbedingt zur Erledigung gehört. Denn der vom Fortschritt getriebene Mensch erledigt sein Tagespensum, einschließlich der Mahlzeiten.

Der Leser weiß, worauf der Autor anspielt. Auf die bei uns nur mangelhaft entwickelte Kultur des Essens, auf die fast ebenso mangelhaft entwickelte Kultur des Trinkens, des Rauchens, des Wohnens und des Reisens. (Der Autor weiß, daß sie in manchen anderen Ländern kaum mehr entwickelt ist.) Immer und überall handelt es sich darum, etwas mehr oder minder Notwendiges mit etwas – genaugenommen – Überflüssigem zu verbinden, es – ich wage das Wort – zu vergeistigen, ihm jedenfalls irgendeine besondere Nuance zu geben, ihm, wie man auch sagt: Lichter aufzusetzen.

Doch schließlich werden womöglich so viele Lichter aufgesetzt, daß man über deren Glanz völlig die Natur und den Zweck der Sache vergißt. Der Aufwand steht dann anscheinend in keinem rechten Verhältnis mehr zur Sache. Aber hier ist auch der Punkt, wo die vorwurfsvolle Kritik derer einsetzt, die sowohl die kulturelle wie die (vorhandene) wirtschaftliche Bedeutung derartiger Steigerungen verkennen.

Es geht doch auch so, sagen sie und meinen mit «so», daß es beträchtlich einfacher und formloser ginge, daß sich der Zweck ohne solchen Aufwand und natürlich billiger erreichen ließe. Das ist gewiß nicht zu bestreiten, heißt jedoch, die Sache zu sachlich und ihr damit jenen Reiz nehmen, der das Leben in unserer nüchternen Welt schmackhafter macht.

Am Beispiel Verpackung

Wählen wir als Beispiel: *die Verpackung*. In Deutschland war die Kunst der Verpackung vor dem Kriege nicht gerade hoch entwickelt. Sie entsprach nicht dem sonstigen Niveau des Warenangebots. Im Hinblick auf den Einzelhandel war es damals, von Ausnahmen abgesehen, einfach lächerlich, von einer «Kunst der Verpackung» zu reden. Hier gab es keine. Man beschränkte sich darauf, der verkauften Ware, sofern nicht das Kleid der Markenware zu genügen schien, mit neutralem oder unvollkommen bedrucktem Einwickelpapier einen zusätzlichen Schutz zu geben. Von einem besonderen Appeal der Verpackung kaum eine Spur. In Kleinstädten und auf dem Lande verpackte man auch mit Zeitungspapier, das vom Handwerk überall verwendet wurde.

Voll Staunen und Anerkennung wurde berichtet, wie man in anderen Ländern, z. B. in der «kleinen» Schweiz, selbst geringste und billigste Artikel vom Detaillisten ausgehändigt bekam: elegant und reizvoll verpackt, dazu meist sorgsam und ebenfalls reizvoll verschnürt, ob vom Hersteller vorverpackt oder nicht. In Luxusgeschäften hatte man sogar schon Verpackungsmaterial (und Packungen) mit einem gewissen Snob-Appeal.

In der «kleinen» Schweiz wurde das Wort Kundendienst schon lange großgeschrieben. Es braucht hier nicht besonders dargelegt und gewürdigt zu werden, mit welchem Eifer und mit welchem Talent, mit wie guten technischen Voraussetzungen man sich hier, vor einem anspruchsvollen und international geschulten Publikum, um die Entwicklung der zugkräftigsten Appelle bemühte. Der Snob-Appeal wurde schließlich der erfolgreichsten einer und doch nicht so erfolgreich und populär wie im Bundesgebiet.

Denn auch im Bundesgebiet ist man inzwischen so weit, daß sich, zumindest angesichts eindringlich appellierender Markenartikel, das stolze Wort Packungskultur verwenden läßt. Aber sobald bei uns das zweifellos ebenso mißbrauchte wie mißverstandene Wort «Kultur» in solchem oder ähnlichem Zusammenhang auftaucht, erregt der Anlaß – der im vorliegenden Fall nicht nur eine Augenfreude ist – bestimmt Protest. Angeblich ist dieser gegen Übertreibungen gerichtet. Und er kommt nicht allein von beruflichen Beobachtern, von Schlachtenbummlern auf heiß umstrittenen Wettbewerbsfeldern, vielmehr auch aus auf Sparsamkeit bedachten Verbraucherkreisen.

So aus den Reihen «praktischer Hausfrauen», wobei allerdings zu bemerken ist, daß die Hausfrauen-Organisationen in fast allen europäischen Ländern kaum so viele Mitglieder zählen, um in ihren Ansichten und Forderungen repräsentativ zu sein.

Es ist durchaus möglich, daß die Entwicklung zum höheren Pakkungsaufwand von der Hausfrau schlechthin und damit von einem sehr großen Teil aller Hausfrauen nicht beanstandet oder stillschweigend gebilligt wird. Die unorganisierten Hausfrauen äußern sich erfahrungsgemäß zu derartigen Problemen kaum, jedenfalls kaum ungefragt, machen sie sich doch im Zeichen des Wohlstands auch wenig Gedanken darüber. Vielmehr nehmen sie die Aufmachungen wie die jeweiligen Appelle im allgemeinen ziemlich kritiklos zur Kenntnis. Gewiß ohne zu wissen, wie relativ wenig selbst aufwendigere Verpackung die Ware, zumal bei hoch aufgelegten Markenartikeln, zu verteuern pflegt.

Eine gewisse Packungskultur, bei der die Gestalter dem Gesicht der Packungen jeweils das Make-up eines ganz besonderen Appeals verleihen, ist nicht nur hinsichtlich des Wettbewerbs interessant – sie zählt einfach zu jenen Symptomen eines Landes, die als Visitenkarten gelten und z. B. anzeigen, daß es nicht nur wirtschaftlich auf der Höhe ist. Abgesehen davon hat sie in Deutschland eine Belebung und einen Fortschritt der Verpackungsmittelindustrie bewirkt, der vor Eröffnung des Europäischen Marktes dringend erforderlich war.

Man verstehe recht: Auch indem man die Möglichkeiten einer modernen Verpackungsmittelindustrie nicht allein technisch nützt, ergibt sich die Chance, kultur- und geschmacksempfindliche Europäer mit der noch ungewohnten Hegemonie des Wirtschaftlichen (oder dem vorherrschenden Geist des Zweckmäßigen) und mit mancher Brutalität der Gesamtentwicklung zu versöhnen.

Wer der Warenaufmachung lediglich «ein vernünftiges Maß» zugestehen und emotionale Bedürfnisse nur bedingt anerkennen und berücksichtigen will, sieht alles zu sehr aus der zivilisatorischen Perspektive. Es gibt zivilisatorisch hochentwickelte Länder – und vielleicht werden jetzt noch unterentwickelte bald zu diesen gehören –, in denen man unter dem Eindruck eines gewaltigen, oft zu gewaltsamen Fortschritts die Wichtigkeit des Kulturellen, seiner Erhaltung und seiner Förderung beinahe völlig vergessen, jedenfalls beträchtlich vernachlässigt hat. Der Versuch, den Anschluß später, wenn das wirtschaftliche Fundament gesichert scheint, wiederherzustellen, also dem dann Vorhandenen etwas ganz Andersartiges aufzupfropfen (statt es so früh wie möglich mit diesem zu durchdringen), kann doch nur zu einem kulturellen Anstrich führen.

Wir nahmen die Packung lediglich als Beispiel. Auch die raffinierteste Luxuspackung, die mit der Finesse eines Snob-Appeals Aufsehen erregt, appelliert an den kulturellen Sinn für den Reiz des Überflüssigen. Sie ist eine jener vielen Kapriolen, denen wir von einem gewissen Wohlstand an und bei dessen weiterer Entwicklung immer häufiger begegnen.

Denn *Wohlstand will sich darstellen.* Eigentlich bedürfte es dazu, jedenfalls auf höherer Stufe und vor allem, wenn diese hektisch erreicht wurde, eines besonderen Regisseurs. Will sich der Wohlstand doch *ausgesprochen spielerisch* darstellen. Weil er im großen Scheinwerferlicht der Lebensbühne agiert, verlangt ihn auch nach großartiger Szene.

Dieses Wohlstandstheater ist unvermeidlich. Natürlich kann man es von «höherer Warte» lächerlich finden und behaupten, daß es sich seit den Zeiten des klassischen Altertums, seit undenklichen Zeiten unaufhörlich wiederhole. Das stimmt. Aber das Publikum hat von je, vor allem, da sich die Formen wandeln, und selbst, wo es nicht mitspielen kann, an den Wiederholungen seine Freude. Und es besteht kein Grund, die Freude zu schmälern.

Geburt des Snob-Appeals

Wo sich der Geltungstrieb übersteigert oder geradezu süchtig überschlägt, reichen die üblichen Appelle an den üblichen Geltungstrieb nicht aus. Und nun muß man den Appellen – natürlich nur bei bestimmten, aber nicht wenigen Angeboten – tatsächlich eine überspitzte, eine auffallend extravagante Note geben.

Aus solcher Situation ist zwangsläufig, jedoch mit viel Fingerspitzengefühl, der Snob-Appeal entstanden. Und man muß kein Snob sein, muß nicht einmal wissen, was ein Snob ist, um an ihm und seinen mannigfachen Varianten Gefallen zu finden.

Der Snob-Appeal gehört mit zu dem Gelungensten und Erfreulichsten, was es in der modernen Werbung gibt, und zwar bei uns wie in anderen Ländern. Zum guten Teil liegt das daran, daß die Gestalter derartiger Appelle besondere Freude an ihrer Aufgabe haben, da sie diese mehr als sonst mit künstlerischen Mitteln lösen können.

Größere Resonanz freilich kann der Snob-Appeal nur unter der Voraussetzung eines nicht unbeträchtlichen Geldüberhangs erzielen, natürlich insbesondere bei einer gewissen Jeunesse dorée, die zu allen Zeiten für extreme Appelle überaus empfänglich war.

Bedenken wir, an was sich der Snob-Appeal im Grunde richtet und was er alles anzurichten, nämlich zu bewirken vermag: Der Snob-Appeal richtet sich an eine natürlich nicht nur bei Deutschen anzutreffende Eigenschaft, die hauptsächlich in einer Schwäche besteht. In der Bundesrepublik ist diese stark verbreitet. Es ist die mit

Neugier verbundene Schwäche für ein dem Alltag entrücktes Milieu, in dem die wenigsten leben und auch nur wenige zu leben verstehen. Also das Milieu der elegantesten Turf-, Bade- und Spielplätze der Welt und jener anspruchsvollen Lokale, denen die Vornehmheit gebietet, keine Preise auf Speise- und Getränkekarten zu setzen – wird doch die Rechnung von Gästen bezahlt, die zu vornehm sind, um sich für Preise zu interessieren. Nun, das ist die blasierte Welt der vermeintlichen wie der echten Grandseigneurs, des affektierten, nie aussterbenden Dandytums.

Aber wie viele Nachrufe hat man bereits auf die Gesellschaft der männlichen und der weiblichen Snobs geschrieben! Es schien selbstverständlich, daß sie die industrielle Revolution und das «Stahlbad» des Ersten Weltkrieges nicht überdauern konnte. Doch die outrierte Gesellschaft der Snobs hat Kriege und Krisen überlebt und erfreut sich in der modernen Demokratie, im Zeitalter des bürgerlichen Konformismus, im Grunde ebenso großer Beachtung wie in den Tagen Balzacs, der den Dandy als Flaneur in den Straßen von Paris beschrieb, oder wie in den Tagen Oscar Wildes, der selbst etwas von einem Dandy hatte, aber zu bedeutend war, um einer zu sein.

Ich bin mir durchaus klar, daß der Kenner den Snob vom Dandy und beide vom echten Grandseigneur unterscheidet, aber der Snob-Appeal berücksichtigt solche Unterschiede *nicht*. In einer Abhandlung über «Dandies, Snobs und Puritaner», die vor gut 30 Jahren in einer Zeitschrift des Verlages Reclam erschien, lese ich: «Wenn das Wort ‚Dandy' auch französischen Ursprungs ist, abgeleitet von ‚Dandin', einem Ausdruck, der etwa ‚Laffe' bedeutet, so bekam es doch erst in England, dem Land der Snobs, einen Klang, der gar nichts Verächtliches hat. Das Volk auf der Straße jedenfalls war voller Anerkennung und durchaus bereit, Torheiten zu verzeihen, die sich in einem prunkvollen Rahmen abspielten. Londons Bevölkerung wurde schließlich geradezu stolz auf jene jungen Herren, die, ohne mit der Wimper zu zucken, 4000 Pfund und mehr verloren, die einen ganzen Nachmittag zum Ankleiden benützten und einen Vormittag zur Erholung von ihren abenteuerlichen und nächtlichen Erlebnissen. Aber man irrt, wenn man glaubt, es habe sich bei diesen Erlebnissen nur um erotische Abenteuer gehandelt – das Leben eines echten Dandys war schon kein freizügiges Privatleben mehr; es gab ungeschriebene, aber strenge Gesetze, deren Forderungen übertrieben und oberflächlich waren, die jedoch um jeden Preis erfüllt werden mußten. Aus der Art, sich zu bewegen und zu benehmen, wurde ein anstrengender und kostspieliger Kult, dem auch die Ärmsten der Armen eine gewisse Hochachtung nicht versagten.»

Das ist es. Das ist wichtig und trägt dazu bei, die phänomenale Wirkung des modernen Snob-Appeals zu erklären. Es erklärt aber auch, warum der Snob unserer Tage *nicht* «Playboy» heißt. Der Playboy, der noch als reifer Mann den jungenhaft Unbekümmerten spielt, ist weniger profiliert und nicht an ungeschriebene Gesetze gebunden. Jener Dandy jedoch war ein Vorgänger des Snobs, war der Begründer des sorgsam zu zelebrierenden *Imponierstils*, der im Wohlstandstheater der industriellen Gesellschaft zwar mit anderen Formen, aber mit ganz ähnlichen Wirkungen erneut eine Rolle spielt.

Zur Charakteristik des Snobs

Doch der Snob selbst? Wer ist er wirklich und wie kam er zu seinem in aller Welt bekannten Namen? Die Entstehungsgeschichte des Wortes «Snob» ist umstritten. Zum Schlagwort wurde es durch das noch oft zitierte, heute kaum noch gelesene (aber sehr lesenswerte)

«Book of snobs» von W. M. Thackeray, das 1848 erschien, nachdem ihm einige Sittenschilderungen über «Die Snobs von England» in der Londoner Zeitschrift «Punch» vorausgegangen waren.

Das Wort Snob soll nach einer Lesart aus dem englischen Slang des 18. Jahrhunderts stammen und hier vorerst soviel oder sowenig wie «Schusterjunge» bedeutet haben. Das englische Wörterbuch übernahm das Wort als Bezeichnung einer Person niederen Standes, während es Thackeray für den «platten Bewunderer von Plattheiten» (jeglichen Standes) verwandte. Und diese Bedeutung hat es in England zum Teil bis heute behalten. Nach der Ansicht eines besonders Sprachbeflissenen hat es sich «seit dem letzten Viertel des 19. Jahrhunderts rasch zu einem sozial-ästhetischen Ekelnamen von wahrhaft internationaler Geltung entwickelt».

Ein Ekelname geflügeltes Wort in der Werbung, und sei es auch nur in einem Fachausdruck? Das ist unwahrscheinlich. Aber es gibt noch eine andere Deutung des anscheinend nicht mehr so ominösen Wortes Snob. Nach ihr erklärt sich die Herkunft aus der Abkürzung s. nob. (sine nobilitate = ohne Adel), die sich hinter den Namen bürgerlicher Schüler in den Listen des College von Eton fand, das ursprünglich ganz den Zöglingen des englischen Hochadels vorbehalten war. Die Abkürzung diente zunächst zur Unterrichtung der Lehrerschaft, da die Angehörigen des Hochadels besondere Privilegien besaßen. Von den adligen Schülern wurde die Abkürzung «Snob» jedoch bald im herabsetzenden Sinne gebraucht, und schließlich wurde sie eine Bezeichnung für alle, die sich – ohne Gefühl für Stil und Würde – in Kreise drängten, in die sie eigentlich nicht hineingehörten.

Doch welche Version auch stimme: Sicher hat der Begriff im Lauf der Zeit eine Verschiebung zugunsten seines Inhalts erfahren, vor allem auf dem Wege nach Deutschland. Hier gilt der Snob weniger als ein Mensch mit übertriebener Hochachtung vor Vornehmheit und Reichtum, vielmehr als einer, der selber vornehm ist und den Reichtum aus solcher Vornehmheit verachtet oder als selbstverständlich nimmt. (Aus anderen Sprachen entlehnte Wörter erfahren bei uns häufiger eine derart weitgehende Wandlung; wer denkt z. B. daran, daß ein «luxuriöses Schlafzimmer» – fremdwörtlich genommen – eigentlich ein «unzüchtiges Schlafzimmer» ist?)

So liegt die starke Breitenwirkung des Snob-Appeals tatsächlich (mit) an der Zähigkeit, an einer gewissen Unsterblichkeit des Snobs. Daß dieser immer wieder da und seiner Wirkung verhältnismäßig sicher ist, beruht übrigens auch auf einer leicht durchschaubaren Wechselwirkung. Weil der Snob ständig einer, nämlich seiner Pose lebt – was kein «normaler» Mensch auf die Dauer aushalten kann –, bedarf er, wie alle Poseure, ebenfalls ständig eines Publikums. Obwohl er es offensichtlich verachtet, ist er auf das Publikum angewiesen.

Dies alles bedacht, erscheint es weniger verwunderlich, daß die Gesellschaft der Snobs, die sich als aristokratische, als Creme der Gesellschaft gebärdet, gerade in der zeitgenössischen Demokratie, der die Bildung einer eigenen Gesellschaft schwerfällt, ein aufmerksames und dankbares Publikum findet. Was hat dieses Publikum nicht alles verloren! Den zeremoniellen Prunk der Höfe – für den der Prunk des persischen nur ein mangelhafter Ersatz ist –, den kaum minder zeremoniellen des begüterten Hochadels, die dekorativen und theatralischen Allüren der feudalen Militärs und vieles andere.

Die Filmwelt skandalumwitterter Stars und Starlets kann für solche Verluste nicht entschädigen. Filmleute sind Komödianten von Beruf; in der Gesellschaft der Snobs spielt das Berufliche nur eine untergeordnete Rolle. Der moderne Snob-Appeal zeigt, wie sich diese Gesellschaft, ohne ihr blasiertes Gesicht zu verlieren, nunmehr amüsiert, wie die mokanten Lippen der angemüdeten Gesichter die Chefcigarette – die Cigarette mit «C» und dem exklusivsten Image! – mit oder ohne Imponierspitze halten, wie die verwöhnten Augen, die sich über nichts mehr wundern, sich aber auch an nichts mehr entzücken, aufmerksam oder unaufmerksam ein winterliches Pferderennen in St. Moritz oder die Landung neuer Pistengäste am Corviglia-Clubhaus verfolgen. Aufmerksam oder unaufmerksam: das ist eine Frage nach dem Grad der Lässigkeit oder nach der Intensität eines ablenkenden Flirts. Trefflich, ja hervorragend gezeichnet und in zahlreichen Anzeigen unserer Illustrierten zu sehen.

Verräterische Facts

Es leuchtet ein, daß so feine Leute alle Sprachen der feinen Welt, möglicherweise die eigene ausgenommen, mit dem ihnen eigenen nöligen Akzent beherrschen. Auch der Text zu den bildlichen Snob-Appeals legt diese Annahme nah. Wie die graphische Gestaltung, vor allem die mitunter sehr subtile Farbgebung ein Lob verdient, so ebenfalls das Bemühen der Schreiber, die sich bei der Wortwahl aufs feinste dem vorgestellten Interieur anzupassen suchen. Übrigens ... jenes «erregende Schauspiel vor der Kulisse der Hochalpen lockt Besucher aus aller Welt herbei, auch den sportliebenden Hochadel, Prinz Johann von Thurn und Taxis, Prinz und Prinzessin Metternich» (die in ihrem Heimatland schlicht Herr Thurn und Taxis und Herr und Frau Metternich heißen).

Das sind Facts, die beim Snob-Appeal ihre besondere Wirkung haben und verraten, wie sehr der Hochadel, zumindest in etlichen

Exemplaren, zu jener bewunderten Gesellschaft zählt. Die Serie von Snob-Appeals verrät noch mehr, nämlich sogar die bevorzugtesten «Rendezvous-Plätze der Prominenz». Und so kann auch der von diesen Ausgeschlossene wenigstens in seiner Phantasie, die hier so üppig angereichert wird, an Genüssen teilnehmen, die ihm sonst nie in den Sinn, geschweige denn vor Augen kommen, an intimen Soupers in der mondänsten Bucht der sowieso mondänen Côte d'Azur, selbstverständlich bei Kerzenlicht, das beim Texter ebenso selbstverständlich «candlelight» heißt, und mit einem ob seiner Distinguiertheit geradezu operettenhaften «Ober».

«Hallo Welt!» überschrieb Kasimir Edschmid, befragtester Grandseigneur unter Autoren seiner Art – aber gibt es solche seiner Art? –, um 1930 ein Buch. Und «Hallo Welt!» ist auch der echoreiche Ruf des modernen Snob-Appeals. Wir wissen ja, welche Welt gemeint ist: die große, die bunte, die ewig und unwiderstehlich lockende, in der man mit allem, besonders jedoch mit allen Annehmlichkeiten vertraut ist, auch mit Magiern wie Picasso oder Cocteau.

Erinnert man sich – sofern man kein Snob ist, erinnert man sich –, wie aufschlußreich in Auerbachs Keller Faust und Mephisto beurteilt werden? Kaum treten sie ein, scheinen sie «aus einem edlen Haus, sie sehen stolz und unzufrieden aus». Unzufriedenheit selbst im Genuß. Es war schon immer so.

Neureiche sind Neugierige

Jedoch *heute* wird jene «Hallowelt» millionenfach durch kaum überbietbare Snob-Appeals demonstriert – welch Fressen in einem Lande, wo man die Entfaltung einer gesellschaftlichen Kultur infolge einer fast traditionellen Verachtung des Müßiggangs und eines fatalen

Adels der Arbeit («arbeiten kann der Dümmste», sagte Sombart) so oft behindert hat! Wo aber nunmehr, unter dem fruchtbaren Dünger des Wirtschaftswunders, die Neureichen, und das sind auch die Neugierigen, wie Pilze aus der Erde schießen. Diese Leute wissen, vielfach sogar aus eigener Erfahrung, daß Müßiggang aller Laster Anfang ist – wissen sie ebenfalls, daß Müßiggang aller Musen Anfang ist?

Der Snob-Appeal verschafft ihnen Einblick in die Gewohnheiten der Snobs, und wenn ihnen der Eintritt in deren Gesellschaft auch trotz preisgegebener Adressen («Rendezvous der Prominenz») meist verwehrt bleibt – denn «man bleibt man, was man auch tut» –, so übernehmen sie doch manche jener Gewohnheiten, z. B. den Konsum mit Snob-Appeals empfohlener Luxusartikel, vielleicht ebenso den Besuch kostspieliger und «eigentlich ungemütlicher» Lokale, wo sie auf höchst modernen, aber unbequemen Stühlen sitzen und unvertraute, womöglich unbekömmliche Getränke schlürfen.

Die ganz außerordentliche Steigerung des Sektkonsums in der Bundesrepublik hat verschiedene Gründe, doch trugen die Appelle an den Geltungstrieb viel zur Umsatzerhöhung bei. Gewisse «Volksausgaben» mögen das Ansehen des Sektes in bestimmten Kreisen etwas beeinträchtigt haben; hier mag es zum Teil wieder auf den «echten» Champagner übergegangen sein wie das Ansehen des Weinbrands – zum Teil! – auf das des «echten» Cognacs. (Während ich dieses schreibe, suchen die Hersteller eines weltbekannten Cognacs die dargestellte Situation zu nützen, indem sie mit zahlreichen Aufklärungsinseraten und unter Bezug auf Vereinbarungen der EWG in jene Kerbe hauen: sie verbreiten «Die Wahrheit über Cognac», die zuvor nur einen kleinen Kreis interessiert hätte.)

Aber auch der Whiskykonsum hat in erstaunlichem Maße zugenommen. Und das ist vor allem eine Folge des Snob-Appeals wie eine Folge davon, daß Whisky nach landläufiger Auffassung – nicht nur der Bundesrepublikaner – zu den bevorzugtesten Getränken der Snobs gehört. Ein kleiner Test ergab, daß ein großer Prozentsatz von Männern und Frauen, die Whisky häufiger in Gesellschaft tranken, ohne weiteres zugestand, eigentlich nur wenig Gefallen an diesem Getränk zu finden («besonders wenn man bedenkt, daß es so teuer ist»!). Ein noch größerer Prozentsatz bezeichnete Whisky als «das Getränk der illustren Gesellschaft» oder als «das Getränk des Gentleman». Dieses Image hat der Whisky selbst dort, wo er eine Art Volksgetränk ist.

In der Bundesrepublik, wo noch nicht jeder Hundertste Englisch versteht, kann ein renommierter Whiskyimporteur im Februar 1962 die Spitzenleistung eines Snob-Appeals riskieren, indem er (in der «Süddeutschen Zeitung») eine Anzeige mit dem Snobsymbol eines Gentleman-Hutes veröffentlicht, deren Text lediglich in englischer Sprache abgefaßt ist. Neben dem abgebildeten Hut, einer Flasche «Finest Scotch Whisky» und einem Glas mit Eisstückchen heißt es: «A real man – a gentleman, a real Scotch – Ballantine's. The more you know about Scotch. The more you like Ballantine's. The superb Scotch.»

Das ist ein pfiffiger und wohlerwogener Text. Aber man bedenke: Nur verhältnismäßig wenige Zeitungsleser wissen, was er besagt. Sehr viel mehr können Whisky kaufen und sind auch an ihm interessiert. Dennoch glaube ich, daß sich die an jene Anzeige geknüpfte Hoffnung erfüllte. Das wäre freilich die Wirkung eines Snob-Appeals auf (unbewußt) Versnobte und Anfängersnobs. Gehört es doch zum Wesen des Snobs, daß er – auch vor sich selber – ganz so tut, als ob er alles verstünde.

Aber ist in England, dem Herkunftsland der Snobs, Ähnliches vorstellbar, etwa eine Anzeige in *deutscher* Sprache für Schwarzwälder Himbeergeist? Und würde diese dort ebenfalls als Snob-Appeal empfunden? – Man sollte mit der Beantwortung solcher Fragen nicht zu voreilig sein. Vermutlich gab es eine derartige Anzeige in englischen Blättern bisher nicht, wenngleich sich z. B. auch in England ein Bild der ansprechenden Flasche von Schladerers Himbeergeist durchaus sehen lassen könnte.

Allerdings ist auch nicht zu bestreiten, daß in der Bundesrepublik die schon sattsam bekannte, auch schon genügend bespöttelte Vorliebe für fremde Sprachen und Fremdwörter jeder Art immer noch zuzunehmen scheint. Die Fachsprache der Werbeleute mit ihren Amerikanismen und Anglizismen ist inzwischen zu einem schwerverständlichen Kauderwelsch geworden.

Bereits Luther tadelte die in allen Kreisen verbreitete und recht verdrießliche Eigenschaft der Deutschen, «ihrer Sprache die Zähne auszubrechen und Fremdem nachzumümmeln». Der bis zur Lächerlichkeit wütende Verdeutscher Eduard Engel schoß in seinem Eifer gegen das «Stallknechtenglisch, Kellnerfranzösisch und Leierkastenitalienisch» gewiß über das Ziel hinaus, aber – hatte er nicht recht, als er unseren Bildungsphilistern, die sich inzwischen so abscheulich vermehrten, voll Entrüstung vorwarf, daß sie ihre Gedanken oder den Mangel daran «mit einem aus sechs Fremdsprachen beflickten Sprachkleid» zu verhüllen pflegen? Doch sei dem wie immer, sei jene auffallende Eigenschaft ein nationales Übel oder nicht – für den Snob-Appeal und seine Wirkung ist sie zweifellos ein Vorzug.

Es gehört zu den Bemühungen der Werbungtreibenden, den Snob-Appeal auf alle mögliche Weise, besonders auf künstlerische, zu variieren. Und schon stößt man auch hier in den Bereich des Abstrakten vor. Warum nicht? Wird dergleichen doch recht gut geschluckt. Im ganzen gelingen ausgezeichnete Variationen, bei denen man einem erst als zu begrenzt betrachteten Thema immer neue und immer interessantere Seiten abgewinnt. Andere Versuche *mißlingen* hingegen, da die Werbungtreibenden den eigentlichen Charakter des Snob-Appeals mißverstehen, diesen mit völlig unzulänglichen oder verfehlten Mitteln zu gestalten oder gar mit Elementen zu verbinden suchen, die durchaus nicht zu ihm passen.

Es ist etwas Charakteristisches und Entscheidendes: Der Snob-Appeal sollte für sich allein stehen, sollte lediglich durch die ihm eigenen und ihn auszeichnenden Eigenschaften wirken. Beim Versuch einer Legierung verlieren sich die Vorzüge (meist) sofort. Vom Erhabenen zum Lächerlichen, vom Überlegenen zum Niederen ist hier wahrhaftig nur ein Schritt.

Und weil der Schritt so klein und so verlockend ist und bei grundsätzlichem Mißverstehen nicht nur für triviale Geister naheliegt, wird er getan, wird der Snob-Appeal z. B. mit Sex-Appeal verbunden. Eine Instinktlosigkeit, die man alle Tage erlebt. Das Ergebnis der Mischung ist durchweg abscheulich, keineswegs nur vom Standpunkt des Ästheten. Es hat nicht oder selten die gewünschte Resonanz.

Mut zum Hochmut

Im Snobismus ist alles, was nicht ausgesprochen snobistisch ist oder sichtlich dem Snobismus dient, von untergeordneter Bedeutung. Auch das Geschlechtliche oder gerade das Geschlechtliche. Man könnte sagen, daß dies ein Beweis für das Unnatürliche und für das Hochmütige des Snobismus sei. Es ist auch einer. Aber was besagt es anderes, als daß man im Mut zum Hochmut eine der wesentlichsten Eigenschaften des Snobismus erkennt?

Mit diesem Mut zum Hochmut wird nun erstaunlicherweise für Artikel geworben, bei denen das eigentlich nicht angebracht scheint, also für brave Markenartikel, die in keiner Hinsicht, am wenigsten hinsichtlich ihrer Aufmachung, etwas Besonderes bieten. Für Allerweltsartikel im Grunde, für irgendwelche Ober- oder Unterwäsche, für irgendwelche synthetischen Fasern, die gerade auf den Markt gekommen sind, wo sie sich möglichst modern präsentieren sollen, für Uhren, sogar für Nippsachen und Bonbons.

Aber wiederum: Die Werbungtreibenden wissen oder ahnen, was sie tun. Der Erfolg (ihres Tuns) gibt ihnen recht. Eine großräumige Anzeige, die gar nichts als den Markennamen eines auch in Kauf- und Warenhäusern erhältlichen Taschentuchs zeigt, dazu die klein gedruckte, in keiner Weise unterstrichene Aussage, dieses sei «das Taschentuch des distinguierten Herrn», ist nicht mehr die repräsentative Anzeige von einst – es ist die snobistische Anzeige von heute.

Man könnte fragen: Wohin treiben wir? Wenn der Mut zum Hochmut weiterhin Schule macht, wird es sich schließlich weder um Mut noch um Hochmut handeln. Am Ende wird der Snob-Appeal, beschränke er sich selbst auf seine wesentlichsten Elemente, etwas ganz Alltägliches, jedenfalls nichts Exklusives sein. Das heißt: Er wird nicht mehr sein – ein Opfer seines Erfolgs!

Ich weiß nicht, inwieweit eine derartige Entwicklung, zu der Ansätze mit Snob-Appeals für Autoreifen gegeben schienen, vorstellbar und wodurch sie aufzuhalten ist. Das wird niemand wissen. Wir wissen aber auch nicht, immer noch nicht, jedenfalls nicht mit Sicherheit, wieso es zu solcher Popularität des Snob-Appeals (welch Widerspruch!) kommen konnte. Natürlich haben wir die eine und andere Ursache entdeckt, doch wurde der Vorgang damit nicht, wenigstens nicht völlig, des Unnatürlichen entkleidet. Irgend etwas bleibt rätselhaft, irgend etwas stimmt da nicht, stimmt nicht mit dem überein, was wir in und von der Werbung gewohnt sind.

Wohl das Überzeugendste, was sich zum Thema sagen läßt und was durchaus an das hier bisher Gesagte anknüpft, fand ich merkwürdigerweise in einem 1927 geschriebenen Buch, in Franz Werfels «Krisis der Ideale». Dort heißt es: «Man wird von mir nicht eine einfache und schlagende Definition des Snobismus erwarten können. Diese Krankheit (!) ist so vielfältig, so gegensätzlich, so grob und so verfeinert, daß kaum eine tastende Beschreibung gelingen kann, geschweige denn eine restlos befriedigende Erklärung. Ich kenne leider das berühmte alte ‚Snobbuch' nicht, habe daher nicht die Möglichkeit, auf einer soliden wissenschaftlichen Grundlage weiterzubauen, kann mich aber zum Ersatz auf ein ausgezeichnetes Gleichnis beziehen, das dem Dichter Arthur Schnitzler einmal gesprächsweise einfiel: Snobismus ist in jedem (!) Menschen als potentieller Krankheitsherd zu finden, wie etwa die Tuberkulose. In jeglicher Psyche sind die Infektionsträger vorhanden und warten nur auf eine günstige Gelegenheit, virulent zu werden.»

Das fiel nicht allein dem Dichter, das fiel auch dem Arzt Arthur Schnitzler ein. Dichterärzte haben anscheinend eine besondere Fähigkeit, etwaigen Mangel an einer «soliden wissenschaftlichen Grundlage» durch ein verblüffendes Assoziationsvermögen auszugleichen. Doch wie, wenn die durch das Wirtschaftswunder geschaffene Situation eine derart günstige Gelegenheit für jene Infektionsträger bietet? Wenn im Wohlstand der Krankheitserreger steckt und dieser ab einem gewissen Geldüberhang und ab einer gewissen Freizeit ansteckend wirkt? Und zwar auf *jedermann?*

Die Industrie tut – gewiß im eigenen Interesse – viel, und sie wird noch immer mehr tun, um den allzu plötzlich vom Moloch Arbeit befreiten Massenmenschen bei der Gestaltung oder, sagen wir es ehrlich, bei der Überwindung der Freizeit behilflich zu sein. Aber sie wird, was sie sich auch immer einfallen läßt, kaum verhindern können, daß die Freizeit auf ihre Weise ebenfalls zu einem Moloch wird, daß der Fortschritt hier wiederum seine eigenen, von ihm geängstigten und gelangweilten Kinder frißt.

Konsum aus Langeweile

Die Gesellschaft der Snobs lebte ursprünglich in jener legendären Welt, in der man sich *nicht* langweilt. Sie langweilte sich jedoch nur deswegen nicht, weil sie sosehr mit sich selbst und damit beschäftigt war, den Schein als Abglanz des Seins wichtig zu nehmen. Aber das gelingt nicht jedermann – wie es niemandem gelingt, schon dadurch ein Snob zu werden, daß er es sich vornimmt.

Während etliche Soziologen versichern, daß mit zunehmender Freizeit das Gespenst der Langeweile immer wirksamer und grausamer werde, erklären andere, die Langeweile sei *kein* «typisches Begleitphänomen der industriellen Gesellschaft». Auch Bodamer erklärt das. Für ihn hat die Langeweile nirgends mehr Platz, «denn auch wenn der Mensch heute genießt, arbeitet er mit an der Erhaltung der industriellen Produktivität und ist sich dabei einer Verpflichtung zum Verbrauch mehr oder minder bewußt, soweit immer sein Konsumradius reicht».

Und sein Konsumradius reicht weit. Doch ist das Bewußtsein, gegenüber der industriellen Gesellschaft eine Verpflichtung zum Verbrauch zu haben, in den USA ungleich ausgeprägter als bei uns.

Sofern es bei uns überhaupt besteht, dann nur in Ansätzen und bei denen, die, z. B. als Produzenten, besonders am Konsum interessiert sind. Im allgemeinen verbraucht man aus Bedarf – aus tatsächlichem wie vermeintlichem –, dann aus Genuß und eben doch aus Langeweile oder weil man diese vertreiben möchte.

Wahrscheinlich hat die Langeweile – was übrigens auch Bodamer für möglich hält – inzwischen lediglich ihre Erscheinungsform geändert, sie hat sich getarnt und löst in den von ihr Befallenen andere Empfindungen und Zustände als ehedem aus. Jene Halbwüchsigen in der Bundesrepublik freilich, die ihre Ausflüge heute mit oder ohne pädagogische Betreuung rudelweise bis ans Mittelmeer und weiter machen, könnten als Erwachsene in den Zustand der klassischen Langeweile geraten.

Aber . . . kann einem Menschen, der das Leben *kurzweilig* findet, dem also die Zeit, auch die Freizeit zu kurz ist, der immer etwas, sei es zum Erwerb, sei es zum Vergnügen, zu tun hat, dieses Leben zugleich langweilig sein? Das ist kaum möglich. Doch rechte Kurzweil läßt nicht die Entwicklung von Leeregefühlen, von Einsamkeits- und Angstgefühlen zu. Denn auch diese brauchen zu ihrer Entwicklung – Zeit. Kommen sie dennoch auf, und sie kommen auf – leider oder Gott sei Dank –, dann sind sie am ehesten durch *erneute* Kurzweil zu betäuben.

Das bedeutet eine Produktions- und Konsumkette ohne Ende. Und tatsächlich gehört es zu den zeitwichtigsten Aufgaben der Industrie, immer neue Kurzweil zu ersinnen. Ob und inwieweit dies zu einer echten Lösung, zu einer Erlösung des modernen Menschen auch von getarnter Langeweile führen kann, ist eine zusätzliche und sehr naheliegende, hier nicht näher zu erörternde Frage.

Gewiß scheint ja nur, daß die in ihrer alten Form verdrängte

Langeweile in der neuen Form einen bisher unbekannten Überdruß am Allgemeinen bewirkte, auch an manchen allgemeinen oder zu allgemeinen Appellen der Werbung, und statt dessen jene Vorliebe zum Besonderen – bis zur Lust am Snob-Appeal.

Darf ich noch einmal Werfel zitieren, der den Willen zur Geltung als den Grundton im Akkord des Machtwillens sah: «Es gibt eine Atonalität des Geltungstriebes. Dies ist der Snobismus. Mit einfachen Worten gesagt: Snobismus ist der krank gewordene Wille zur Geltung ...»

Daraus ließe sich wahrhaftig der Schluß ziehen: Des Snob-Appeals Erfolgsgeheimnis beruht mit seiner offensichtlichen Neigung zum Extravaganten weitgehend auf einer Art Masseninfektion, zu deren Symptomen, grob gesprochen, eine gewisse Perversion gehört. Es handelt sich – nach allem – um eine ungewöhnlich reizvolle Wirtschaftswunderblüte, die zwar wie ein Wunder für sich ist, jedoch kaum ohne das eigentliche vergehen wird. Das größte Wunder freilich wäre, den Werbungtreibenden gelänge es, den Bedarf der Verbraucher mit Hilfe des Snob-Appeals in immer aussichtsreichere, das heißt wirtschaftsgesunde Bahnen zu lenken.

Bildsucht — Zeichen kulturellen Verfalls?

Streitfrage, die an den Kernpunkt rührt

Haben wir eigentlich einen Massstab für die Kultur? «Ist die Kulturhöhe etwa an das wortgebundene Denken geknüpft, an die Leistungshöhe im logischen Denk- und Sprachbereich?» fragt Paul Michligk, der ausgezeichnete Wirtschaftskenner.

Und: Erfahren wir durch die starke Tendenz zum Bild, durch die optischen Appelle der Werbung, der Illustrierten und des Fernsehens, einen Begabungs*schwund?* Die Pädagogen sagen ja. Doch nicht nur Michligk ist anderer Meinung. Nach seiner Meinung erfahren wir keinen Begabungsschwund, sondern einen Begabungs*wandel* – was ein gewaltiger Unterschied wäre.

Jene Pädagogen raten, Wort und Wortsinn wieder zu größerer Geltung zu bringen, den Kindern wirklich und mündlich zu erzählen, und nicht bildlich und durch Comic strips. Mit solcher Empfehlung, meint Michligk, schwämme man gegen den Strom, gegen den einer natürlichen und unaufhaltsamen Entwicklung. Er glaubt, «die Neigung, zum wortgebundenen, begrifflichen Denken zu erziehen», sei das Erbe einer absolutistischen Zeit, «in der es galt, auf das Wort zu parieren, der wortmächtigen Autorität zu folgen».

Aber in Wahrheit wird viel eher gegen das Wort und den Wortsinn, zumindest von Wortbeflissenen, opponiert als gegen das Bild und den Bildsinn. Bilder werden widerspruchsloser hingenommen als Worte. Da sie überwiegend Gefühlsappelle sind, fordern sie weniger zur Auseinandersetzung heraus.

Und ist es nicht gleichgültig, ob der Mensch auf das Wort oder auf das Bild *pariert?* Hauptsache: er pariert. Die Bildparole wirkt demokratischer, weil sie inzwischen volkstümlicher, den Massenmenschen ansprechender, ihm entsprechender ist. Auch in der bildmächtigen Demokratie ist eine Führungsschicht um Gefolgschaft bemüht, die sie jedoch nicht durch wortharte Kommandos, sondern durch gefälligere, sinnfällige Gefühlsappelle zu erreichen sucht.

Michligk fragt, ob die Schule angesichts der allgemeinen Entwicklung nicht etwas mehr das *anschauliche* Denken pflegen solle. Aber wer *denkt* denn, gar beim Anschauen von Bildern? Immer wieder wird die Lust am Denken überschätzt. Und doch denken – angeblich – 40% der sogenannten Gebildeten über die Bedeutung eines ihnen noch unbekannten, unverständlichen Wortbegriffs nach, zumal wenn dieser besonders betont oder in sich appellkräftig ist. Über ein Bild, das keine direkte Frage stellt und dem womöglich hundert andere, ähnliche Bilder folgen, denkt kein Mensch nach. Warum sollte er?

Übrigens unterscheidet nicht nur Michligk zwischen *anschaulichem* und *begrifflichem* Denken. Anschaulich denken danach vor allem die Praktiker, denkt der «Bauer wie der Naturforscher, der Handwerker wie der Künstler, der Techniker wie der Arzt», während begriffliches oder abstraktes Denken «vornehmlich Sache des Juristen, des Mathematikers, des Theoretikers» ist.

Doch geht derartige Unterscheidung am Wesentlichen vorbei. Sie ist, genaugenommen, *lebensfremd.* Wollten die Juristen tatsächlich nur oder auch nur überwiegend «abstrakt» denken, würde es keine sinnvolle Rechtsprechung geben. Die großen Mathematiker sind die Wegbereiter der modernen Zivilisation. Der technische Fortschritt, von der lebensrettenden Ampulle – ja, auch von ihr – bis zur lebenszerstörenden Bombe, ist ohne angewandte Mathematik unvorstellbar. Mit anderen Worten: Theorie ist überall die *Voraussetzung* der Praxis.

Etwas ist wichtiger: Der Fortschritt, vor allem der kulturelle, hängt weitgehend von der Fähigkeit zu «logischen Gedankenfolgen», von der Fähigkeit zur Urteilsbildung ab. Dabei haben die *Worte* die

Rolle von Symbolen, von Sinnbildern. Ist man um einen Maßstab für die Kultur verlegen, bietet er sich hier aufs überzeugendste an.

Verdummung durch das Bild?

Der Stand einer Kultur läßt sich daran ermessen, wie viele oder wie wenige Menschen zu eigener Urteilsbildung befähigt sind. In einer ausgesprochen visuellen Epoche, da man sich mit Hilfe zahlloser Kommunikationsmittel bemüht, dem Individuum die eigene Urteilsbildung abzunehmen und die Meinung der Masse durch leicht eingehende Bildappelle zu steuern, besteht zweifellos die Gefahr, daß die eigene Urteilsfähigkeit infolge eines massierten «Anschauungsunterrichts» verkümmert. Für die Wirtschaft ist das zunächst keine Gefahr, für die Wirtschaft ist das zunächst ein Gewinn.

Das Wahrnehmen und Anschauen von Bildern ist samt den dadurch ausgelösten Empfindungen ein weit passiverer, man kann auch sagen: ein weit primitiverer Vorgang als das Denken, das im Verlauf der persönlichen Entwicklung oder der Entwicklung zur Persönlichkeit immer konsequenter, immer willensmäßiger und widerstandsfähiger wird. Kultivierten Menschen ist Denken ein Genuß.

Da alles Denken ein «inneres Sprechen», ein Monolog oder auch ein Dialog des Denkenden (mit sich selber) ist, läßt es sich nicht vom Wort oder von der Sprache trennen. Man *sieht* in Bildern, aber man *denkt* in Worten, wobei die Worte gewissermaßen Hülsen ihres Inhalts sind.

So ungefähr ist es. Und das begriffliche Denken ist daher keineswegs nur eine «Angelegenheit derer, die sich der Wissenschaft um der Wissenschaft willen widmen» – ganz abgesehen davon, daß die «reinen Wissenschaftler», die den Praktikern ebenfalls nützlichste Dienste leisten, immer seltener vorkommen. Nicht nur Michligk reibt sich an Ortega y Gasset, an dessen wahrhaft begründeter Klage, nach der die betrübliche Gleichgültigkeit gegenüber der eigentlichen Wissenschaft «vielleicht unverhüllter als irgendwo bei der Masse der Techniker selbst, bei Ärzten, Ingenieuren und anderen» auftritt, bei Leuten, «die ihren Beruf in der gleichen Einstellung ausüben, in der man sich eines Autos bedient oder eine Schachtel Aspirin kauft, nämlich ohne die geringste innere Verbundenheit mit dem Schicksal der Wissenschaft, mit der Kultur».

Ortega y Gasset hat durchaus recht. Und nur die ihn mißverstehen, fragen: «Wie denn . . . Ingenieure und Ärzte Ignoranten der Kultur?» Gewiß doch, wenn auch nicht alle und nur in dem Sinne, daß es unter hundert approbierten Medizinern vielleicht zwei «wirkliche» Ärzte gibt, zwei begnadete, die man tatsächlich «Heilkünstler» nennen könnte – während die übrigen achtundneunzig zwar mit staatlicher Genehmigung, aber mit sehr unterschiedlichem Geschick die Heilkunde auszuüben versuchen.

Die Tatsache läßt die vielbesprochene «Krise der Schulmedizin» begreiflich oder begreiflicher erscheinen; sie war den Ärzten unter den Medizinern schon immer bekannt. Bereits ein Zeitgenosse des Hippokrates, des Begründers der systematischen Heilkunde, soll erklärt haben, diese sei mit ihrer Entstehung in eine Krise geraten, da sich der Hippokratismus als individuelle Heilkunst mit der allgemeinen (Krankheits-)Lehre *nur durch das Genie* verbinden und vervollkommnen lasse.

Einfluß der Ingenieure

Nun, das ist Legende, und erst die spätere Entwicklung lieferte den Stoff dazu. Während der (nach Ortega y Gasset) «kulturverbundene Arzt» grundsätzlich den Standpunkt vertritt, daß jeder Patient ein anderer, daher auch jede Krankheit eine andere sei, glaubt der mehr der Technik verbundene (deswegen natürlich nicht «kulturlose») Arzt – und das ist nicht nur so mancher Chirurg – weit mehr der Systematik vertrauen zu dürfen. Und das ist der Einfluß der im Denken zwangsläufig an Kategorien gebundenen Ingenieure. Das Wort «Ingenieur» allerdings kommt vom lateinischen Wort «ingenium», das «schöpferischen Sinn» bedeutet.

Da die Bezeichnung «Ingenieur» nunmehr besonders zeitgemäß, als Berufsbezeichnung jedoch lediglich dem «Diplom-Ingenieur» geschützt ist, haben wir – Gott sei's geklagt! – auch schon den Werbe-Ingenieur, ja sogar den Wort-Ingenieur oder den Ingenieur-Texter. Natürlich könnten wir auch einen Appeal-Ingenieur haben, einen Mann, der Appelle konstruiert und darüber nachsinnt, bei welcher Art von Appellen die Reaktionen der Umworbenen am ehesten auf Vordermann kommen ...

Bei alledem ist man Zeuge eines kuriosen Mißverständnisses. Gerade die überzeugten, der Technik besonders verbundenen Fortschrittler haben ihre eigene, rein zivilisatorische Auffassung von der Kultur, indes sie alle anderen der Verwechslung so gemeinplätzig gewordener Begriffe wie «Zivilisation» und «Kultur» bezichtigen. Man könnte sagen, die Zivilisation gehe ihren bestimmten, vom Erfindergeist vorgeschriebenen Weg, und man könnte hinzufügen, wohl der Kultur, die ihr auf diesem Wege, auf dem der Mechanik und Automation, zu folgen vermag! Es ist Aufgabe der Kultur, den Fortschritt zu veredeln.

Statt dessen sagt man: Kultur käme vom Boden her, «von jener Wirklichkeit, die anschaulich ist und konkret wahrgenommen wird». Und zitiert allen Ernstes jenen alten Witz, nach welchem «die echte

Kultur einstmals am Seifenverbrauch gemessen wurde». Ausgerechnet die echte. Da wären also die Seifensieder die wahren Kulturförderer gewesen, und inzwischen müßte man wohl auch die Hersteller desodorierender Mittel dazu rechnen. Doch wie viele kultivierte Schmutzfinken kennt die Geschichte!

Gewiß ist es angenehm, wenn die Mitmenschen in gutem Geruch stehen und dies durch Appelle an Furcht- und Unsicherheitsgefühle erreicht wird: «Ich kann ganz sicher sein, mein Mund (meine Achsel, mein Fuß) ist frisch und rein!» Aber so einfach sind die kulturellen Probleme nicht. Zweifellos stammt der anspruchsvoll gewordene Begriff «Kultur» vom lateinischen Wort «cultura», das soviel oder sowenig wie Bodenbearbeitung bedeutet. Aber indem man der ursprünglichen Bedeutung eines Begriffes nachgeht, nähert man sich nicht seiner endgültigen Bedeutung – man entfernt sich sogar gelegentlich von ihr.

Denn die Begriffe wandeln sich. Und der Begriff «Kultur» ist wahrhaftig nicht der einzige, der sich im Lauf der Zeit beträchtlich gewandelt und manche zusätzliche Bedeutung, geistiger oder ethischer Art, bekommen hat. Einen Kultur-Ingenieur kann es nur im traditionellen Sinne geben, eben als Bodenverbesserer, als Fachmann für landwirtschaftliche Melioration. Im modernen Sinne – als Konstrukteur wirklich kultureller Güter – gibt es einen solchen Ingenieur *nicht*.

Worauf es ankommt

Das alles rührt, mitunter recht fatal, an Grundformen und Grundfragen unseres Lebens, des Lebens im allgemeinen, des wirtschaftlichen im besonderen. Eine der schon von Walther Rathenau gestellten Grundfragen ist: *worauf es ankommt.* Kommt es eigentlich auf die (nach Michligk) 5% «begnadeter Geistesmenschen» an oder auf die 95% Durchschnittsmenschen?

Daß die 95% Durchschnittsmenschen heute einen verhältnismäßig hohen Durchschnitt präsentieren und einen verhältnismäßig hohen Lebensstandard haben – nicht nur einen beträchtlichen Verbrauch an Seife und desodorierenden Mitteln –, das beruht auf der schöpferischen Leistung, auch der Instituts- und Laboratoriumsleistung, jener begnadeten 5%. Aber ebenfalls auf der Mittlertätigkeit unentwegt appellierender, aufklärender und unterrichtender Männer der Werbung.

Der Ring schließt sich. Wir sehen, eine wie große Aufgabe den Werbeleuten gestellt ist. Nicht nur den Werbeleuten. Auch Konstrukteuren und Produzenten. Doch warum, wenn die Aufgabe gelöst ist, gleich von einer «kulturellen Lösung» oder von einem «kulturellen Fortschritt» reden?

Das Leben selbst scheint ein ständiges Appellieren, ein unaufhörliches Anrufen, Auffordern, Einladen. Wir sagten es schon und werden es immer wieder sagen.

Natürlich kann man behaupten, solches Appellieren sei im Grunde ein stetes Versuchen, ein in Versuchung Führen. Ist es. Daran hat sich, von den Methoden abgesehen, seit dem Paradies, seit Eva und der Mittlertätigkeit der Schlange, nichts geändert.

Im «Wegweiser zum treffenden Ausdruck» finde ich unter dem Stichwort «versuchen» u. a. folgende Synonyma: «Reklame oder Mätzchen machen, berücken, bestricken, betören, benebeln sowie betrunken und besoffen machen.»

Wir wissen es längst: Nicht nur mit Alkohol und dergleichen, auch mit Tönen, Worten und Bildern kann man besoffen machen. Doch kaum mit Bildern und Sinnbildern *allein*. Übrigens leitet sich das Schwammwort «Bildung» keineswegs nur von dem Wort «Bild» oder von der Bildwahrnehmung ab. Manche Verfechter von Bildappellen oder Fürsprecher einer «Bildkultur» behaupten es zwar. Aber Bildung kommt von «bilden» im Sinne des Gestaltens, nicht vom mehr oder minder passiven Anschauen und Empfinden, sondern vom weit aktiveren Ausbilden und Entwickeln.

Es stimmt, daß auch eine gewisse, nicht durch Alkohol erzeugte Trunkenheit oder Besoffenheit die Menschen daseins- und weltfreudiger macht. Offen und insgeheim sehnen sich die Menschen nach einem derart beschwingenden und förderlichen Zustand – womit zahllose Appelle, die ihnen dazu verhelfen, ihre zusätzliche Rechtfertigung bekommen. An ihrer wirtschaftlichen besteht – im Zeichen des Konsumzwangs – sowieso kein Zweifel.

Lust ohne Ende

Aus Furcht vor dem Tod

Die Fülle der Appelle ist besorgniserregend, die Entwicklung zur Überfülle eine Gefahr. Das und ähnliches konnte man lesen. Aber ... ist es wahr?

Ich habe von vielen, doch keineswegs von allen wirtschaftlichen Appellen gesprochen. Auch sollte man nicht so tun, als ob es nur im Wirtschaftlichen begründete Appelle gebe oder als ob ausgerechnet sie – zutiefst oder zuhöchst – die allseits Umworbenen überbeanspruchen oder gar in einer aussichtsvollen Lebenshaltung bedrohen.

Wie z. B. verhält es sich mit der Politik, mit der regionalen wie der überregionalen, mit der Politik der Nationen oder jener zwei großen Machtblöcke, die sich in der Welt gebildet haben und in einem «kalten Krieg» ihrem Geltungsbedürfnis Ausdruck geben?

Wie man den Begriff «Politik» auch definiert, ob man diese für eine Wissenschaft oder für keine Wissenschaft oder ob man sie mit Bismarck für ein unberechenbares Kunststück hält: ohne Appelle ist auch sie nicht vorstellbar. Wo sie in Erscheinung tritt, appelliert sie, in neuerer Zeit hauptsächlich an das Gefühl und an die Phantasie. Wendet sie sich jedoch an den Verstand, verwendet sie mit Vorliebe Ausdrücke, die infolge ihrer Gemeinplätzigkeit auch Minderbemittelten plausibel sind.

Und die Gesellschaft? Nicht die gute oder gar die «bessere» – nicht die der oberen Zehntausend, aus denen inzwischen hunderttausend Gleichrangige wurden –, nein, jene menschliche Gemeinschaft schlechthin, in die wir eines Tages als heftig appellierendes Wesen geboren wurden und die wir mit einem ausgesprochenen oder auch unausgesprochenen Appell an die Überlebenden verlassen werden? Appelliert diese seit Menschengedenken irgendwie organisierte

Gesellschaft etwa *nicht?* Dem Individuum ist schon ihr Dasein Appell, unaufhörlicher, nicht zu überhörender Ruf, sich der herrschenden Organisation anzuschließen und anzupassen.

Und der einzelne Mensch? Der schließlich «auch einer» ist, einer von den Vielen oder Vielzuvielen nämlich, und der gerade hierauf, auf sich selber aufmerksam macht? Appelliert er nicht seinerseits an das Dasein? Ich meine: an die Aufmerksamkeit der anderen, ohne deren Anerkennung, ohne deren Liebe oder Haß er nicht leben kann?

Sind keine anderen da, wirkt der Zustand als solcher, wirkt die Allein-samkeit als derart eindringlicher Appell, daß der Mensch bis zur Selbstverwandlung in sich gehen oder die Einsamkeit verlassen muß.

Sogar die Natur mit ihrem wechselnden Klima, mit Meeren und Bergen, mit Flüssen und Seen, mit duftenden und leuchtenden Blumen, vor allem aber mit ihren ewig wiederkehrenden Katastrophen ist ein nicht nur von den Menschen empfundener, diese jedoch bisweilen äußerst erschreckender Appell.

Und GOTT? Schließlich ist auch Gott, als Idee wie als vorgestelltes Wesen, ein in Furcht und Hoffnung begründeter Appell, der von den Gläubigen Gefolgschaft heischt, indes die Missionare aller Religionen in seinem Namen appellieren.

Genug, genug! Insgesamt kann es nicht erstaunen, daß die Wirtschaftswerbung von alledem, von den ebenso lieblichen wie gewaltigen Offenbarungen gelernt und sich manch großartiges Beispiel genommen hat. Zu Millionen Appellen, immer noch wirksamen Appellen, wieder ein paar Millionen – an die sich der Mensch ebenfalls gewöhnen wird, wie sehr man auch die Erhöhung der Reizflut beklage.

Wie denn? Wird etwa die Reizschwelle solchermaßen erhöht, wird der Mensch etwa immer unempfänglicher und abgestumpfter, stumpf und müde schlechthin? Oder wird er nicht gerade infolge der Überreizung ständig sensitiver, verletzlicher und reaktiver? Die meisten Menschen werden es wohl nicht, einzelne, und gar nicht so wenige, hingegen *sehr*.

Über eine Million Schaufenster appellieren mit ständig wechselnden Auslagen in der Bundesrepublik. Allein in der Bundesrepublik und in West-Berlin. Sie laden zum Besuch in Geschäften ein, die wiederum mit der Aufmachung ihrer Innenräume appellieren – womöglich auch mit hochbeinigen, zurechtgemachten, unaufhörlich lächelnden Verkäuferinnen.

Appell der Verkäuferin

Glamour hinter dem Ladentisch: Manch alter Hase spricht ihm keinerlei Verkaufskraft zu, andere sagen, daß er, zumal in Herrenausstattungsgeschäften, unbezahlbar sei. Busen und kurze Röckchen erhöhen den Umsatz. «Bis zu 50%», ist die Meinung eines Einzelhändlers der Münchner Innenstadt.

Es ist wahrhaftig kaum anders als in gewissen Lokalen, es ist beinahe so, als ob jene Mädchen Animiermädchen seien. Sind sie es *nicht?* Augenaufschlag und Flötenstimme: Hat der Herr sonst noch Wünsche? Darauf ein recht intim anmutendes Verkaufsgespräch, obwohl es sich nur um Socken handelt. Die Frage nach der Schuhgröße schien geradezu ein Liebesspiel zu eröffnen – vom Interessenten für Socken, der zugleich Interessent für die Verkäuferin ist, wird es ungebührlich, aber mit weiteren Käufen ausgedehnt.

«Mein Schatz ist eine Verkäuferin», doch nicht nur «in einem Schuhgeschäft»! Tausend andere Geschäfte haben ähnliche Schätze. Und die Luftfahrtgesellschaften buhlen offen mit den Reizen ihrer auf Scharm dressierten, mit bestimmtem Make-up appellierenden Stewardessen. Und jede zweite wird im Traum, jede zwanzigste in Wirklichkeit einen der reichsten Passagiere heiraten.

Und die Luftfahrtgesellschaften appellieren auch an den Gaumen, indem sie in eindrucksvollen Reizbildern demonstrieren, wie erlesen die Verpflegung an Bord und der Service der reizenden Stewardessen ist. Überhaupt: diese anscheinend nie verebbende Freßwelle, die als einzige aller Konsumwellen einen erstaunlichen Höhepunkt behauptet hat! 80% aller Bundesbürger überfressen sich – keine stichhaltige Behauptung, da die Statistik das Erfordernisgewicht der verschiedenen Versuchspersonen unberücksichtigt ließ. Immerhin sind die Ansprüche der Bundesbürger an ihre Verdauungsorgane recht verblüffend. So gesteigerte Ansprüche helfen natürlich der Gastronomie, die mit ihren Leistungen, verglichen mit denen anderer Länder, allzusehr ins Hintertreffen geriet. Jetzt kann man selbst in abgeschiedenen Gegenden, wo wegen der Abgeschiedenheit lukullische Gaststätten errichtet wurden, «Suprême vom Huhn», «Zrazi Nelson» oder «Eminci de Veau» bekommen.

Wissen Sie, was das ist? Das Allerfeinste vom Huhn, gespeckte Lendenschnitte mit Zwiebeln, Butter und Madeirasauce. Und das sich so eminent gebärdende «Eminci de Veau» ist jenes biedere Geschnetzelte, das der Zürcher mit Rösti oder Butternudeln liebt.

Alle derartigen Namen appellieren, weil sie – zumindest dem Deutschen – *imponieren*. Zwar wird eine schlichte Kartoffelsuppe durch einen pompösen Namen nicht besser, aber sie verkauft sich besser. Alte Werbeweisheit, die nicht nur in kostspieligen Eßlokalen bestätigt wird.

Auch die Hausfrau tut, was sie kann. Und daß sie ihr Können immer mehr zu steigern sucht, liegt natürlich nicht zuletzt – aber keineswegs zuerst, was man auch glauben könnte – an den farbenprächtigen Anzeigen der Nahrungsmittelindustrie. Diese zeigen überaus verlockend, wie man sich und die Seinen durch allerlei Abwechslungen erfreuen und Gäste aufs eindrucksvollste überraschen kann. *Der Appetit kommt beim Sehen.* Seitdem die Farbe, verhältnismäßig spät, im deutschen Blätterwald Eingang fand, seitdem der Anzeigenteil durch traumschöne Reizbilder delikater Gerichte geschmückt wird, hat sich der Appetit der einmal recht schlank gewesenen Bundesbürger noch vergrößert.

Gewinn der pharmazeutischen Industrie

Aber ... eine andere Industrie hängt sich an. Der Erfolg einer Branche, hier der Lebens- und Genußmittelbranche, kommt selten ihr allein zugute. Diesmal ist es die pharmazeutische Industrie, die mitprofitiert.

Wer allzuviel Geld für Gaumenfreuden anlegt, wird weiteres Geld für Magenleiden zahlen müssen. Die Zahl der Leber- und Gallengestörten war noch nie so groß. So schluckt jeder dritte täglich seine Tropfen oder Pillen. Und ißt – vorübergehend – sehr diät. Unter den über 50jährigen jeder zweite.

Da die Nachfrage nach wohltuenden Mitteln derart groß ist, bleibt das Angebot nicht zurück. Mit einigen Tausend – aus «Waschküchen» wie Konzernbetrieben – ist es der Nachfrage voraus. Weil der Arzt das Leben der (meist an sich selber) Leidenden erleichtern soll, erleichtert die pharmazeutische Industrie die Arbeit des Arztes. Hat dieser fünfzig und mehr Patienten an einem einzigen Tage «durchzuschleusen», bedarf er wegweisender Markenartikel, besonders «multivalenter Breitbandmittel», vorsorglicher Mittel für «unspezifische Erkrankungen verschiedenster Genese». Die «Rote Liste», Auskunftsbuch der pharmazeutischen Produktion, wurde zum bedrückenden Wälzer.

Also auch die pharmazeutische Industrie appelliert. Und *wie* sie appelliert! Mit großzügigen, graphisch und textlich großartigen Anzeigen in Fachzeitschriften, durch Vorsprachen beredter Vertreter, die selber Ärzte, daher Kollegen und sachkundig sind und die außer reichlichen Mustern auch geistvolle Büchlein, z. B. mit treffenden Karikaturen, und amüsante Scherzartikel hinterlassen. In jedem Arzt steckt ein Kind. Und die pharmazeutische Industrie läßt es spielen. «Wie die moderne pharmazeutische Industrie wirbt» – das wäre der Titel eines Buches, aus dem mancher lernen könnte!

Ein unbeliebter Lehrmeister

«Herr Doktor, ich habe unendliche Schmerzen!» Der Patient ahnt nicht (mitunter der Doktor auch nicht), wie sehr er die Wahrheit sagt. Ist der Schmerz doch eine an das Subjekt gebundene Erscheinung, zwar nur Symptom, aber eben ein rein subjektives Empfinden, dessen Stärke nicht an der Ursache oder mit dem «Dolormeter» zu messen ist. Jeder hat seinen eigenen Schmerz, aber keiner will überhaupt einen haben.

Es klingt paradox und mitleidslos: Nach dem Ausspruch eines berühmt gewesenen Chirurgen ist der Schmerz eine Wohltat für den Menschen. Wie soll man einem Kranken wohltun, wenn der Schmerz der einzige Wegweiser zum Krankheitsherd ist? Man muß den Schmerz bis zur Entdeckung des Herdes belassen.

Aber die menschliche und auch die ärztliche Einstellung zum Schmerz hat sich geändert. «Der moderne Mensch», heißt es wörtlich, «braucht keine Schmerzen zu erleiden. Die medizinische Wissenschaft hat Mittel gegen jeden Schmerz.» Das ist vielleicht nicht falsch, fragt sich nur, inwieweit es richtig ist.

Der Franzose Alphonse de Lamartine war mit dem Russen Dostojewski der Ansicht, daß erst der Schmerz oder die Erfahrung des Schmerzes den Menschen zum Menschen mache. Und Schiller erklärte gar, daß der Schmerz – das Leben sei. Nun waren zwar alle drei keine Ärzte, Schiller allerdings vorübergehend Regimentsmedicus, aber auch die gelehrtesten, ihrer Lehre am stärksten verbundenen Mediziner werden zugeben, daß jene drei etwas vom Leben und, auf Grund eigener Erfahrungen, auch manches vom Schmerz verstanden.

Erkannte die kluge, aber «ganz unwissenschaftliche» Marie von Ebner-Eschenbach den Schmerz Ausgang des vorigen Jahrhunderts noch als den großen Lehrmeister der Menschen, so wollen diese inzwischen nichts mehr mit ihm zu tun haben. Ein Leben voller Schmerzen scheint kaum noch lebenswert.

Welch eine Wandlung! Aufschlußreich für den Charakter einer Epoche, die ihre grundlegenden Ansichten nicht mehr von Geisteswissenschaftlern, auch nicht von leiderfüllten oder leidverständigen Dichtern, sondern von gewissen Lebenspraktikern («Lebensingenieuren») als gebrauchsfähige Fertigwaren bezieht. Die USA begannen mit entsprechenden Lieferungen um die Jahrhundertwende. Zunächst handelte es sich «nur» um Literatur, aber um keine schlechte. Zum erstenmal wurde der gewaltige, vielleicht unüberbrückbare Gegensatz zwischen dem östlichen und dem westlichen Menschen offenbar.

Noch Oscar Wilde, dieser gewiß nicht witzlose, bisweilen geradezu zynische Ästhet, war der Meinung, wo Leid sei, sei auch «geweihte Erde», und eines Tages würde die Menschheit begreifen, was das heißt (vorher wisse sie nichts vom Leben!). Dann erklärte der Amerikaner Mulford, dessen Bücher einmal Bestseller in Deutschland waren, zu leiden wäre idiotisch. Sein europäischer Fürsprecher und deutscher Übersetzer schrieb unter dem Pseudonym Sir Galahad einen «Idiotenführer durch die russische Literatur», in dem er, auf Dostojewskis Roman «Der Idiot» anspielend, etliche in die Weltliteratur eingegangene Figuren – wie den Fürsten Myschkin oder diesem verwandte Figuren Tolstois oder des Weltschmerzlers Lermontow – auf elegante, im ganzen jedoch billige Art ironisierte.

«Leiden ist Unfug», auch «Sterben ist Unfug». Und das Leben ist ein einziger Appell, endlich mit solchem Unfug aufzuhören und sich ewiger Gesundheit zu erfreuen – ohne irgendwelche Schuldkomplexe! In solcher Sicht wirkt Dostojewski freilich als großer «Taster an der Unterseite der Seelen», aber auch als ein «Kranker mit weichem, schon zitterndem Mark» – Dostojewski war Epileptiker – und Tolstoi als der «letzte religiöse Bison Europas, Güte wie Geifer vor dem Mund».

Die Sprache ist deutlich und vielen, schon auf Grund ihres Leidens, Musik in den Ohren. Zu kunstvoller Musik steigert sich die Sprache, als poetisch und pathetisch der Aufbruch einer Neuen Welt, der Ausdruck einer völlig neuen Weltanschauung verkündet wird:

«Die Decken werf ich vom Bett des Kranken,
den Arzt – den Priester, ich schick sie fort,
Und fasse den Menschen und heb ihn auf
Mit unwiderstehlichem Willen.
...
Das Haus erfüll ich durch alle Winkel mit kämpfender Kraft,
Vertrau mir!
Wer mir vertraut, der täuscht auch den Tod!»

Wer könnte als enttäuschter Dulder gegenüber einem so herausfordernden Appell unempfindlich bleiben? Wieder war es Walt Whitmans, des großen Lebensbeschreibers, Stimme. Was dieser elementare Hymniker auch besingt, ob den Fortschritt durch zeitsparende Maschinen oder Idole jener Welt, «die von neuem sich erhebt zum Garten» – wenn auch kaum zum paradiesischen –, immer ist es der Gesang Amerikas, des Landes mit anscheinend nicht tot zu kriegender Vitalität.

Auch der Tod eine Einbildung?

Auf den Willen kommt es an! Das scheint wahrhaftig das ganze Geheimnis der pionierhaften Lebenskraft. Und bald erscheinen auch in Europas Zeitungen imponierende Inserate, auf deren Blickfangbildern ein vor Kraft berstender Mann mit sieghaftem Lächeln über die «Leiche Leid» und durch das erbarmungswürdige Heer der Kranken schreitet. Bald? Nun, sie erscheinen auch noch sechzig und siebzig Jahre später.

Die Welt, die jenen willensstarken Eroberer sosehr bewundert, ist noch nicht, noch nicht zur Genüge über die geradezu unheimliche Macht jenes Nervensystems unterrichtet, das als vegetatives dem Einfluß des Bewußtseins entzogen ist und Jahrzehnte später besonders den «nervös» gewordenen Willensmenschen viel zu schaffen macht. Die Welt weiß noch nicht, wie sehr der Mensch auch unabhängig von seinem Willen, ja gegen seinen Willen reagiert.

Und als man es ihr zum erstenmal sehr vorsichtig und gewissermaßen auf homöopathischem Wege sagt, da will sie es nicht glauben. Denn inzwischen ist jene revolutionäre Auffassung auch im Gewand der Religion über das Wasser gekommen. Mary Baker, geschäftstüchtigste aller Religionsstifter, hat ihre Missionare nach Europa geschickt und mit den Missionaren eine Bibel, deren Inhalt an Einfalt kaum zu übertreffen ist. Als die alternde Mary Baker die Hilfe der medizinischen Wissenschaft sowie schmerzstillende Spritzen nicht entbehren kann, werden Krankheit und Leiden in allen Gemeinden der «Christian Science» weiterhin als Einbildungen erklärt. Auch der Tod ist eine Einbildung.

Das ist eine Religion nach dem Geschmack vieler Mühseligen und Beladenen – eine Religion, die das Diesseits bejaht und den Tod verneint, eine Religion, die erlaubt, ja empfiehlt, seine Schätze auf Erden und nicht nur im Herzen zu sammeln. Die Begründerin jener Kirche tat das mit großem Erfolg und nicht ohne Herzlosigkeit.

In der Neuzeit hat eigentlich keine Religion wirkungsvoller an den modernen, im alten Glauben erschütterten Menschen appelliert. Es wurde ein Welterfolg, der manches bis dahin Unbegreifliche an der Mentalität des Durchschnittsmenschen – nicht nur des Durchschnittsamerikaners – verstehen läßt. So auch den Erfolg jener pathetischen Bücher, deren Autoren kräftig in die von Mother Mary geschlagene Kerbe hauen. Schon die Titel verraten es: «Nie mehr krank sein!», «Nie mehr müde sein!» oder «Sorge dich nicht – lebe!»

Das sind Appelle, auf die beinahe jedermann heimlich oder offen reagiert. Denn wer möchte krank sein, wenn er nicht krank zu sein braucht? Niemand außer einigen Genies, die mit Proust glauben, daß Qual der einzige Boden ist, auf dem Kunst gedeiht. Oder wer möchte nicht lieber wach als müde sein, zumal die Müdigkeit allgemein und fast so bedrückend wie Krankheit ist? Und wird man nicht auch aus Sorgen krank, kann man nicht gar an einem so erkrankten Herzen sterben? Hieß es nicht, es stürben mehr Menschen aus Angst vor der Tuberkulose als an der Tuberkulose selbst? Die

Menschen aber wollen vorzugsweise, wollen im höchsten Maße *leben* – worunter man in aller Welt ein Leben ohne Sorgen versteht.

Auch die von der Höhe und Tradition ihrer Kultur überzeugten Europäer sind für die Glaubensappelle der Amerikanerin Mary Baker nicht unempfänglich. C. G. Jung, in meinem Lexikon als «berühmter Schweizer Irrenarzt» bezeichnet, hat berichtet, daß sich selbst seine «vernünftigsten» Patienten in der zweiten Hälfte ihres Lebens auf der Suche nach einer *religiösen* Lebensauffassung befanden. Die Patienten wußten es nur nicht. Freud hätte das Problem mehr in sexuellen Gründen und Abgründen, Adler mehr im oft so vergeblichen Streben nach Geltung gesehen.

Wie dem auch sei: Der derart problemerfüllte Mensch empfindet sich, zumindest sobald er zum Seelenarzt geht, als *nicht* gesund. Und solche Empfindung hat auch für Europäer etwas Deprimierendes. Denn das Glück, sagt der vom Unglück so beeindruckte Schopenhauer, hängt zu neun Zehnteln von der Gesundheit ab. Doch Schopenhauer sagte noch Gewichtigeres, nämlich daß die einzige echte Menschenwürde die Gesundheit sei.

Und mit dieser Erkenntnis beginnt das Unglück, weil sich der Kranke fortan durch seine Krankheit entwürdigt und aus dem Kreis der Normalen ausgestoßen fühlt. Eine Krankheit wie der Krebs erscheint als ein Laster, von dem man nur hinter der vorgehaltenen Hand oder im Flüsterton spricht. Ja, es erscheint als würdelos, sich – aus welchem Grund auch immer! – bedauern zu lassen oder überhaupt mit einer Krankheit, sei sie noch so harmlos, behaftet zu sein.

Die Aufrüstung des Alters

Und selbst die Alten fürchten den Verdacht der Lebensuntüchtigkeit und tun, als ob sie unverwüstlich, unverletzlich und unsterblich seien. Eine gewisse amerikanische Literatur unternimmt alles, um diese Alten seelisch aufzurüsten. Das nötige Rüstzeug für den Körper offeriert das Schaufenster der Apotheke.

Daß der Tod nur eine Einbildung sei, zumindest durch die ständige Todesangst der Alternden viel zu früh herbeigerufen werde, glauben am Ende selbst so vernünftige Schriftsteller wie Sinclair und Dreiser. «Das durchschnittliche Alter des Menschen beträgt nach der Vorsehung oder vielmehr nach der biblischen Formel, die bis heute ihre Geltung behalten hat, siebzig Jahre. Infolge der ständigen Wiederholung wurzelt diese Vorstellung so tief im Bewußtsein der Völker, daß sie als erhabene Weisheit betrachtet wird. Tatsächlich ist der Mensch so beschaffen, daß er die fünffache Zeit seiner Reifeperiode leben könnte und sie auch leben würde, wenn er zu der Erkenntnis käme, daß der Geist die erhaltende Kraft und seine Erdgebundenheit eine Illusion ist. Noch behauptet sich jedoch der Gedanke der sich ablösenden Geschlechter, und auf Grund der verhängnisvollen mathematischen Formel, an die so erschütternd allgemein geglaubt wird, fordert der Tod täglich seine Opfer.»

Theodore Dreiser schrieb dies 1911. Und Mary Baker oder Prentice Mulford, die Religionsstifterin oder der Journalist, könnten das gleiche, wenn auch mit anderen Worten, geschrieben haben. Upton Sinclair tat es in seinem (bei uns kaum bekannten) «Buch des Lebens». Und ein sehr moderner Schriftsteller namens Smoke meint: «Nur ein degenerierter Europäer kann so unhöflich sein, ständig daran zu erinnern, daß alle Menschen sterblich sind.» Die Französin Simone de

Beauvoir ist so unhöflich und der Titel eines ihrer Romane: «Alle Menschen sind sterblich». Tatsächlich ist dies ein Thema, das die europäische Literatur von je bewegt.

«Das größte Begehren der Menschen», meinte Nobelpreisträger Alexis Carrel (in «Der Mensch, das unbekannte Wesen»), «geht in der Tat nach ewiger Jugend. Von Merlin bis Cagliostro, Brown-Séquard bis Voronoff haben Gaukler und Wissenschaftler denselben Traum verfolgt und dieselbe Niederlage erlitten. Keiner hat noch dieses höchste Geheimnis entdeckt, und dabei ist das Verlangen nach ihm nur immer dringender geworden. Die wissenschaftlich fundierte Zivilisation hat uns ja die Welt der Seele genommen, und das Reich des Materiellen ist dem Menschen weit aufgetan. Da heißt es für ihn, die Kräfte des Leibes und des Verstandes intakt zu halten, denn nur Jugendstärke gibt ihm die Macht, daß er seine physiologischen Begierden stillen und die äußere Welt erobern kann. In gewisser Hinsicht haben wir den uralten Traum ja tatsächlich verwirklicht: Wir bewahren die Jugend oder wenigstens ihren äußeren Anschein viel länger als unsere Väter.» Daher wird das Make-up der Großmütter immer stärker, während ihr Röckchen immer kürzer wird.

Tranquilizer und Ganglienblocker

Doch inzwischen ist auch die pharmazeutische Industrie hellhöriger geworden. Da sie weiß, wie sehr das Leben gerade der unermüdlichen, im Grunde so müden Zeitgenossen durch Sorgen und Ängste beeinträchtigt wird, appelliert die aufmerksame pharmazeutische Industrie an die Ärzte, den gequälten, nie zur Ruhe kommenden Patienten in besonderer Weise und mit ganz speziellen Mitteln behilflich zu sein.

Diese Mittel sind eine großartige Erfindung. Sie *mußten* erfunden werden, da die Macht der Appelle an den Willen wie an den Glauben versiegte. Ebenso zahlreich wie die vegetativen Nerven sind die vegetativen (oder vegetativ begründeten) Leiden. Warum Unmenschliches von den Patienten fordern? Ein paar Pillen oder Kapseln könnten die vergeblichen Anstrengungen überflüssig machen, und aus dem neurovegetativ gestörten Zeitgenossen wird ein überaus umgänglicher, ein äußerst harmonischer Mensch – ohne Angst, ohne Spannungs- und Unruhezustände.

Wirklich, solche Wundermittel und noch wunderbarere gibt es. Zunächst als Tranquilizer und Ganglienblocker. Da werden einfach bestimmte Ganglien oder Ganglienzellen blockiert, sie fallen als Träger bestimmter Reflexe und Impulse, z. B. als Sorgenträger, aus, womit auch die Bildung entsprechender Belastungen unmöglich wird.

Doch gar so einfach ist die Blockade nicht. Um so bewundernswerter, gegen wie viele Beschwerden und unzuträgliche, oft fast unerträgliche Leiden sie zu errichten ist! Nicht mehr: «Nachbarin! Euer Fläschchen!», sondern: «Hat der Herr vielleicht ein Käpselchen?» Denn nunmehr sind es vor allem die *Männer*, die sich, zumeist von der Sorge um den Wohlstand, in allerlei «Zustände» treiben lassen und daher eine seelische Bremse brauchen.

Kaum daß die ersten Blocker aufgekommen sind, werden sie vielen Amerikanern wie Kaugummi unentbehrlich. Unerwünschte Nebenwirkungen? «Konnten nicht beobachtet werden.»

Nur etliche Selbstbeobachter, deren Aufmerksamkeit womöglich eine krankhafte Störung zugrunde lag, schienen auch eine Blockade ihres Gedächtnisses und den Schwund einer sonst gewohnten Heiterkeit zu fürchten. Aber vielleicht war diese Heiterkeit nur der Ausdruck eines ebenfalls krankhaften Wohlbefindens, wie es manisch

Depressive, Tuberkulöse und Paralytiker haben? Immerhin ... es hat einige Jährchen gedauert, bis man gewissen Nebenwirkungen weit älterer Wundermittel auf die Spur gekommen ist.

Auf dem Nachttisch eines Lyrikers, dessen starker Labilität man in einer Klinik mit Ganglienblockern beizukommen suchte, fanden sich seltsame Verse:

«Hirn zerblockt in kleine Teile.
Gott hat Langeweile.
Er zerblockt das Hirn
In immer kleinere Teile.
Nein, nicht Gott, die Industrie
Blockt für unsere Harmonie,
Blockt, damit wir ohne Sorgen.
Doch – was wird morgen?
Ist der Mensch noch Mensch – *ohne* Sorgen?»

Keine unbegründete Frage. Der Däne Sören Kierkegaard hat 1849 in einer aufsehenerregenden Schrift «Die Krankheit zum Tode» die erregende Behauptung aufgestellt: «Die Sorge ist das Verhältnis zum Leben.» Also, die Sorge kennzeichnet das Verhältnis nicht nur, sie stellt es vielmehr selber dar.

Und über 100 Jahre später äußern sich angesehene Seelenärzte dahin, daß durch allzu wirksame Sorgenbrecher – einst zählte vor allem der Alkohol dazu – das *natürliche* Verhältnis zum Leben gestört würde. Es ist nie gut, wenn man seine vermeintliche Gesundheit einer Art Krankheit verdankt. Aber ... es gibt Schlechteres! Es ist durchaus möglich, daß man ohne Sorgenbrecher nicht mehr leben kann, weil man – ohne sie – nicht mehr leben mag. Dennoch:

ein Leben, aus dem durch chemische Mittel natürliche Sorgen entfernt wurden, ist ein unnatürliches, um nicht zu sagen: ein krankes Leben.

Und zur Sorge gehört die Angst. Da die Sorge mit der Intelligenz geboren wird – Tiere haben kaum Sorgen in unserem Sinne –, sind die Intelligentesten am stärksten von der allgemeinen Lebensangst bedroht.

Suche nach dem verlorenen Frieden

Wie vielfältig und unterschiedlich das Angebot an Tranquilizern und Blockern auch ist – man kommt mit ihrer Hilfe, so nötig und willkommen sie in zahlreichen Fällen sein mag, der Sache nicht eigentlich, nicht ursächlich bei. Der Patient, der den Arzt voll Verzweiflung bittet, ihm doch endlich etwas wirklich Beruhigendes zu geben, appelliert im Grunde an eine Kraft, die der Arzt – im allgemeinen – nicht besitzt. Der Patient möchte etwas, das er auf kein Rezept und in keiner Apotheke bekommt, das vielmehr nach wie vor ein Produkt des persönlichen, sich selber oder Gott vertrauenden Lebens ist. Es ist der uralte Wunsch nach Seelenfrieden.

Wollte man allen Menschen ihre Depressionen, ihre meist konstitutionsbedingten Stimmungsschwankungen nehmen, würde man ihnen wahrscheinlich die Essenz ihres Lebens nehmen – dann stimmte es am Ende auch bei ihnen nicht mehr. Sicher hätten sie weniger Tiefs, vermutlich aber auch weniger Hochs, oder sie hätten nicht mehr die Fähigkeit, sich ihrer Hochs richtig zu erfreuen. «Wahrlich keiner ist weise, der nicht das Dunkel kennt», sagt Hermann Hesse. Und ein anderer: «Erst im Dunkel wird das Licht geboren – ohne Dunkel ist kein Licht!» Das sollte selbstverständlich sein, so selbstverständlich, wie man in Mozarts «Don Juan» vom Dunkel der Sorgen singt oder spricht. Aber: «Sorge dich nicht – lebe!» Man sieht, wie oberflächlich und absurd die reißerische Aufforderung ist ...

Ein Psychopharmakon als Schlager

Obgleich Pharmazeuten und Pharmakologen dergleichen (und mehr) wissen, sucht man in den Laboratorien nach immer vollkommeneren Mitteln. Auch auf dem Gebiet der Psychotherapie. Gerade auf diesem Gebiet. Und findet: «Die Sonnenbrille der Psyche».

Hervorragende Bezeichnung für ein Mittel, das nun tatsächlich «mehr als ein Tranquillans» ist. Ein Psychopharmakon, «das sich mit den bisherigen Präparaten dieser Art weder chemisch, pharmakologisch noch klinisch vergleichen läßt». Erwachsene bis 200 mg täglich, Kinder die Hälfte oder weniger als die Hälfte. Epileptiker viel mehr. Die meisten Großstadtkinder leiden unter Verhaltens- und Anpassungsstörungen. Gebt ihnen die Sonnenbrille für ihre unter- oder überentwickelte Seele, die Kinderbrille mit den schwächer getönten Gläsern.

Nochmals: Derartige Appelle an die Ärzte sind äußerst wirksam. Und die Folge ist: Jenes neue Psychopharmakon wird zum Schlager, wird in Kliniken und Krankenhäusern verordnet.

Frage: Kann ein Medikament, das als Wirkstoff 7-Chlor-2-methylamino-5-phenyl-3H-1,4-benzodiazipin-4-oxyd enthält, kann ein so sorgsam erklügeltes, so raffiniert zusammengesetztes Medikament zum Schlager werden?

Angina pectoris und Asthma bronchiale, wogegen das Mittel ebenfalls hilft oder helfen kann, sind schließlich ernst zu nehmende Sachen. Doch keine Angst vor Blasphemie. Ein Versbuch von

Rainer Maria Rilke war auch einmal ein Verkaufsschlager. Und von Verkaufsschlagern ist hier ja in erster Linie die Rede. Was Buchhändlern recht ist, wird bei Apothekern nicht billig sein.

Wie die Patienten, so sind auch die Ärzte für den Appell jenes unheimlich wirksamen «Zeitworts» empfänglich, dessen Suggestivkraft sich vor allem die Waschmittel- und die Zigarettenindustrie bedienen. Natürlich kein Zeitwort im eigentlichen Sinne, aber ganz ein Wort unserer Zeit. NEU. Sehr groß geschrieben. Ein wirklich «völlig neues» Präparat oder doch eins, das «völlig neue Wege» weist. «Persil 59, das beste Persil, das es je gab!» Wer will da noch Mittel aus Großmutters bewährter Hausapotheke? «Ich spritze Ihnen jetzt das Neueste und das Beste, was wir auf diesem Gebiet haben.» *Langsam* injizieren.

Hat man Grund, gegenüber den Neuheiten traditionsreicher Firmen mißtrauisch zu sein? Man vertraut ihrem Goodwill, was heißt, daß man einem in der ganzen Welt bekannten Markenbild vertraut, dem Persönlichkeitsbild eines Produktes, seinem bereits erwähnten Image.

Stehe auf, wer das Bayerkreuz *nicht* kennt! Von fünfzig Befragten erheben sich drei. Bei zweien ergibt sich, daß sie zwar das Zeichen, jedoch nicht seine Bedeutung kennen. Der dritte aber ist jener unzeitgemäße Zeitgenosse, der im Verlauf von sechzig Jahren keinen Tag krank war, daher nie eine Arznei genommen hat. Sollte man ihm ein Denkmal setzen?

Übrigens, wer nicht zum Arzt geht – später geht er meist doch, oft wenn es zu spät ist –, der läßt sich nicht ungern von den Schaubildern der Apotheken fesseln, instruktiven Appellen im Großformat. Er schaut dabei mitten in sein Herz oder sieht, wie jener «ganz besondere Saft», wie das Blut als Sinnbild des Lebens durch gläserne Röhren fließt. Oder er schaut gar in die Gedärme, über deren Mordsarbeit ihn populärwissenschaftliche Arbeiten unterrichtet haben.

«Der Tod sitzt im Darm.» Doch den Tod sieht er nicht, sondern das appetitliche Bild eines prächtigen Schweinebratens mit ebenso prächtigem Knödel. «Dies können Sie wieder essen und überhaupt alles, was Ihnen Freude bereitet, WENN ...» Auch dieses WENN wird groß geschrieben. Wer könnte als Darm- oder Magenleidender solcher Argumentation widerstehen?

Am besten eine Kurpackung

Der Schaulustige ist bereit, die Tür zur Apotheke zu öffnen – die inzwischen, allgemein gesprochen, zu den am meisten benützten Handelstüren gehört –, und er ist auch bereit, die Arbeit seiner überforderten Bauchspeicheldrüse durch nützliche und bewährte Mittel zu unterstützen. Am besten nimmt er eine Kurpackung. Mit dem Bild des «Erfinders», zumindest mit dessen Namenszug. Er hat diesen Namen schon häufiger gehört. Oder hörte er ihn nur in der Werbung? Gleichviel, die Kurpackung hat einen an den berechnenden Verstand appellierenden Vorzugspreis.

Was weiß der Käufer von den Funktionen seiner Bauchspeicheldrüse? Daß sie, selbst dem Magen nahe, Erzeugerin des Bauchspeichels oder Pankreassaftes ist sowie Fett und Eiweiß verdaut und den Zuckerstoffwechsel regelt? Wenn er so viel weiß, weiß er viel.

Aber auch manch Unwissender wird jene Kurpackung kaufen und anschließend Schweinefleisch, «darf ruhig etwas fett sein» – kann er doch wieder essen, was ihm Freude bereitet.

Das gute Geschäft der Apotheken treibt die Reformhäuser an, kein schlechteres zu machen. Die Zahl der Arzneimittelgegner wächst, bleibt aber gering gegenüber der Zahl der Arzneimittelhörigen.

Mit sichtlichem Erfolg appellieren die Reformhäuser an den geweckten Sinn für natürliche Heilkräfte der gütigen Mutter Erde, die ihren reichen Gabentisch auch für die pharmazeutische Industrie mit allerlei Giftpflanzen gedeckt hat. Gegen eine fortgesetzte chemische Vergiftung des menschlichen Körpers richten sich jene Appelle.

Man kann nicht behaupten, daß der Neuform-Geist lediglich rivalisierender Geschäftsgeist sei. Es steckt auch eine Portion Idealismus dahinter, jenes Idealismus, der bis zum eifernden Fanatismus geht. Immerhin appelliert ein in diesen Kreisen weitverbreitetes Blatt (des Vegetarismus) ungeniert: «Schalten Sie sich ein in das kommende Reformhausgeschäft!» Das ist deutlich, und das Geschäft wird gemacht.

Auf der Trompete geblasen

Daß man, besonders für die Jugend, diesen entscheidenden Kunden von morgen – schon der Säugling ist Kunde, und selbst kleine Kinder sind gegen Managerkrankheiten nicht immun –, so heftig auf der Trompete bläst, gar in der lauten Tonart des Hot, hat etliche Werbungsexperten aufs äußerste verstimmt. Aber die Trompete war von je ein Instrument, das der Jugend Freude macht.

Manche Experten sind allen Ernstes der Meinung, auch die Jugend, gerade die Jugend, *wolle* wie die Hausfrau – welche Zusammenstellung! – nicht mehr suggestiv, nicht mehr mit krassen Reklameappellen umworben, vielmehr mit stichhaltigen Beweisen, also Punkt für Punkt überzeugt, demnach «auf ehrliche Weise» gewonnen werden.

Frage: Woher wissen die Experten, was die Jugend will? Weiß diese doch selber nur äußerst selten, was sie will. Über ihr *eigentliches* Wollen war sich bisher keine Jugend im klaren.

Und ... was wollen die Experten? Woher wollen sie – statt suggestiver Appelle – überzeugende Beweise nehmen? In einer Zeit, da beinahe alle Markenartikel, gleich welcher Branche, in ihrer Güte wie in ihrem Nutzen, im Grund- oder Sachnutzen, einander ebenbürtig sind? Was ließe sich hier, Punkt für Punkt, *Besonderes* beweisen? Würde man nicht bald um weitere Beweispunkte verlegen sein?

Ist aber auch der «Zusatznutzen» gemeint, dann handelt es sich weitgehend um einen rein gefühlsmäßigen Nutzen, für den man mit Gefühlsappellen werben muß. Und wenn man auf der Trompete bläst!

Hat man mit betont sachlicher Werbung, mit reinen Fact-Appeals, Erfolg, besteht immer die Möglichkeit, ja geradezu der Verdacht, daß die Umworbenen nur deswegen so positiv reagieren, weil sie nichts von der Sache, vielleicht nicht einmal den Fact-Appeal verstehen. Sie sagen sich lediglich: Jene Leute sprechen zur Sache, was ungewöhnlich ist, also werden sie ihrer Sache, der hervorragenden Qualität ihrer Erzeugnisse, sicher sein.

Eine naheliegende Folgerung, jedoch zugleich die Folge einer wenn auch unbeabsichtigten *Suggestiv*werbung, wie sie z. B. Firmen der Zigaretten- und der Kraftfahrzeugindustrie mit detaillierten, den Laien ob ihrer Unverständlichkeit imponierenden Angaben pflegen. Schon das Ungewöhnliche (derartiger Sachlichkeit oder derart scheinbarer Sachlichkeit) wirkt suggestiv und nicht minder der Trick, so zu tun, als ob der Umworbene sachverständig sei.

Die Frage, ob Fact-Appeal oder Suggestiv-Appeal, ist heute kaum noch möglich, weil die Wertschätzung (und Überwertung) der Facts fast immer auf deren Suggestivwerbung beruht.

Zur Ware gehört der Preis. Beim Markenartikel so sehr, daß man ihn in besonderem Maße als Wesensbestandteil empfindet. Wenigstens gegenwärtig, 1963, in der Bundesrepublik.

Aber auch in der Bundesrepublik oder gerade hier mehren sich die Angebote, in denen bei aller Ausführlichkeit vom Preis keine Rede ist. Spielt dieser für die Umworbenen keine oder so gut wie keine Rolle mehr? Wurde der Appell des niedrigen Preises wirkungslos?

Das wäre kein erfreuliches Zeichen. Wird auf den Preis nicht mehr geachtet, wird auch das Geld nicht mehr geachtet.

Zwar ärgere ich mich jedesmal selbst, fragt der Händler beim Wunsch nach einer *guten* Zigarre: «In welcher Preislage?» Hat die gute Zigarre nicht ihre eigene Preislage? Wer gute Zigarren will, will keine billigen Zigarren. Warum beginnt der Verkäufer nicht damit, eine Zigarre für eine Mark oder gar für zwei Mark vorzulegen? Wenn sie mir zu teuer sind, werde ich es sagen. Aber nein, er macht sich nicht die Mühe eines seines Erachtens überflüssigen Angebots. Er ist auf Durchschnittskäufer und Durchschnittspreise eingestellt.

So auch im Angebot von Rasier- und Radioapparaten, von Teppichen und Möbeln. Irgend jemand hat den Verkäufern eingeredet, man könne einem Interessenten an der Nase, am Auftreten und an der Kleidung ansehen, welchen Preis er bewilligen wird. *War einmal.* Heute weiß man weniger, mit wem man es zu tun und wie viel oder wie wenig Geld der Unbekannte zur Verfügung hat. Heute versagt jene allzu billige Verkaufspsychologie.

Sie versagt, weil auch «der kleine Mann» zu größeren Einkäufen bereit und fähig ist, weil er seine Entscheidungen weniger nach der ihm angebotenen und vorgeführten Ware, sondern nach deren Eindruck, nach deren «Image» trifft – einfach danach, ob und inwieweit sie seinem persönlichen Wunsch- und Traumbild entspricht.

Tut sie das, kann er im Preis sehr weit (mit)gehen, vielleicht viel weiter, als er ursprünglich wollte, vielleicht sogar weiter, als ihm seine Verhältnisse gestatten.

Die Verbraucher sind mit Grund mißtrauisch gegenüber billigen Waren – so mißtrauisch zum Teil, daß für nicht wenige billig *zu* billig bedeutet. Sie wollen gar nichts Billiges. Sie wollen etwas Besseres und meinen, es würde *preisgerecht* sein.

Und doch lassen sich mit «psychologischen Preisen» nach wie vor gute Geschäfte machen. So wirken 99 Mark immer noch anziehender als 100 Mark. Dabei kommt es dem Verbraucher gar nicht auf den Unterschied von einer Mark an. Es kommt lediglich darauf an, daß er sich von 99 Mark mehr angesprochen fühlt.

Wo keine Preise genannt werden, appelliert das betonte Schweigen ebenfalls. Es wird erst zuletzt gebrochen und es wird dann von dem gesprochen, was den Interessenten vielleicht am meisten (und schon von Anfang an) bewegt. Aber dann hat er womöglich schon halb gekauft. Und bleibt nur ungern auf halbem Wege stehen.

Wild, das den Jäger jagt

Wie es Tiere gibt, bei denen das Wild den Jäger zu jagen scheint, so wird der Produzent, der scheinbar sosehr hinter den Konsumenten – und dessen Geld – her ist, heute nicht selten von diesem in die Enge getrieben.

Es ist der Konsument, der von der Werbung immer eindringlichere und nachhaltigere Appelle verlangt. Er braucht dieses Verlangen gar nicht auszudrücken. Hat es doch die Tiefenpsychologie längst festgestellt. Und gar so kurios ist ja das Verhalten jener Tiere, einer Art von Fischen, schließlich nicht. Bei den ungleich höher entwickelten Menschen geschieht durchaus ähnliches – zum Beispiel, wenn ein scheinbarer Verführer in Wahrheit der Verführte ist!

Aber jede Analogie hat ihre Grenze. Die Werbung für hoch aufgelegte Markenartikel zielt zwar, absichtlich oder nicht, fast immer auf die in jedem Menschen lebende und agierende Primitivperson und zielt damit genau auf die, welche ihrerseits die Werbung – so wie sie ist – herausgefordert und mitgestaltet hat.

Aber Menschen sind keine Fische. Sie bestehen nicht lediglich aus der so heftig umworbenen, gewissermaßen im Keller hausenden Primitivperson. In ihrem oberen Stockwerk existiert noch ein höher entwickeltes, durchaus kontrollfähiges Wesen, ein Hirnwesen, das sich dem Ansturm der Appelle oder doch sehr vieler Appelle widersetzen *könnte*.

Es ist zweifellos kein Mangel der Werbung, vielmehr ein Mangel der Umworbenen, wenn jenes Hirnwesen zuwenig Gebrauch von seinen Fähigkeiten macht. Fast ließe sich in Abwandlung eines oft mißbrauchten Dichterwortes sagen: Nicht der Werbungtreibende – der Umworbene ist schuld!

Schuld ... woran? Etwa an der Sinnlichkeit von Appellen, die auf ihre begehrte Weise die Vorzüge irgendeines Erzeugnisses sinnfällig machen?

Frage: Ist der Frühling schuld, wenn er an die Liebe oder an Liebesgefühle appelliert? Oder eine Frau, die im selben Frühling ein neues Kostüm sowie das Geklapper von Stöckelschuhen appellieren läßt?

Da steht dieser moderne, aufgeklärte Mensch, fast schon ein Übermensch, ein «Supermensch», wie er selber meint – von Millionen Appellen genarrt und getrieben. Es regnet geradezu Appelle. Aber besitzt er nicht zum Schutz seiner überempfindlich gewordenen Seele einen Regenschirm? Regenschirm oder «Sonnenbrille der Psyche» – die Frage ist berechtigt, ob der Mensch nicht im Grunde die Flut oder Sturmflut der Appelle ganz gern hat. Sex gegen Facts. Nicht nur gegen. Auch Sex *und* Facts. Sind sie doch oft miteinander verbunden. Nicht sicher, daß der Sex-Appeal die größte Wirkung besitzt. Die hat er nicht immer.

Doch morgen? Was wird morgen? Da wird es immer noch mehr, noch ganz andere, weit raffiniertere und weit stärkere Appelle geben. Doch so raffiniert und banal, so erfolgreich wie jener ewige des Frühlings oder jener ewige der Geschlechter ist keiner.

Und beinahe immer geht es um Lust ohne Ende. Zwar geschieht viel aus Furcht vor dem Tod, aber mehr, weit mehr

aus Liebe zum Leben.

Inhalt